**Zum Nützlichen das Schöne**

Gärten in Nordwestdeutschland

# Zum Nützlichen das Schöne

## Gärten in Nordwestdeutschland

Elke Schwender | Katharina Duraj

Standortübersicht der im Bildband beschriebenen Gärten in der Region Weser-Ems, im nordwestlichen Niedersachsen.

## Inhaltsverzeichnis

| | |
|---|---|
| 4 | Karte Region Weser-Ems |
| 5 | Inhaltsverzeichnis |
| 6 | Editorial |
| 8 | Vorwort – Denkmalpflege für alte Gärten |
| 10 | Einführung – Zum Nützlichen das Schöne |
| 18 | Hof Onnen-Lübben, Wangerland-Förrien |
| 22 | Anwesen Lindena, Norden |
| 26 | Hof Coldinne, Großheide-Coldinne |
| 30 | Hof Cornelius, Butjadingen-Seeverns |
| 34 | Hof Agena, Osteel-Schoonorth |
| 38 | Die Schneebeere – Auf den zweiten Blick |
| 40 | Hof Böschen, Nordenham-Volkers |
| 44 | Hof Wilts-Müller, Südbrookmerland-Fehnhusen |
| 48 | Hof Saathoff, Krummhörn-Middelstewehr |
| 52 | Anwesen Conring, Aurich |
| 56 | Hof Stroman, Krummhörn-Visquard |
| 60 | Gemüsegarten und Pomologie |
| 62 | Hof Bussen-Habbena, Wirdum |
| 66 | Osterburg Groothusen, Krummhörn-Groothusen |
| 70 | Gut Wichhusen, Hinte-Wichhusen |
| 74 | Gut Fresenhaus, Hinte-Loppersum |
| 78 | Hof Wiltfang, Krummhörn-Campen |
| 82 | Die Graft als Gestaltungselement |
| 84 | Hof Kaper, Varel-Tange |
| 88 | Kulturschatzhof Cramer, Jade |
| 92 | Gut Stikelkamp, Hesel |
| 96 | Claas Engbers Hof, Bunde-Landschaftspolder |
| 100 | Gut Horn, Wiefelstede-Gristede |
| 104 | Grottenfieber |
| 106 | Gut Wahnbek, Rastede-Wahnbek |
| 110 | Gut Neuenhuntorf, Berne-Neuenhuntorf |
| 114 | Anwesen Hesse - Conring - Jhering, Weener |
| 118 | Gut Hullmann, Oldenburg-Etzhorn |
| 122 | Hof Hilbers, Oldenburg-Etzhorn |
| 126 | Lieblingsbäume – Farbenspiel und Sensationsfund |
| 128 | Kösterhof, Bad Zwischenahn-Ofen |
| 132 | Hof zu Jeddeloh, Edewecht-Jeddeloh I |
| 136 | Hof Schulte, Strücklingen-Bokelesch |
| 140 | Hof Bureck, Dötlingen |
| 144 | Hof Osterloh, Visbek-Halter |
| 148 | Gartenarbeiten um 1890 und „Moderne" Gartengestaltungen |
| 150 | Hof Haake, Cappeln |
| 154 | Hof Meyer-Nutteln, Cappeln-Nutteln |
| 158 | Hof Quatmann, Cappeln-Elsten |
| 162 | Hof Darrenkamp, Cappeln |
| 166 | Hof Averesch, Cappeln-Elsten |
| 170 | Die Einfassung – von Wegen und Beeten in der Gartengestaltung um 1900 |
| 172 | Gut Lage, Essen-Addrup |
| 176 | Hof Mährlein, Dinklage-Wulfenau |
| 180 | Hof Berner, Badbergen-Wulften |
| 184 | Hof Elting-Bußmeyer, Badbergen-Vehs |
| 188 | Hof Kahmann, Badbergen-Wehdel |
| 192 | Rosenliebhaberei und Häuschen im Freien |
| 194 | Hof Schnuck-Schroer, Neuenkirchen-Vörden |
| 198 | Hof Leiber, Neuenkirchen-Vörden |
| 202 | Hof Kiesekamp, Bramsche-Epe |
| 206 | Pfarrgarten Emsbüren, Emsbüren |
| 210 | Hof Mithoff, Bohmte-Stirpe |
| 214 | Glossar |
| 215 | Literaturverzeichnis |
| 216 | Förderer und Impressum |

### Editorial

Historische Gartenkultur im äußersten Nordwesten Deutschlands: Da kommt einem rasch die Hofgärtnerfamilie Bosse in den Sinn, die sich während des frühen 19. Jahrhunderts mit der Anlage der herrschaftlichen Schloss-Gärten in Oldenburg und Rastede sowie des adeligen Lütetsburger Parks bei Norden größte Verdienste erworben hat.[1] Ihre Sachkenntnis genoss höchste Anerkennung, und das nicht nur am Oldenburger Hof, der für die Bosses über viele Jahrzehnte hinweg wichtigster Auftraggeber war.

Was aber ist mit den vielen anderen namenlosen Gärten, die sich im Umfeld großer Bauernhöfe zwischen Weser und Ems entwickelt haben? Von denen etliche im Laufe des 19. Jahrhunderts aus dem Status eines reinen Nutz- oder Gemüsegartens deutlich heraustraten und deren Genese sich nicht ausschließlich durch das Vorbild aristokratisch-großbürgerlichen Gestaltungswillens erklären lässt? Dass es Adaptionsvorgänge zwischen den sozialen Gruppen auch im ländlichen Raum Nordwestdeutschlands gab und dass solche Prozesse hauptsächlich von oben nach unten verliefen, steht außer Frage. Dabei gestaltet sich jedoch das Nachweisen konkreter historischer Belege als schwierig. Die Quellen sind rar, anhand derer sich gärtnerisches Gestalten im ländlich-bäuerlichen Bereich namentlich nachweisen ließe. Umso dankbarer dürfen wir solche frühen Zeugnisse registrieren, welche die Umsetzung gärtnerischer und pomologischer Kenntnisse belegen. Hilfreiche Dienste leisten unter anderem Inventarverzeichnisse, die – auch wenn sie nicht in großer Stückzahl für den Nordwesten überliefert sind – mitunter Liegenschaftsangaben enthalten, die aufhorchen lassen. So auch die Hinweise im Inventar von 1647 des Colmarer Hausmanns Morten Ruitemann[2] in der mittleren Wesermarsch, wo von einem Kohlgarten, einer Hauslinde sowie Birn- und Pflaumenbäumen die Rede ist. Von fruchttragenden Bäumen also, die Agrarhistoriker für diese Zeit zumeist nur in adeligen oder herrschaftlichen Gärten vermuten. Rund 170 Jahre später, im Inventar des Hausmanns Johann zu Jeddeloh[3] im Kirchspiel Edewecht aus dem Jahre 1806, sind die Angaben schon deutlich konkreter, wo es heißt, dass sich „hinter dem grossen Wohnhause [...] ein kleiner Blumengarten befindet, der mit einem Stakett umgeben ist. Und süderseits neben dem Hause ist ein Aepffelgarten mit verschiedenen jungen Obstbäumen vorhanden, wo sich zudem ein Brunnen von Feldsteinen, nebst einer Säule, Rick und Eymer befindet." Daneben gab es auf diesem Hof verschiedene Kohl- und Hopfengärten, die allesamt einer weitaus intensiveren Pflege bedurften als die angrenzenden Äcker, Wiesen und Weideflächen.

Quellen zur Geschichte der ländlich-bäuerlichen Gartenkultur gibt es allerdings nicht massenhaft. Die Pläne aus dem Hausbuch[4] des Burchard Christoph von Münnich (1683–1767), des Eigentümers des Gutes Neuenhuntorf in der Wesermarsch, sind fraglos von besonderem historischem Wert, verzeichnen und kartieren sie doch praktisch alles, was an Obstbäumen und Gewächsen auf diesem Anwesen um 1750 gepflanzt wurde – oder gepflanzt werden sollte, denn von den Gartenanlagen in ihrer ursprünglichen Form hat sich praktisch nichts erhalten. Aber die aristokratischen Beispiele des 18. Jahrhunderts erschienen vielen wohlhabenden Bauern zwischen Ems und Weser nachahmenswert. Zumindest verschaffte sich die Idee des Gartens und vornehmlich die des Landschaftsgartens nach englischem Vorbild immer mehr Raum und geriet für diejenigen, deren Status die Realisierung eines Gartens mit Bäumen, Ziergehölzen, Rabatten und Rasenflächen als ratsam oder geboten erscheinen ließ, zum unverzichtbaren Prestigeindikator. In den nördlichen Niederlanden (Provinz Groningen) sowie in Ostfriesland und Nordoldenburg überwogen die „Slingertuins" (Gärten mit geschlungenen Wegen) oder Landschaftsgärten in Kleinformat, in denen als Gestaltungselemente ab dem letzten Viertel des 19. Jahrhunderts Solitärgehölze wie Blutbuchen und Kiefern sowie nicht zuletzt die obligate Grotte auftraten, während in den südlicheren Landesteilen (wie dem Osnabrücker Artland und dem Oldenburger Münsterland) bis weit ins 20. Jahrhundert formale Ziergärten mit geschnittenen Taxen und Buchsbaumeinfassungen vorherrschten – was sich vereinzelt mitunter bis in die Gegenwart vor Ort nachweisen lässt.

[1] Vgl. hierzu Eberhard Pühl, Die Gärtnerdynastie Bosse. Hofgärtner und freie Gartengestalter. In: Hermann Kaiser (Hrsg.), Bauerngärten zwischen Weser und Ems, Cloppenburg 1998, S. 95-103.

[2] Als Original erhalten im Archiv des Museumsdorfs Cloppenburg (ohne Inventarnummer).

[3] Als Kopie überliefert im Archiv des Museumsdorfs Cloppenburg (ohne Inventarnummer).

[4] Niedersächsisches Landesarchiv – Staatsarchiv Oldenburg: Bstd. 272-4. Vgl. auch Hermann Kaiser, Gutshaus, Park und Straßenbäume. Entstehung und Verbreitung der Obstbaumkultur zwischen Weser und Ems 1750 bis heute. In: ders. (Hrsg.), Bauerngärten zwischen Weser und Ems, Cloppenburg 1998, S. 49-75, hier S. 52 ff.

Entscheidend für die Initiative zur Umsetzung der hier exemplarisch durchgeführten Dokumentation ländlich-bäuerlicher Gärten sind die in aller Regel von privater Seite unternommenen Anstrengungen, neben den unter Schutz gestellten Baudenkmalen auch die Elemente landschaftlicher Gestaltung zu bewahren. Von Erscheinungsformen also, die wir im weitesten Sinne als Gärten oder gärtnerische Anlagen bezeichnen. Dazu gehören nicht allein private Zier- und die sehr selten gewordenen Gemüsegärten, sondern auch Alleen und Obstwiesen, mitunter auch noch vereinzelt anzutreffende kleine Arboreten, die auf Zeiten zurückgehen, als das allgemeine Interesse an exotischen Pflanzen auch hiesige Landwirte erfasste. Bei der Dokumentation ist die Berücksichtigung historischer Vorbilder ebenso wichtig gewesen wie die praktizierte Inwertsetzung überlieferter Pflanzen oder Gestaltungsformen selbst, sind doch Bäume, Gehölze oder Stauden letztlich ausgesprochen dynamische, aber eben auch vergängliche Wesen, die sich im Gegensatz zu Baudenkmalen nicht dauerhaft konservieren lassen.

In Anlehnung an diese Ausgangssituation haben die Autorinnen des Buches, Frau Katharina Duraj M.A. und Frau Dipl.-Ing. Elke Schwender, ihre Recherchen begonnen und vorangetrieben. Primäres Ziel war dabei die Erschließung von vor Ort befindlicher und gestalteter Substanz, deren individuelle Elemente im Schutzraum des Gartens mit den historischen Gehöften eine Einheit bilden und so ein Zeugnis von den Bemühungen der Eigentümer zur Erhaltung des regionalen kulturellen Erbes ablegen. Insofern ist nicht nur den beiden Autorinnen für die geleistete Dokumentationsarbeit großer Dank abzustatten, sondern auch den Eigentümerinnen und Eigentümern der hier zusammengeführten Gärten. Für die Realisierung des Projekts leisteten sie großzügige Unterstützung, erwiesen sich als sachkompetente Informanten und stellten privates Foto- oder Archivmaterial bereitwillig zur Verfügung.

Ohne die großzügige finanzielle Unterstützung zahlreicher Förderer und Sponsoren hätte jedoch dieses Buchprojekt, das von der Stiftung Kulturschatz Bauernhof und der Stiftung Museumsdorf Cloppenburg-Niedersächsisches Freilichtmuseum in gemeinsamer Regie durchgeführt wurde, nicht realisiert werden können. In diesem Zusammenhang ist es uns ein Anliegen, das Engagement der Stiftung Niedersachsen besonders zu würdigen. Ihrem Einsatz ist es zu verdanken, dass die von Prof. Dr. Helmut Ottenjann vor fast dreißig Jahren ins Leben gerufene Initiative zur Bewahrung und Pflege der historischen ländlichen Sachkultur im Weser-Ems-Raum nachhaltig verankert werden konnte. Das Engagement bildete ferner die Grundlage für die Errichtung des Monumentendienstes, jenes inzwischen weitgehend institutionalisierten Projekts zur beratenden Unterstützung von Baudenkmaleigentümern, das durch die Förderung des Landes Niedersachsen und zahlreicher regionaler Kommunen eine verlässliche Arbeitsbasis erhalten hat. Besonderer Dank sei in dieser Hinsicht auch allen Kuratoren der Stiftung Kulturschatz Bauernhof ausgesprochen, insbesondere jenen, die sich über ihren eigentlichen Auftrag hinaus für dieses Dokumentations- und Buchprojekt stark gemacht haben.

Gewidmet sei das Buch dem inzwischen verstorbenen Verleger und Dipl.-Kfm. Reinhard Köser (1938–2018). Aufgrund seiner unermüdlichen Unterstützung und seines erfolgreichen Wirkens als langjähriger Vorstandsvorsitzender der Stiftung Kulturschatz Bauernhof hat er vor allem der Monumentendienst-Idee unschätzbare Dienste erwiesen. Sie hat sich im Weser-Ems-Raum unter seiner Führung fest etablieren können und ist mittlerweile ein Vorbild für vergleichbare Initiativen in verschiedenen Teilen Europas geworden. Dafür gebührt ihm persönlich sowie seiner Familie unser ganz besonderer Dank.

Allen Leserinnen und Lesern des Buches wünschen wir eine informative und aufschlussreiche Lektüre. Möge sie zugleich inspirierend sein für die Verwirklichung vergleichbarer Initiativen, die dazu beitragen, dem Gedanken zur Pflege und Fortentwicklung unseres kulturellen Erbes – nicht nur in Niedersachsen – weitere Schubkraft zu verleihen.

*Uwe Meiners*

**Vorwort**

**Denkmalpflege für alte Gärten**

Niedersachsen ist ein grünes Land mit weiten Wäldern und Kulturlandschaften, selbst die Städte haben vielfach ein grünes Antlitz, was nicht selten durch Gärten hervorgerufen wird. Zahlreiche Bäume sind an Straßen gepflanzt worden, auch Neubauquartiere und Gewerbegebiete werden begrünt, um ihnen ein freundliches Aussehen zu bereiten. Da Bäume und Sträucher wachsen und sich entwickeln, fügt sich so manche bauliche Steppe und frisch geschlagene Straßentrasse bald doch wieder in das Bild der Landschaft ein, so als wäre nie etwas verändert worden. Und doch hat dieser kreative, auf Reparatur setzende Umgang mit unserer gewachsenen Umwelt seinen Preis, da er Veränderung aber auch Verlust bedeutet, ja Zerstörung von Überkommenem, manchmal sogar von bedeutenden Zeugnissen der Vergangenheit.

Möglicherweise wird es gar nicht so wahrgenommen, aber auch unsere Gärten verändern sich, da sich der Bezug zu ihnen wandelt und die Nutzungen sowie Ansprüche andere werden. Die Pflege der Gärten war stets eine körperlich anstrengende und zeitaufwendige Tätigkeit, was sie heute nicht mehr sein soll. Unsere Gesellschaft braucht Zeit und Raum für das Erlebnis außerhalb von Haus und Garten, weshalb bei diesen rationalisiert, technisiert und reduziert wird. Gärten sind heute in ihrem Aussehen davon geprägt, wie sie möglichst leicht und ohne große Anstrengung zu pflegen sind. Überschaubare Rasenflächen, weite Kies- und Splittschüttungen sowie leicht in Form zu haltende immergrüne Gehölze sind deshalb das Material für die aktuelle Gartengestaltung. Einige Blüten dürfen zwar auch dabei sein, das Herz braucht schließlich etwas für die Empfindsamkeit, doch die Vielfalt an Stauden, Sträuchern und Bäumen, wie sie ehemals Gärten prägten, ist selten geworden, insbesondere auch, da heutige Gärten immer kleiner werden und eher nur noch die Aufgabe haben, einen Mindestabstand zu den Nachbarn zu wahren.

Der alte Gartentyp mit einem Zierbereich für Repräsentation und Erholung sowie Nutzflächen für den Anbau von Gemüse und Früchten, möglicherweise der Bleiche und dem Trockenplatz oder dem Häuschen für das Federvieh fehlt zunehmend in unserer bebauten Umwelt. Man könnte fragen: Wo sind sie noch, die alten Gärten und würde weniger konkrete Hinweise erhalten, als auf Erinnerungen stoßen. Vieles ist verloren gegangen, eine ganze Kultur hat sich verändert und doch, sie gibt es noch, die alten Zeugen einer Gartenkultur in Stadt und Land, die von anderen Nutzungen, Bedürfnissen und Notwendigkeiten geprägt waren. Gärten dienten in der Vergangenheit dem täglichen Leben, ja waren sogar lebensnotwendig, wurden aber genauso als Ort der Erholung und Entspannung genutzt, weshalb sie stets, und das ist ihr Merkmal, gestaltet waren.

Gärten sind von Menschenhand geschaffen. Sie sind nicht Natur, sondern Ausdruck von Kultur. Zwar begegnen wir dort auch der Natur, doch hat ein Garten nur Bestand, wenn der Mensch pflegend und erhaltend eingreift und damit die Dynamik der Natur im Sinne seiner Gestaltungsvorstellung regelt. So gehören Gestaltung und Pflege zusammen, wobei sich beide entwickelt haben, die Gestaltung in aufeinander folgenden Moden und die Pflege entsprechend unseres Wissens und unserer technischen Möglichkeiten. Gärten sind Ausdruck und Ergebnis gesellschaftlicher Bedingungen aber auch Teil gesellschaftlichen Lebens. Da sie nicht Natur, also Wildnis, waren, wurden sie zum Aufenthaltsort von Menschen, der handwerklich gestaltet wurde und schließlich ein Qualitätsniveau erreichte, sodass von Gartenkunst gesprochen werden konnte.

Alte Gärten können deshalb eine Vielfalt unterschiedlicher Gestaltungsweisen und Anlagetypen widerspiegeln, können von hoher Gartenkunst zeugen und die Organisation eines einfachen Nutzgartens vermitteln. Sie sind Belege menschlicher Schaffenskraft, vor allem aber Dokumente von Alltagskultur, ebenso von Festlichkeit, von Interessen und individuellem Ausdruck. Wir wissen heute, dass die Gestaltung von Gärten in der Regel vom Geschmack der Zeit, also verbreiteten, allgemein gültigen Gestaltungsstilen abhängig war und nicht unbedingt durch Nutzung und soziale Zuordnung bestimmt wurde. Gestaltungsstile verbreiteten sich im Verlauf einer Mode über jegliche Form von Grenzen. Dabei kam es sicherlich zu regionalen Ausprägungen und zeitlichen Verzögerungen in der Verbreitung, doch ist den großen Gestaltungsprägungen der Renaissance, des Barock und der Landschaftlichen Gartenkunst des 18. und 19. Jahrhunderts gemein, dass sie sich grundsätzlich in ihrer Zeit auswirkten.

Die Forschung über Gartenkunst und Gartenkultur in Niedersachsen konnte belegen, dass ländliche Gärten nicht, wie lange Zeit angenommen, stets einem gleichen Gestaltungsprinzip entsprachen. Der regelmäßig geformte Garten wurde im ländlichen Raum zwar länger tradiert, weshalb dort auch im 20. Jahrhundert noch Anlagen in dieser Gestaltungsmanier vorzufinden waren, doch drang die Mode des landschaftlich gestalteten Gartens auf seinem Siegeszug seit der Mitte des 18. Jahrhunderts auch in diese Regionen vor. Den Bauerngarten schlechthin gab es insofern nicht. Auch war der Pfarrgarten kein eigener Anlagentyp, ebenso wie der Garten eines Schulmeisters oder Küsters nicht durch seine berufliche Tätigkeit bestimmt wurde. Sicherlich waren diese Gärten aber in ihrer Gestalt von den Möglichkeiten der Eigentümer und von deren Interessen geprägt. So gab es durchaus weitläufige landschaftliche Gestaltungen von Bauerngärten, die sich auf schmalen aber tiefen Parzellen in Moorkolonien erstreckten. Andererseits entwickelten Pfarrer mitten im Dorf ihre botanische Sammelleidenschaft und ließen Gärten entstehen, die heute noch von der Entdeckung vieler exotischer Gehölze in Übersee zeugen. Einer Renaissance folgten schließlich aber wohl die Bewohner des Artlandes, als sie ihre Gärten mit aufwendig geschnittenen Hecken und Figuren insbesondere aus Eiben schmückten und dadurch hoch repräsentativ gestalteten.

Vieles ist von diesen ehemaligen Gärten jedoch nicht überkommen. Bereits zu Beginn des 20. Jahrhunderts war zu beobachten, dass wichtige Objekte der Gartenkunst verändert oder gar zerstört waren und wurden. Es entstand bereits damals die Idee des Denkmalschutzes auch für Gärten, da sie als Zeugnisse der Vergangenheit gefährdet waren. In den ländlichen Regionen entwickelte sich der Veränderungsdruck zwar später, doch schließlich mit gleichem vernichtendem Resultat. Konnten zum Beispiel noch in den fünfziger Jahren des 20. Jahrhunderts wohl gut neunzig Anlagen des Typs „Artländer Bauerngarten" aufgelistet werden, sind davon heute nur noch wenige zu finden. Gut hundert Jahre nach den ersten Erkenntnissen hinsichtlich eines notwendigen Schutzes alter Gärten, sind insbesondere die Zeugnisse der historischen Gartenkultur in den ländlichen Regionen in besonderem Maße gefährdet.

Denkmalpflege stellt vor dem Hintergrund der Bedeutung und Gefährdung von historischen Gärten ein begründetes Interesse am Erhalt dieser Zeugnisse der Vergangenheit dar. Durch das Niedersächsische Denkmalschutzgesetz ist die Wahrung derartiger Anlagen als öffentliches Interesse formuliert. Seit fast vierzig Jahren besteht somit die Möglichkeit, historische Gärten unter einen staatlichen Schutz zu stellen und damit einen langfristigen Erhalt anzustreben. Ohne die Eigentümer und deren Engagement ist dies jedoch nicht möglich. Gärten benötigen viel mehr als andere Kulturdenkmaltypen der ständigen Zuwendung durch den Eigentümer oder andere Interessierte. Da sie zu wesentlichen Teilen von lebendem Material in ihrem Erscheinungsbild geprägt werden, bedarf es einer ständigen Pflege, aber auch fachlicher Kenntnisse, um sie durch entwickelnde gärtnerische Eingriffe in ihren besonderen gestalterischen Charakteristika zu erhalten. Die gartendenkmalpflegerische Kunst besteht deshalb darin, den durch die Natur bedingten dynamischen Veränderungsprozess derart zu lenken, dass die Zeugnisfähigkeit des Objekts bewahrt bleibt.

*Rainer Schomann*

Einführung

# Zum Nützlichen das Schöne
Gärten in Nordwestdeutschland

Mitten im Herzen Oldenburgs liegt der etwa 16 Hektar große Oldenburger Schlossgarten. Auch heute ist der Anfang des 19. Jahrhunderts angelegte Landschaftsgarten trotz zentraler Lage eine grüne Oase der Ruhe und wird gerne von Spaziergängern aufgesucht. Wer historisch und gärtnerisch interessiert ist, kann vieles über die Entstehung des Schlossgartens, seine Gestalter und seinen Pflanzenbestand erfahren, zumal der Hofgärtner Julius Friedrich Wilhelm Bosse (1788–1864) persönlich viele Anmerkungen und Notizen aus der Zeit zwischen dem Beginn der Anpflanzungen bis zum Ende seiner Tätigkeit am Oldenburger Hof hinterlassen hat.

Bereist man den ländlichen Raum des nordwestlichen Niedersachsens, trifft man unterwegs immer wieder auf großzügige Gärten an Bauernhöfen, oft von hohen über 100-jährigen Bäumen umgeben. Seitlich der Nebengebäude befinden sich nicht selten Reihen alter Obstbäume und im Hausgarten wächst der eine oder andere Baumriese. Auch hier stellen sich Fragen zur Entstehungsgeschichte der Gartenanlagen. Wann wurden sie angelegt, wer hat sie geplant, welche Rosen, Stauden, Gehölze oder Obstbaumsorten wurden bevorzugt in den ländlichen Gärten verwendet?

Dieses Buch beschäftigt sich mit all diesen Fragestellungen und versucht, Antworten auf manche zu finden. Die Quellenlage zur Geschichte historischer Gärten der bäuerlichen Oberschicht ist im Gegensatz zu der von adeligen Parkanlagen weniger ergiebig. Hinzu kommt die grundsätzliche Problematik, dass man bei einer Gartenanlage weniger mit baulicher Substanz und überwiegend mit pflanzlicher Ausstattung und Gestaltung, also mit lebendem und sich veränderndem Material zu tun hat. Im Gegensatz zu einem Gebäude ist der Gartenraum ein fragiler und unter ungünstigen Bedingungen rasch vergänglicher Ort. Abgesehen von seinen festen Strukturen wie Wegen, Garteneinbauten wie Pavillons, Mauern und Brücken ist sein wesentlicher Werkstoff die Pflanze, die der stetigen Pflege bedarf.

### Besichtigungen ländlicher Gartenanlagen, Dokumentation und Recherche

Unter dem Begriff „Garten" ist sowohl eine eingehegte Fläche zum nützlichen Anbau von Gemüse und Obst als auch eine Fläche zur Verschönerung durch Zierpflanzen, Spazierwege und Ruheplätze zu verstehen. Bei der Auswahl der näher zu betrachtenden Gärten kamen nur solche in Frage, die etwa um 1900 oder auch früher angelegt worden waren und in denen heute noch Strukturen der Gestaltung oder Bereiche mit ursprünglicher Bepflanzung vorhanden sind. Letztendlich konnten wir innerhalb des vorgesehenen Projektzeitraumes von zwei Jahren 45 Gärten in Friesland und Ostfriesland, im Ammerland und Emsland, im Oldenburger Münsterland sowie im Oldenburger und Osnabrücker Land besichtigen, dokumentieren und untersuchen.

Die jeweiligen Gartenbesichtigungen bestanden aus der Begutachtung des Gartens, um festzustellen, welche „älteren" Gehölze und auch Gestaltungsstrukturen wie Wege, Gräben, Bodenmodellierungen, Verweilorte oder sonstige Verschönerungen baulicher Art noch vorhanden sind. Darüber hinaus folgten Interviews mit den betreffenden Gartenbesitzern und auch mit Personen, die sich an die Gartenanlage zu früheren Zeiten erinnern konnten. Bei den Fragestellungen ging es um die Feststellung des Zeitfensters, in dem die Anlage angelegt worden war und ob vielleicht noch ein Gartenplan aus der betreffenden Zeit vorhanden sei. Es interessierte uns auch, welche Pflanzen aus der anfänglichen Gestaltung noch bis heute im Garten wachsen und wer bislang für die Pflege der Gärten zuständig war. Andere Fragen bezogen sich auf die Bezugsquelle der Gartenpflanzen und auf Veränderungen innerhalb des Gartengeländes, die im Laufe der Zeit vorgenommen worden waren.

Bereits in der ersten Hälfte des 19. Jahrhunderts entwickelte sich der Garten zum Repräsentationsraum der wohlhabenden bäuerlichen Familie und als „Empfangsraum" für den sonntäglichen Besuch. Diese neue Art der Nutzung des ländlichen Gartens wurde auf Bildern des Silhouetteurs Caspar Dilly

[1] **Vgl. hierzu die wichtigen Studien von Helmut Ottenjann, Lebensbilder aus dem ländlichen Biedermeier. Sonntagskleidung auf dem Lande. Die Scherenschnitte des Silhouetteurs Dilly aus dem nordwestlichen Niedersachsen, Cloppenburg 1984. Ders., Der Silhouetteur Caspar Dilly aus Löningen. Familienbilder der Landbevölkerung im nordwestlichen Niedersachsen 1805-1841. Mit einem Beitrag zu Trümpelmann-Silhouetten der Weser-Ems-Region, Löningen 1998 (Beiträge zur Geschichte des Oldenburger Münsterlandes: Die „Blaue Reihe", H. 3).**

*Scherenschnitt von Caspar Dilly, Besuchsszene im Garten eines Marschenhofes in Freepsum, dat. 1836. (Privatbesitz, Repro Museumsdorf Cloppenburg)*

*Kinder fotografiert zwischen Palmlilien, Garten Kaper im Sommer 1915. (privat)*

(1767–1841) festgehalten, der als reisender Künstler Auftragsarbeiten der ländlichen Oberschicht im Osnabrücker und Oldenburger Land sowie im ostfriesischen Raum entgegen nahm.[1]

Die Silhouettenkunst wurde bald von der aufkommenden Fotografie abgelöst. Für uns stellten sich somit Fotografien aus der Zeit ab 1900 als besonders hilfreich heraus. Die Aufnahmen ließ man damals von einem Fotografen machen, später fotografierte man auch selber und wählte dabei Motive wie die blühenden Partien des Gartens, die Kinder spielend im Garten oder die Familie mit dem Besuch in der Grotte. Aus den Fotos lassen sich zusätzliche Details des Gartens ablesen. Teilweise konnten wir die Gesamtgestaltung der Anlage deutlicher nachvollziehen, da Elemente der historischen Anlage wie Wege und aufwendige Blumenrabatten im heutigen Garten größtenteils nicht mehr vorhanden sind. Fotos konnten auch Aufschluss über das genaue Alter eines Baumes geben, wenn diese einen neu gepflanzten Baum zeigten. Neben Fotoarbeiten waren teilweise auch Tagebucheintragungen der Hofbesitzer sowie historische Grußkarten und Gemälde nützlich.

Selbstverständlich haben auch wir das eine oder andere Foto aufgenommen, zum einen zur Dokumentation des Gartens selbst, zum anderen zur Gewinnung von zusätzlichem Bildmaterial für dieses nun vorliegende Buch. Als „mitreisender Fotograf" sei an dieser Stelle auch Wolfgang Trumpf genannt, der uns ebenfalls reichlich mit Fotomaterial versorgte.

Erstaunlich viele Gartenbesitzer konnten uns auch Luftbildaufnahmen ihres Hofes vorlegen, die

*Margarete Gronewold fotografierend in ihrem Garten, Hof Wichhusen 1936. (privat)*

die verschiedenen Bereiche des Hofgeländes und die Anordnung der Hofgebäude im Verhältnis zu den angrenzenden Nutz- und Ziergärten anschaulich in den Blick nehmen. In der Mehrheit stammen diese Aufnahmen aus den 1950er Jahren. In einigen Fällen halfen auch historische Kartenwerke bei der Beantwortung, ob und wo Ziergartenanlagen vorhanden waren. In der Regel wurde in den Karten jedoch nicht zwischen Nutz- und Ziergartenflächen unterschieden, sondern sie wurden pauschal als Gartenfläche bezeichnet. Hofarchivalien enthielten im Allgemeinen wenig Hinweise zu den Gärten und waren oftmals durch Kriegseinwirkungen oder Brandschäden nur teilweise oder gar nicht mehr vorhanden.

Zu weiteren Erkenntnissen bezüglich des einen und anderen Gartens gelangten wir durch Recherchearbeiten in Landesarchiven, in Landesbibliotheken, im Archiv des Museumsdorfes und auch durch Kartenmaterial der jeweils zuständigen Katasterämter.

### Die Gärten und ihre Gestaltung

Bei unseren zahlreichen Bereisungen ahnten wir manches Mal schon von weitem, in welcher Richtung sich ungefähr unser nächster historischer Garten befinden müsse, den „herausragenden" Hinweis gab in diesem Falle der markante hofnahe Altbaumbestand. Häufig vorkommende Baumarten wie Eiche, Buche, Kastanie, Esche oder Linde wurden gerne seitlich des Hofgebäudes oder in der Umgebung der landwirtschaftlichen Nebengebäude gepflanzt. Auch heute dienen sie als Schutz vor kalten oder stürmischen Winden, insbesondere in Küstennähe.

Vor allem gegen Ende des 19. Jahrhunderts begann man, Baumreihen und auch Alleen entlang der Hofzufahrten anzupflanzen, die heute auf Grund ihres Alters teilweise auch als Naturdenkmale ausgewiesen sind. Vor dem Wohngiebel und auch längs des Wohnteils des Hofgebäudes befanden sich ebenfalls häufig Baumreihen, besonders beliebt waren Kopflinden oder Lindenspaliere.

Die Mehrzahl der von uns besichtigten Blumengärten sind im Zeitraum zwischen der Mitte des 19. Jahrhunderts und 1900 angelegt worden. Alle Anlagen verfügten über einen großflächigen Nutz- und auch Obstgarten, der sich in der Größe nach der Anzahl der auf dem Hof zu versorgenden Personen richtete.

Der damalige finanzielle Ertrag aus der Landwirtschaft war stark von der Lage des Hofes insbesondere in Bezug auf die Güte des Bodens und von seiner Bodenbeschaffenheit abhängig. Es gab noch keinen Mineraldünger, um das Pflanzenwachstum auf weniger ertragreichen Böden wie in den Geest- und Moorlandschaften zu verbessern. Sicherlich hatte um 1850 nicht jeder finanziell gut abgesicherte Landwirt einen schönen Ziergarten. Aber wenn man einen, dem „reinen Vergnügen" dienenden Blumengarten besaß, konnte man es sich leisten, denn diese Fläche brachte keinen Ertrag, es war purer Luxus.

Wir konnten im Laufe unserer Recherchen feststellen, dass der Zeitpunkt der Hofübergabe zur nächst jüngeren Generation oft zu Veränderungen auf dem Hof führte. Auf Grund der festgelegten Erbregelung war es häufig die Frau, die in den Hof einheiratete und auch „etwas Geld mitbrachte" und – oder auch – neue Ideen. So wurden gerne bauliche Veränderungen an Gebäuden vorgenommen oder auch solche, die den Garten betrafen wie zum Beispiel eine neue Anlage mit Obstbäumen, die Errichtung eines Gewächshauses, eines Gartenhäuschens oder eines Wintergartens.

Der Ziergarten lag als „Verschönerungspartie" nahe am Wohnteil des Hofgebäudes. Man hatte von den Fenstern oder der Seitentür des Hauses einen ansprechenden Blick in den Garten und umgekehrt vielleicht auch eine durchgehende Blickachse vom Garten zurück zum Haus.

Entsprechend des beliebten landschaftlichen Gartenstils des ausgehenden 19. Jahrhunderts wurden Wege in leicht geschwungener Form bevorzugt. Gerade verlaufende Pfade befanden sich zwischen den Reihen und Quartieren des Gemüsegartens. Blumenrabatten mit Sommerblumen, Rosen und Stauden begleiteten die Wege oder lagen nahe des Hauses und wurden auch häufig innerhalb der Rasenfläche als runde oder längliche Schmuckbeete, als Rasenbeete angelegt.

Geschnittene Hecken rahmten die Nutz- und Ziergärten als Abgrenzung zu den landwirtschaftlich genutzten Ackerflächen und Viehweiden ein. Nach 1900 und insbesondere ab 1950 wurden zu diesem Zweck vermehrt Holz- und Maschendrahtzäune gezogen.

Regionale Unterschiede kamen teilweise in der Gestaltung der Ziergärten insofern zum Tragen, als dass vor Ort vorhandenes Material bevorzugt verwendet wurde wie Muschelschalen als Wegmaterial, Bruchsteine für Mauern, Torfsoden und Lesesteine für Grotten. Allerdings scheute man auch keine Ausgaben und beschaffte für seinen Grottenbau den besonders dekorativen, hellgelben Tuffstein aus Thüringen.

Ähnliche Strukturen bezüglich der Gestaltung weisen die Blumengärten der wohlhabenden Marschbauern in Ostfriesland auf. Die großen Gulfhöfe, die zum Teil auch auf einer Warft liegen, werden auch heute noch von Gräften umschlossen. Es sind in erster Linie notwendige Entwässerungsgräben für die bisweilen unter NN liegenden Hofflächen. Diese hofnahen Wasserzüge wurden häufig auch als Süßwasserreservoir genutzt.

Denkbar ist, dass der Boden des zwingenden Grabenaushubs für die Modellierung der Gartenfläche genutzt wurde. Im hinteren Gartenbereich befindet sich häufig auch heute noch ein runder oder ovalförmiger Teich, der ab und an auch eine Verbindung zur Graft besitzt. Ein wahrhaftiger Höhepunkt der Anlage ist ein kleiner modellierter Hügel als Abschluss des hinteren Gartengeländes, der „Lug ins Land". Großzügige Rasenflächen liegen nicht selten im Inneren des Gartenraumes, in denen imposante Einzelbäume und vereinzelt raumbildende Strauchgruppen wachsen.

Es ist erstaunlich, wie viele Häuser- und auch Nebengebäude um 1900 mit Kletterpflanzen verschönert wurden. Besonders gerne wurden Echter und Wilder Wein, Blauregen, Efeu oder Kletterrosen gepflanzt. Wenige Erkenntnisse konnten wir bezüglich der in den Rabatten verwendeten Pflanzen gewinnen. Sicher ist, dass besonders die beliebte Dahlie, auch Georgine genannt, in vielen Blumenbeeten wuchs wie auch Begonien und Fuchsien. In vereinzelten Gärten fanden wir Stauden wie Eisenhut, Taglilien, Flammenblumen und Funkien sowie verschiedenen Farnen.

Besonders beliebte Parkbäume waren in der zweiten Hälfte des 19. Jahrhunderts Blutbuche, Kastanie, Platane, Marone, Walnussbaum und auch Flügelnuss. Gegen Ende des Jahrhunderts kam verstärkt die Vorliebe für Nadelbäume auf. Fichte, Tanne, Kiefer, Douglasie, Lebensbaum und auch Araukarien schmückten die Anlagen, oft in Nachbarschaft zu den immer beliebter werdenden prächtig blühenden Rhododendren.

Die Ausstattung der Ziergärten wurde nun abwechslungsreicher. In den Anlagen standen häufig Pavillons, zum Teil auch Gewächshäuser. Zusätzlich wurden Teiche mit Brücke und Entenhäuschen als Attraktion des Gartens oder Parks angelegt: der Garten war immer auch Prestigeobjekt. Mit dem sonntäglichen Besuch oder anlässlich einer Familienfeier verweilte man in der Grotte oder auf der Gartenveranda und genoss den Blick in den wohlgepflegten, blühenden Garten.

### Pflanzenliebhaberei

Das Interesse an der Gartengestaltung und der Pflanzenwelt war im gesamten 19. Jahrhundert und darüber hinaus sehr groß – und ist es bis heute geblieben. Fortwährend wurden neue Pflanzen aus verschiedenen Klimazonen und Erdteilen durch Pflanzenjäger entdeckt, die anschließend von europäischen Baumschulen in Kultur genommen wurden und als absolute Neuheiten in den Handel gelangten.

Woher die einzelnen Gartenpflanzen in unseren dokumentierten Gärten bezogen wurden, ist allerdings nur vereinzelt nachzuweisen, da Rechnungen nur noch selten existieren. Wenn solche vorliegen, dann sind es Belege von Baumschulen aus der Region des Ammerlands und Ostfrieslands, die ebenfalls in der zweiten Hälfte des 19. Jahrhunderts gegründet wurden.

Anregungen für die Planungen und aktuelles Wissen zu den vielen neu eingeführten Pflanzen aus aller Welt erhielt man durch Gartenzeitschriften und

Gartenbücher. Manche Gartenbesitzer waren auch gegen Ende des 19. Jahrhunderts Mitglied in regionalen Gartenbau- bzw. Obstbauvereinen oder in der 1892 gegründeten Deutschen Dendrologischen Gesellschaft.

Neue Ideen brachte man auch von Gartenbesuchen oder von unternommenen Reisen in größere Städte mit. In Zeiten der voranschreitenden Industrialisierung entstanden im städtischen Umfeld mehr und mehr öffentliche Parks als Erholungsräume, Universitäten gründeten Botanische Gärten, auch zahlreiche private Arboreten wurden angelegt. Gegen Ende des 19. Jahrhunderts wurden vielerorts gern besuchte Garten- und Obstausstellungen veranstaltet.

### Änderungen im Garten durch gesellschaftlichen Wandel

Ein Garten braucht kontinuierliche Pflege: Die Hecken müssen geschnitten, die Graft gesäubert, das Laub geharkt, die Wege geschuffelt, das Obst geerntet werden. Diese Gartenarbeiten zogen sich durch das ganze Jahr, es gab immer etwas zu tun.

*Abb. rechts:*
*... auch die Kleinsten möchten harken, Garten Hilbers, 1915. (privat)*

**Gartenpflege 1907, Gut Horn.** *(privat)*

Auf den größeren Höfen verrichtete das Personal in der Regel die beständig wiederkehrenden Gartenarbeiten, bei speziellen Arbeiten wie Heckenschnitt und Schnitt der Lindenspaliere und Kopflinden wurde einmal im Jahr ein Gärtner aus dem näheren Umkreis beauftragt. Wir fanden auch Nachweise, dass bei manchen Neuanpflanzungen und Neuplanungen Gärtner beziehungsweise ein Gartenarchitekt beauftragt wurden.

Die in der zweiten Hälfte des 19. Jahrhunderts auch im agraren Bereich einsetzende Industrialisierung und schließlich die ab den 1950er Jahren zunehmende Technisierung fast aller Arbeitsbereiche in Haus und Hof trugen wesentlich zur Veränderung des Gartens im ländlichen Raum bei. Die Gestaltung der Ziergärten mit den gesandeten Wegen, die im Rasen liegenden Beete, die meterlangen Hecken und manche Formgehölze waren sehr pflegeintensiv. Zugleich gab es aber immer weniger Personal auf den Höfen, da einerseits Arbeitsplätze in den Städten vermehrt angeboten wurden und andererseits durch Anschaffung von Traktoren und vielseitigen Anbaugeräten viel weniger Personal gebraucht wurde. Immer größer werdende Zugmaschinen benötigten auch mehr Platz, allein schon wegen des Wendekreises. Die Betriebsführung eines moderneren landwirtschaftlichen Hofes erforderte bedeutend weniger Personal, verursachte aber auch mehr Geländeverbrauch durch den Bau größerer Scheunen sowie neuer und größerer Ställe.

Die Notwendigkeit großer Gemüse- und Obstgärten war nicht mehr gegeben, da viel weniger Menschen auf dem Hof zu ernähren waren. Allerdings fehlten die Arbeitskräfte auch bei den notwendigen Pflege- und Unterhaltungsarbeiten der umfangreichen Gartenflächen. Die Folge war, dass Gemüsegärten verkleinert oder sogar aufgelöst wurden, die alten Obstbäume gefällt und der Bestand nur geringfügig oder gar nicht verjüngt wurde.

Pflegeintensive Bereiche des Gartens wie Wege, Rabatten und insbesondere Rasenbeete wurden eingeebnet. Hauptwege blieben und erhielten nun eine Abdeckung mit Pflastersteinen oder Wegplatten. Die Pflege der großzügigeren Rasenflächen wurde durch motorisierte Rasenmäher erleichtert.

Uns beeindruckte immer wieder, dass trotz etlicher in der Vergangenheit erfolgter Veränderungen das Grundgerüst einer Gartenanlage weitestgehend erhalten geblieben ist. Baumreihen, Gehölz- und Baumgruppen, geschnittene oder freiwachsende Hecken und auch Graften begrenzen immer noch die Gartenflächen. Der Besucher wird durch interessante Blickachsen und Durchsichten überrascht, Strauchgruppen sorgen weiterhin für die räumliche Trennung von Gartenbereichen. Ein großer Teil der vor oder nach 1900 angelegten Grotten ist noch vorhanden. Diese werden zum Teil auch heutzutage von der Familie und ihrem Gartenbesuch genutzt. Seit Anfang des 20. Jahrhunderts gab es neben privaten Gartenbesichtigungen auch von Gartenbauvereinen oder Pflanzengesellschaften organisierte Fahrten. Diese Besuchskultur mit gegenseitigem Austausch unter Pflanzenfreuden hat bis heute Tradition und erfreut sich einer allgemeinen Beliebtheit.

In der Vergangenheit mussten in vielen historischen Anlagen aus Altersgründen Bäume entnommen werden oder sie sind Stürmen und Krankheiten zum Opfer gefallen. Die Lücken in Alleen, in Baumreihen oder vereinzelt in den Blumengärten wurden durch Pflanzungen junger Bäume geschlossen, um den Charakter der Gartenanlage wiederherzustellen. Lindenspaliere und Kopflinden werden weiterhin regelmäßig geschnitten, neue Obstbäume alter Sorten wieder aufgepflanzt. Das große Interesse am Garten und die Freude an seiner Gestaltung, der pflanzlichen Ausstattung und Vielfalt ist in den ländlichen Gärten Nordwestdeutschlands unverkennbar erhalten geblieben. Dieses zeigt sich im Wunsch und Engagement, den Garten zu pflegen und dadurch auch für die nächste Generation zu bewahren.

Als Autoren möchten wir uns abschließend zu allererst bei allen Gartenbesitzern und allen weiteren Interviewpartnern, die uns beim Zusammentragen wichtiger Quellen und Informationen bezüglich der Struktur und Beschaffenheit der jeweiligen 45 historischen Gartenanlagen behilflich waren, herzlich bedanken!

Wertvolle Hinweise dank hilfreicher und freundlicher Unterstützung der zuständigen Ansprechpartner erhielten wir in Landesbibliotheken, Staatsarchiven und Katasterämtern, Heimatvereinen sowie Planungs- und Bauämtern verschiedener Landkreise. Ein weiterer Dank gilt Prof. Dr. Uwe Meiners für die inhaltliche Anregung zu diesem Buch und Dipl.-Ing. Rainer Schomann für den einführenden Beitrag aus der Sicht des Niedersächsischen Landesamts für Denkmalpflege. Wolfgang Trumpf lieferte die gelungenen Fotos und Dipl. Grafiker Holger Kerkhoff blieb bis zuletzt geduldig – ihnen allen sei aufrichtig gedankt, nicht zuletzt unseren unermüdlichen Lektoren Lukas Aufgebauer, Dr. Eike Lossin, Dr. Michael Schimek und Dr. Karl-Heinz Ziessow. Besondere Erwähnung verdienen jedoch unsere zahlreichen Förderer und Sponsoren, ohne deren Hilfe dieses Buch nicht hätte geschrieben werden können.

*Elke Schwender*

**Fotografie von 1914: Familienfeier auf der Halbinsel, Gartenanlage Hof Agena.** *(privat)*

Zum Nützlichen das Schöne

Die Gärten

Innerhalb des südlichen Gartens wurden bereits 1842 einzelne Bäume auf dem Übersichtshandriss der Oldenburgischen Landesvermessung verzeichnet.

Ein Plan des um 1910 angelegten Zier- und Obstgartens hat sich im alten „Betriebsbuch Förrien" erhalten. *(privat)*

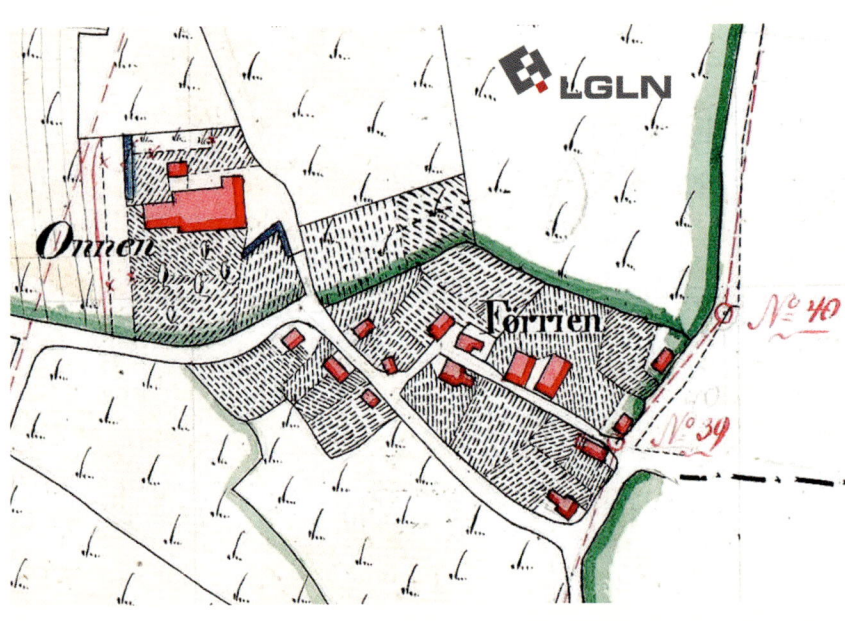

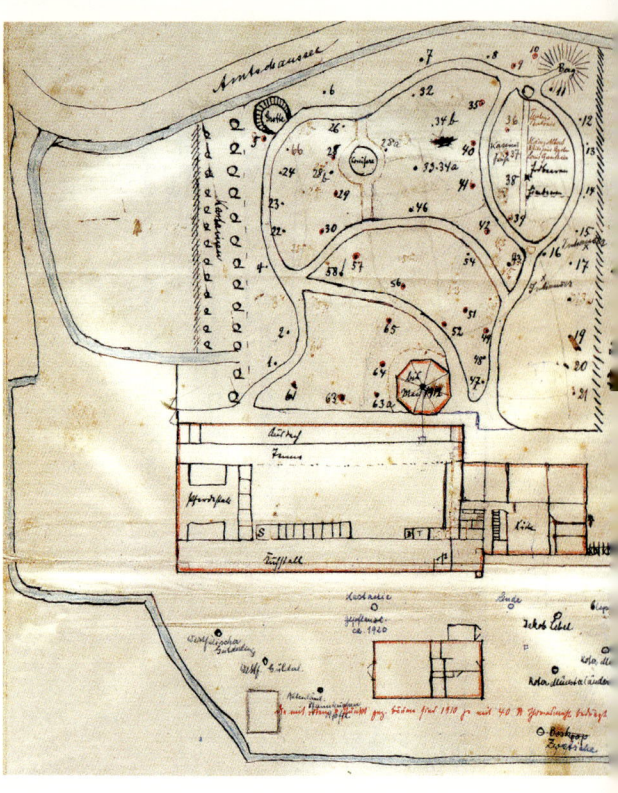

# Hof Onnen-Lübben
## Wangerland-Förrien

Im nördlichen Teil der Gemeinde Wangerland, im Ortsteil Förrien, zehn Kilometer östlich von Carolinensiel und einen halben Kilometer hinterm Deich, liegt auf fruchtbaren Marschböden der Hof Onnen-Lübben. Das Grundstück war ehemals mit einer Graft umgeben und hat eine Größe von zwei Hektar, wozu der Ziergarten, der ehemalige Gemüsegarten und die Wirtschaftsfläche gehören.

Eine Urkunde von 1783 belegt den Beginn der Hofgeschichte. Das heutige Wohn- und Wirtschaftsgebäude, ein 50 Meter langes Gulfhaus, wurde 1803 errichtet, nachdem der Vorgängerbau durch Funkenflug abgebrannt war. Kurz darauf legte man vermutlich eine Kastanienallee an, die sich seitlich der Wirtschaftsfläche befindet. In den beiden Baumreihen haben sich 15 mächtige Bäume erhalten, die jedoch mittlerweile durchgängig von der Miniermotte befallen sind und nach und nach gefällt werden müssen. Im Frühjahr breiten sich zwischen den Baumriesen großflächig Schneeglöckchen und Winterlinge aus und tauchen das Areal in ein weiß-gelbes Blütenmeer. Im Eingangsbereich des Hauses hat sich eine alte Linde erhalten, die ebenfalls zu dieser Zeit als Hausbaum gepflanzt wurde. Auch eine Lindenreihe entlang der südlichen Fassade wird im frühen 20. Jahrhundert gesetzt worden sein, die allerdings bereits in den 1930er

Um 1911 ist das Foto der Familie Onnen entstanden, die innerhalb der aus Findlingen gestalteten Grotte sitzt. *(privat)*

Vor dem Hauseingang steht eine Linde, die als Hausbaum um 1803 gepflanzt wurde. *(WT)*

Anfang des 20. Jahrhunderts standen vor der Südfassade große Lindenbäume und innerhalb der Rasenfläche lagen die ersten Blumenbeete. *(privat)*

Jahren wieder gefällt wurde, um mehr Licht ins Haus zu lassen. Zur Erschließung des privaten Bereichs legte man westlich des Grundstücks eine Zufahrtsallee an, die ursprünglich aus Ulmen bestand. Diese sind allerdings vor 40 Jahren dem Ulmensterben zum Opfer gefallen und wurden durch Linden ersetzt. Der Weg ist bis heute mit alten Klinkersteinen befestigt. Von Südosten erreichte man die Wirtschaftsfläche des Hofes, die heute als Hauptzufahrt genutzt wird.

Auf dem Hof hat sich ein besonders wertvolles Dokument erhalten, das zahlreiche Informationen zur Familiengeschichte, der Bewirtschaftung und Anlage des Hofes enthält. Der Urgroßvater Anton Onnen-Förrien legte um 1900 das „Betriebsbuch Förrien" an, das bis in die 1950er Jahre auch von den Folgegenerationen fortgeführt wurde. Darin hat sich auch ein um 1910 angelegter Gartenplan mit den zugehörigen Pflanzlisten und einem Plan zur Obstwiese erhalten, die zwischen 1949 und 1952 angelegt wurde.

Unter der Leitung seines Sohnes wurde südlich des Hauses ein Garten im englischen Landschaftsstil verwirklicht, der sowohl Zierelemente als auch Obstbäume in sich barg. Auf einer Fläche von 6.500 m² war der Garten mit geschlungenen Muschelwegen durchzogen, die an über 60 Obstbäumen und anderen Gehölzen, die in solitärer Lage standen, vorbeiführten.

Neben genau kartierten Bäumen wurden auch besondere Gartengestaltungselemente eingezeichnet. So lag in der südöstlichen Gartenecke eine Grotte im Schutz großer Kastanien, an die noch ein um 1911 entstandenes Foto erinnert. Darauf sitzt die Familie innerhalb der aus Feldsteinen erbauten Grotte, die mit Farnen und blühenden Stauden geschmückt war, und genießt das schattige Plätzchen. Die damals in der Grotte stehende Bank hat sich bis heute auf dem Hof erhalten. In der südwestlichen Ecke lag ein kleiner Hügel, das sogenannte „Lug ins Land", von wo aus man in erhöhter Lage einen Ausblick in die umliegende Landschaft und den schönen Garten hatte. In einem ovalen Beet wuchsen Erdbeeren und Himbeersträucher, während die Rasenflächen in der Nähe zum Haus mit runden Farn- und Staudenbeeten bestückt waren. Im Frühjahr blühen zwischen den Bäumen zahlreich die Winterlinge, Schneeglöckchen, Märzenbecher, Narzissen und Blausterne. Zur südlich gelegenen Straße war der Garten durch Schneebeerenbüsche abgeschirmt, die Graft im Westen begrenzte eine Weißdornhecke.

In der Beilage zum jeverländischen Wochenblatt vom 19. Juni 1937 findet sich eine ausführliche Beschreibung zum „kurzen Rundgang durch den Zier- und Gemüsegarten der bekannten Musterwirtschaft von Bauer Gustav Onnen-Förrien". Dort heißt es:

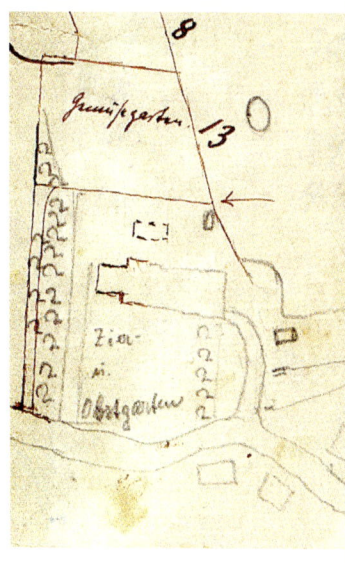

Im Betriebsbuch hat sich ein Lageplan erhalten, der den Gemüsegarten wie auch den Zier- und Obstgarten lokalisiert, die beiden Alleen sind auch eingezeichnet. *(privat)*

Ein Magnolienbaum ziert neben diversen Bäumen, Ziersträuchern und Hortensien den heutigen Garten, die 100 Jahre alte Bank stand früher innerhalb der Grotte. *(WT)*

In den Jahren 1949 und 1952 wurde eine Obstwiese seitlich des Gemüsegartens angelegt, ein gutes Drittel der Bäume ist bis heute erhalten geblieben. *(WT)*

Die alten Kastanienbäume sind heute stark von der Miniermotte befallen und müssen nach und nach gefällt werden. *(KD)*

„mancher ‚herrschaftliche' Garten in der Stadt ist längst nicht so schön wie dieser Bauerngarten. […] Auf sauber geharkten Wegen macht man einen Rundgang durch den Garten, vorbei an schönen Blumenbeeten, die inmitten der großen Rasenflächen ihren Platz haben. […] Begeisterung findet auch der große Gemüsegarten, wo ebenfalls peinliche Ordnung herrscht und alle Gemüsearten reich vertreten sind." Weiterhin wird erwähnt, dass „nur eine Bauernfamilie, die seit Generationen auf dem Hofe ist […], ist in der Lage, all das Schöne zu erhalten, was ein solcher Bauernhof bietet." Dieser Beitrag macht die Einzigartigkeit des damaligen Gartens deutlich und ist auf die gute soziale Stellung der Familie zurückzuführen.

Nördlich des Hauses befand sich der erwähnte Gemüsegarten auf einer Fläche von 4.500 m². Das Betriebsbuch gibt Auskunft über die damals angepflanzten Gemüsearten mit speziellen Sorten. Aufgeführt sind: Petersilie extra krauses Moos, Blumenkohl 'Non plus ultra', Kohlrabi 'Goliath blau', Buskohl 'Ruhm v. Enkhuisen' und 'Winningstädter', Gurken grüne Schlangen, Wurzeln der Sorte 'von Nauter' und 'St. Valery' und Erbsen der Sorte 'Markerbsen Telephon' und 'Moerheimer Weiße Riesen'. Bis 1994 wurde der Nutzgarten von Gerd Hinrichs Onnen-Lübben weiter bewirtschaftet. Neben dem üblichen Grob- und Feingemüse gab es auch zahlreiche Johannisbeer- und Stachelbeersträucher. Besonders stolz war der Bauer auf seine Dahlien, die in einer langen Blumenrabatte neben dem Gemüse und anderen Stauden blühten. Nach seinem Tod wurde der Gemüsegarten aufgegeben. Heute hat Anke Onnen-Lübben nördlich des Stallgebäudes ein kleines Hochbeet und es wachsen wieder Beerensträucher.

Im Hausbuch hat sich auch ein Pflanzplan der westlich des Gemüsegartens angelegten Obstwiese erhalten. 1949 wurde die erste Baumreihe mit zwölf Apfelbäumen gepflanzt, die sieben verschiedene Sorten enthielt. 1952 folgten drei weitere Baumreihen mit jeweils acht Bäumen und sieben neuen Sorten. Insgesamt gab es 33 Apfel- und drei Birnbäume: Neun von der Sorte 'Boskoop', fünf 'Ontario', sechs Sorten wurden doppelt gepflanzt und fünf Sorten waren nur einfach vertreten. Von den Obstbäumen ist bis heute ein gutes Drittel erhalten geblieben, die Früchte werden in einer Mosterei zu Saft verarbeitet.

Bis 1970 war der ehemalige Zier- und Gemüsegarten verschwunden und man baute im südlichen Bereich einen Altenteiler. Als Reinhard und Anke Onnen-Lübben 1973 heirateten, wurde der Garten neu gestaltet. Südlich des Hauses lag damals eine große Wiese. Nach und nach füllten sie Bäume, Büsche und

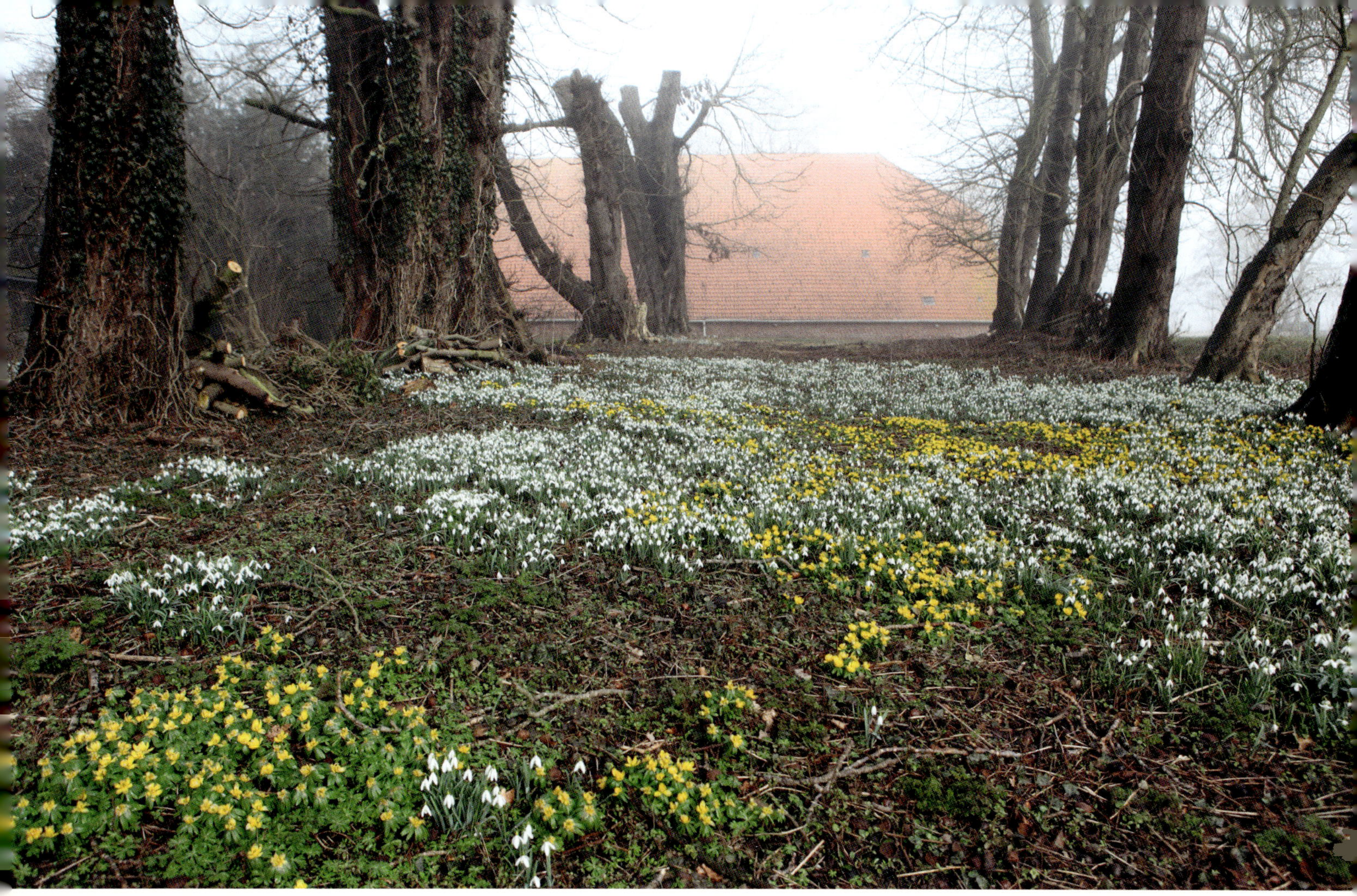

Sträucher, die heute den angestrebten Sichtschutz zum Altenteiler gewährleisten. Gegenwärtig dominiert eine Magnolie die Rasenfläche, die außerdem mit Rhododendronbüschen, Ziersträuchern und Bäumen bewachsen ist. Auch diverse Hortensien, die zu den Lieblingspflanzen der Besitzerin zählen, sind zahlreich vertreten. Seitlich der alten Obstwiese ist ein langes Blumen- und Staudenbeet entstanden, das die weitläufige Rasenfläche einfasst. Dort wachsen weitere Hortensiensorten sowie wohlduftende Rosen, diverse Sorten Storchenschnabel, Frauenmantel, Zwiebelgewächse und weitere bienenfreundliche Pflanzen. *(KD)*

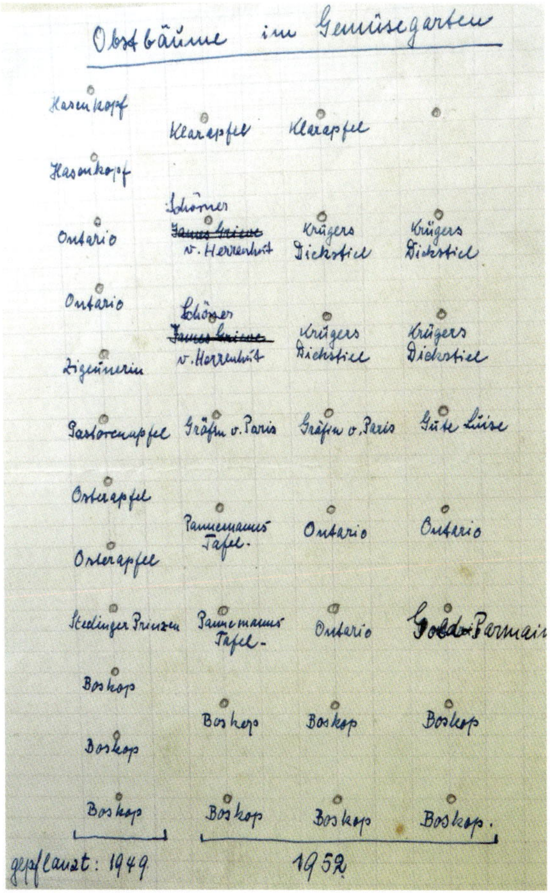

Obstbäume im Gemüsegarten

Hasenkopf · Klarapfel · Klarapfel

Hasenkopf

Ontario · Schöner v. Herrenhut (~~James Grieve~~) · Krügers Dickstiel · Krügers Dickstiel

Ontario · Schöner v. Herrenhut (~~James Grieve~~) · Krügers Dickstiel · Krügers Dickstiel

Zigeunerin

Pastorenapfel · Gräfin v. Paris · Gräfin v. Paris · Gute Luise

Osterapfel

Pannemanns Tafel · Ontario · Ontario

Osterapfel

Stedinger Prinzen · Pannemanns Tafel · Ontario · Gold-Parmäne

Boskop

Boskop · Boskop · Boskop

Boskop

Boskop · Boskop · Boskop · Boskop.

gepflanzt: 1949 · 1952

**Im Bereich der alten Kastanienallee blüht jedes Frühjahr ein Blütenmeer aus Winterlingen und Schneeglöckchen.** *(WT)*

**Ein langes Blumen- und Staudenbeet mit bienenfreundlichen Pflanzen flankiert die alte Obstwiese.** *(KD)*

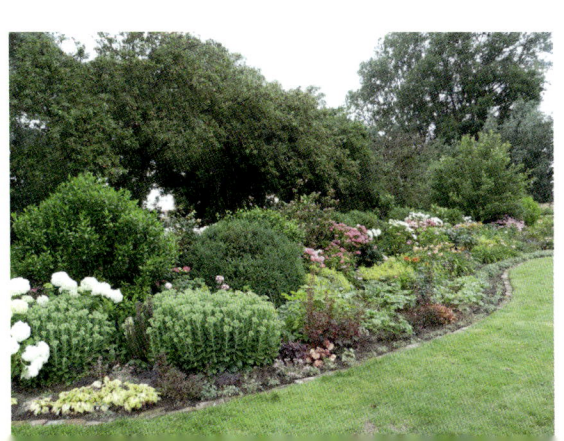

**Der alte Pflanzplan gibt Auskunft über damals gepflanzte Obstsorten.** *(privat)*

Üppige Schneeglanzblüte unter der mächtigen, noch laublosen Blutbuche. *(WT)*

# Anwesen Lindena
Norden

Frühlingsblüte im Park mit Milchstern und Hasenglöckchen. *(ES)*

Im Stadtzentrum Nordens und inmitten des ehemaligen Areals der früheren Kornbrennerei Doornkaat liegt wie eine grüne Lunge der Villengarten der Familie Lindena.

Das Wohngebäude wurde 1952 für den damaligen Vorstandsvorsitzenden der Brennerei Gerhard ten Doornkaat Koolman innerhalb eines großflächigen Gartengeländes errichtet. Das Gartengrundstück ist längs der Nord- und Westseite von einer zwei Meter hohen Gartenmauer eingegrenzt. Bei der Neuanlage um 1952 legte man einen parkartigen Garten mit geschwungenen Wegen an, auf denen Polygonalplatten aus Solnhofener Kalkstein verlegt wurden. Einige dieser Wegeverläufe sind noch bis heute erhalten.

Auf der nach Osten ausgerichteten, mit einem Erkeranbau versehenen Gebäudeseite befinden sich noch aus der Anfangsbepflanzung pontische gelbblühende Azaleen, ein hochgewachsener Hiobalebensbaum und ein im Frühjahr prächtig blühender Goldregenstrauch. Vielleicht aus Ermangelung jeglichen Fensters auf der Südseite des Hauses, die komplett mit Wildem Wein begrünt wurde, ließ Gerhard ten Doornkaat Koolman vier Jahre nach dem Hausbau einen Wintergarten mit aufgesetztem Balkon nachträglich auf der Nordwestseite des Hauses anbauen. Ein schmaler Steinplattenweg führt zwischen hochgewachsenen Eiben und Rhododendren seitlich an diesem vorbei. Vor den unteren Fenstern der Westseite des Hauses blühen im Mai Rhododendren in Rosa und Weiß. Einige Meter jenseits dieses Beetes füllt eine mächtige über 100-jährige Blutbuche den Gartenraum aus. Im Frühjahr blühen hier Teppiche von Blumenzwiebeln wie weißblühender Milchstern und blaublühende Hasenglöckchen. An der Grundstücksgrenze zum Nachbargebäude, der Direktorenvilla aus dem Jahr 1897, wächst ein ähnlich alter Walnussbaum. Die Grundstücke der Villengebäude gehörten bis 1996 zum Doornkaatgelände. Insofern gab es auch eine gemeinsame Wegeführung zwischen der 1952 neu erbauten Villa und dem Direktorenwohnhaus, auch Villa Mohr genannt. Ein in südöstlicher Ausrichtung verlaufender Gartenweg führte bis zu den am Ende des Gartens angelegten Tennisplätzen, die heutzutage nicht mehr vorhanden sind.

Die Firmengeschichte Doornkaats beginnt im Jahr 1812 mit dem Kauf eines Wohnhauses mit Brauerei und dahinter befindlichen zwei Äckern. Der Firmengründer Jan (I.) ten Doornkaat ließ ein Jahr später das alte Wohnhaus abreißen und ein neues an gleicher Stelle wieder aufbauen. In der Scheune hinter dem Haus wurden neben der Brennerei auch Stallungen eingerichtet. Der beim Brennen entstehende

**Panoramabild von 1955:** In der Mitte des Bildes erkennt man die Villa mit ihren geschwungenen Wegen, es gibt auch nach links führende Wege zu der Direktorenvilla (nicht mehr im Bild) und zum Gärtnerhaus (Gebäude unten links). *(Kay ten Doornkaat Koolman)*

Die Wege durch den parkartigen Garten sind auch heute noch mit Solnhofener Platten ausgelegt. *(ES)*

Getreiderückstand, auch Schlempe genannt, konnte somit sinnvoll genutzt und an das aufgestallte Vieh verfüttert werden. In den nächsten Jahren und auch Jahrzehnten wurden immer mal wieder benachbarte Haus- und Gartengrundstücke aufgekauft und somit das Firmengelände arrondiert.

Auf dem Situationsplan der Genever- und Hefenfabrik J. Ten Doornkaat Koolman Söhne aus dem Jahr 1858 sind im Bereich hinter den Brennereigebäuden großflächige Gartenländereien und auch ein Gewächshaus sowie weitere Stallungen für Pferde und Rinder mit sich daran anschließenden Weideflächen angegeben. Ein weiterer im Jahr 1881 angefertigter Plan weist am äußeren südöstlichen Rand in der Nähe des vorbeifließenden Norder Tiefs sogar ein zweites Gewächshaus auf.

Ab 1846 übernahmen die Söhne Jan (II.) und Fiepko die Geschäftsleitung der weiterhin expandierenden Brennerei. Neben der Firmenleitung engagierte sich Jan ten Doornkaat Koolman sowohl auf politischer wie auch wissenschaftlicher Ebene. Insbesondere interessierte er sich für den Gartenbau mit Schwerpunkt der Pomologie. Er war Mitglied im Ausschuss des deutschen Pomologen-Vereins, Vorstandsmitglied des hannoverschen Pomologen-Vereins, Mitglied des ostfriesischen Landwirtschaftlichen Vereins und

**Grußkarte um 1910 vom „Pomologischen Garten zu Nadörst b. Norden", auf der Karte sind Gewächshäuser und die Anpflanzung junger Obstbäume zu sehen.** *(Landschaftsbibliothek Aurich)*

**Titelblatt des von Jan ten Doornkaat Koolman verfassten Werkes „Pomologische Notizen" von 1879.** *(privat)*

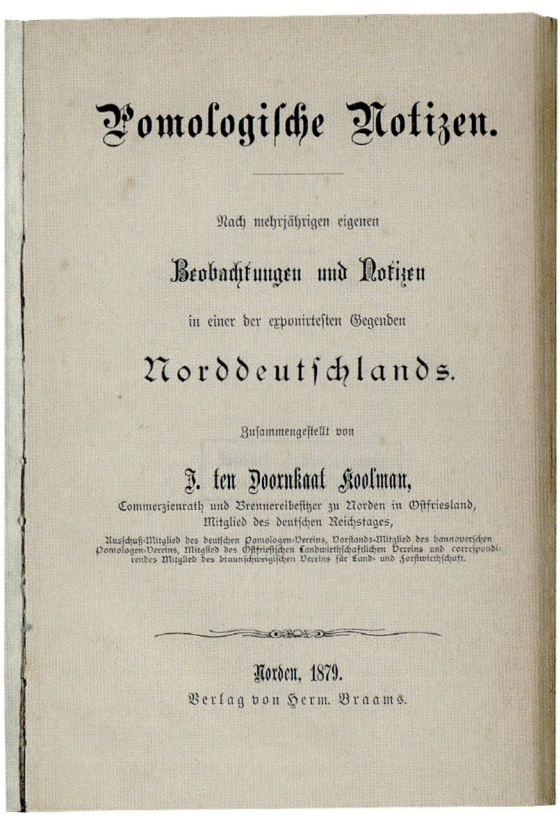

**Gartenmauer als Abgrenzung zum Straßenverlauf nach Westen und Norden und als Windschutz für die Pflanzen.** *(ES)*

*Abb. rechte Seite:*

**Zierkirschenblüte im Park.** *(ES)*

**Blick von der Villa Mohr auf die Südseite des Villengebäudes der Familie Lindena, im Hintergrund sieht man den 38 Meter hohen Fabrikschornstein der ehemaligen Brennerei Doornkaat.** *(ES)*

korrespondierendes Mitglied des braunschweigischen Vereins für Land- und Forstwirtschaft.

Die Erfahrungen aus all seinen jahrzehntelangen Forschungen flossen in seine Schrift „Pomologische Notizen" über die Apfelzucht „nach mehrjährigen eigenen Beobachtungen und Notizen in einer der exponirtesten Gegenden Norddeutschlands" ein, die er 1879 veröffentlichte.

In den verschiedenen Hausgärten des Firmengeländes pflanzte er Obstbäume unterschiedlicher Sorten und Wuchsformen wie freiwachsend oder als Spalier an. Sein Ziel war es, Sortenempfehlungen für Ostfriesland mit seinen sehr unterschiedlichen Böden der Moor-, Marsch- und Geestgebiete zu erarbeiten und weiterzugeben, um den hiesigen Obstbau profitabler zu gestalten. Ebenso kamen nur solche Sorten in die engere Auswahl, die bestens mit der stark salzhaltigen Seeluft, den starken Winden zurechtkamen und über windfeste und auch schmackhafte Früchte verfügten.

Für eine noch intensivere Systematisierung und Selektion der vielen lokalen und überregionalen Obstsorten kaufte er 1864 einen Hof mit vier Hektar Fläche im nahen Nadörst. Im pomologischen Garten, der über einen eher sandigeren Lehmboden als in den Nordener Hausgärten verfügte, wurden ebenfalls Gewächshäuser errichtet. Auch hier war die Gartenanlage wie in Norden von einer Mauer umgrenzt, um vor zu kalten Frösten und rauen Winden Schutz zu bieten.

Äpfel und Birnen, „ordinär vom Geschmack" wurden „eincassirt" oder umgepfropft. Über den im pomologischen Garten angestellten Kunstgärtner Schnare konnte man entweder Bäume oder Reiser geeigneter Sorten für Ostfriesland erhalten. Die Obstbaum-Empfehlungen galten für kleine Gärten, aber auch für größere landwirtschaftliche Anpflanzungen oder für Baumreihen entlang der Chausseen.

Innerhalb des Gartens der Familie Lindena und des Gartens der benachbarten ehemaligen Direktorenvilla befinden sich noch einige alte Walnuss-, Apfel- und Birnbäume, die um 1952 beziehungsweise auch davor gepflanzt worden sind. Von der damaligen Bepflanzung sind noch einige Parkbäume wie ein Urweltmammutbaum, eine malerisch gewachsene Trauerbuche, ein alter Kirschbaum wie auch eine Zierkirsche, eine Hänge-Nootkazypresse, eine mächtige Trauerweide sowie eine weitere Blutbuche im Bereich der ehemaligen Tennisplätze erhalten.

*(ES)*

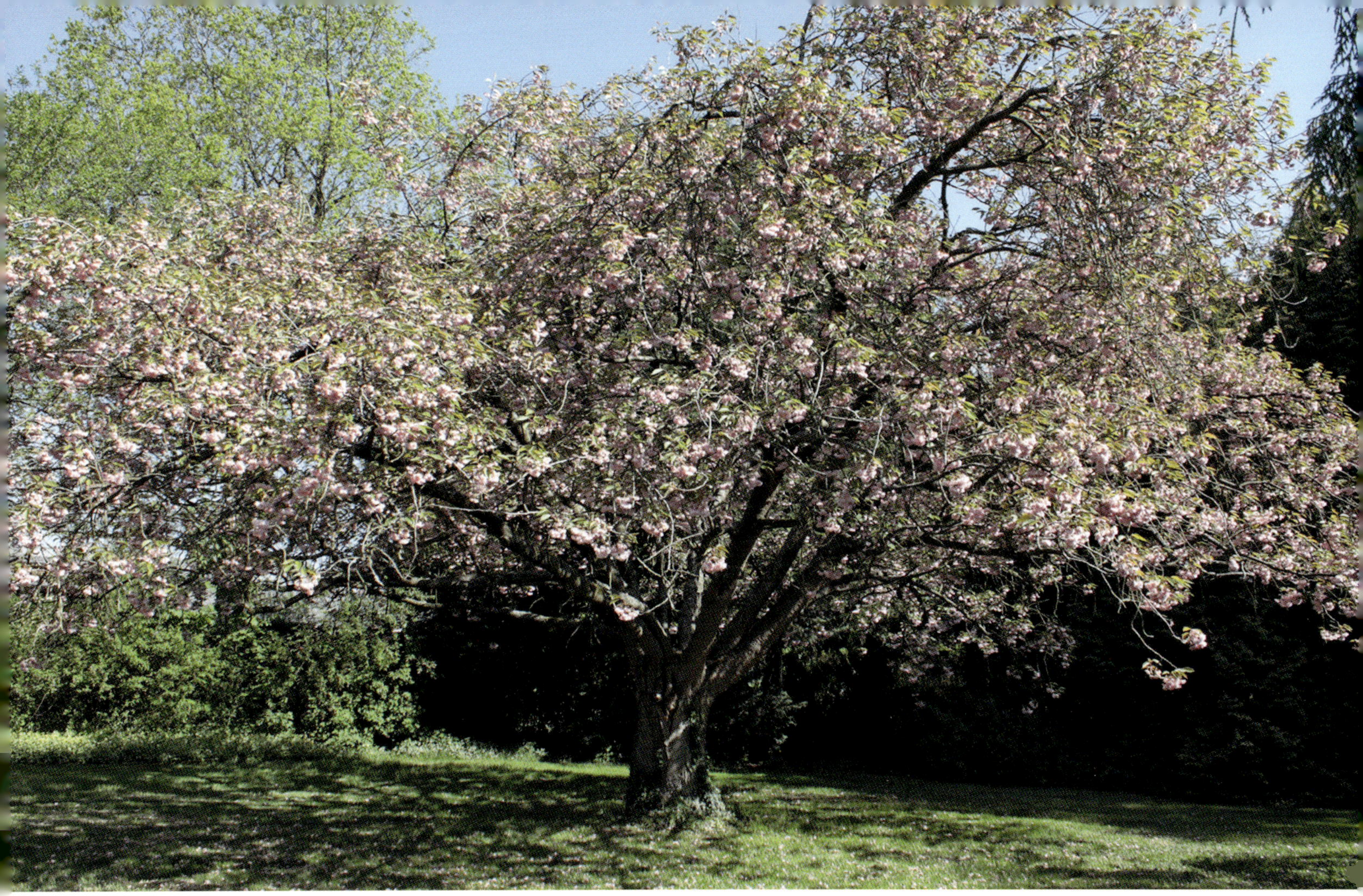

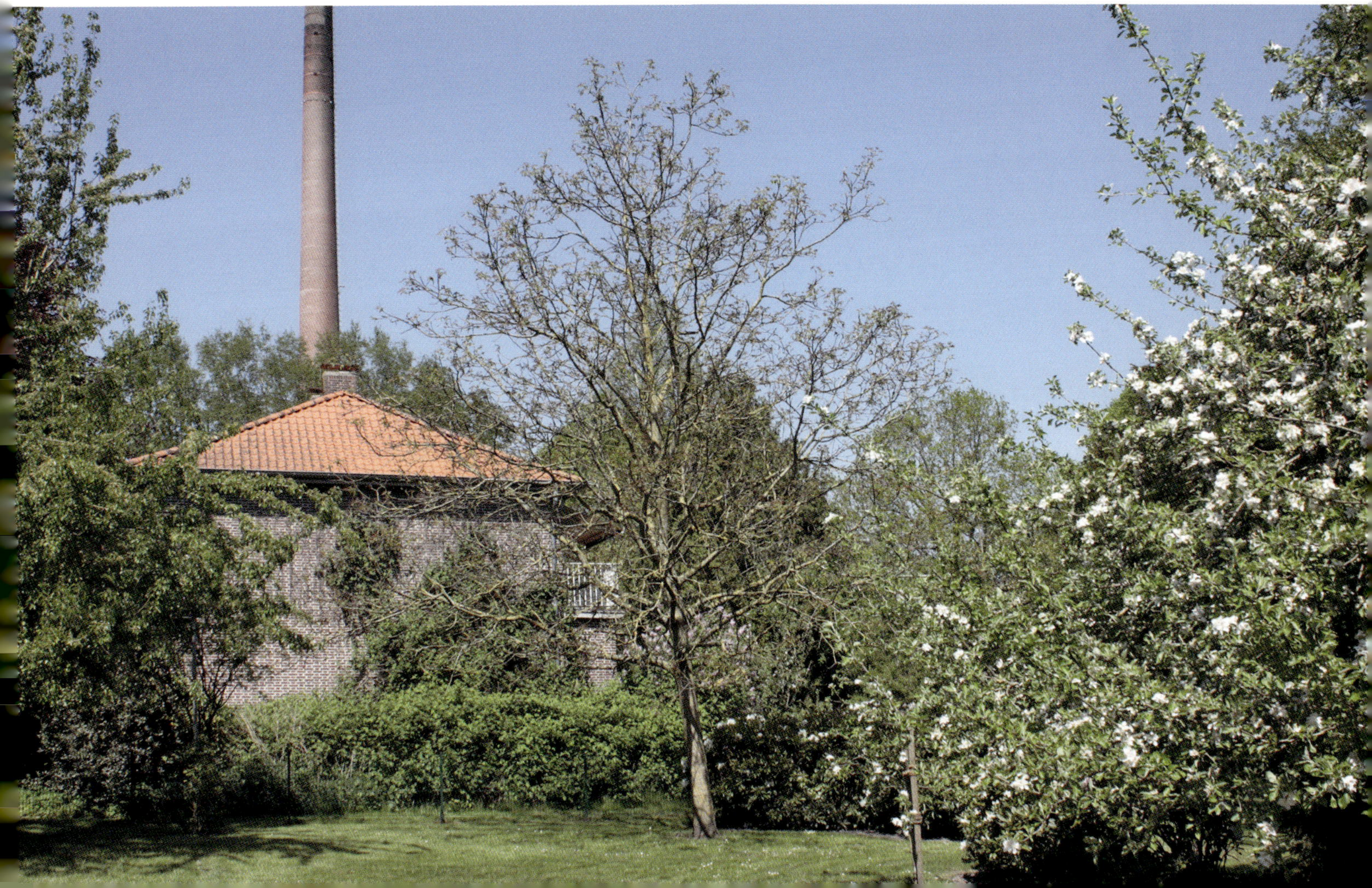

Blick zur Südseite des Hofes mit Blutbuche und Kastanie, Foto aus den 1960er Jahren. *(privat)*

# Hof Coldinne
## Großheide-Coldinne

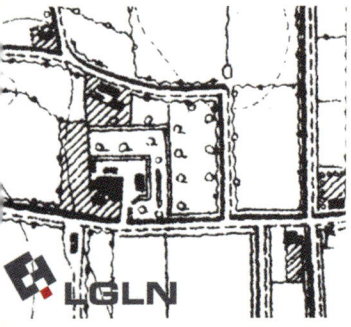

**Flächenaufteilung des Grundstücks auf einem Auszug der Preußischen Landesaufnahme.**

**Ziegelsteine mit Initialen Eduard Leibrechts und dem Erbauungsjahr 1877 nahe des Hauseingangs.** *(KD)*

Hof Coldinne der Familie Kleen liegt in Alleinlage 13 Kilometer östlich der Stadt Norden und gehört zur Ortschaft Coldinne in der Gemeinde Großheide. Mitten in der Geest, umgeben von sandigen und nährstoffarmen Böden, musste die Landbevölkerung bis ins 20. Jahrhundert ums Überleben kämpfen. Unter solch erschwerten Bedingungen erbaute Eduard Leibrecht 1877 ein kleines Gulfhaus. Das Grundstück hatte eine Größe von 1,4 Hektar, die sich seitdem nicht verändert hat. Im Norden und Osten des Anwesens verliefen damals zwei L-förmige Wassergräben. Hier wurden zahlreiche Eichen gepflanzt, die zu späterer Zeit als Bauholz dienen sollten und dem Haus Windschutz boten. Auch eine Reihe Kopflinden sollte das Haus trocken halten und den Räumlichkeiten Schatten spenden. Südlich des Hauses pflanzte der Besitzer zwei Hausbäume, eine Kastanie und eine Blutbuche.

1906 kaufte Harm Kleen die Hofstelle. Die Familie konzentrierte sich im Bereich des Gartens ausschließlich auf den Nutzgarten, der schließlich alle Personen auf dem Hof mit Gemüse versorgte. Einen repräsentativen Ziergarten kannte man nur von reichen Marschbauern. In der Geest jedoch war das Landschaftsbild geprägt von Mooren, Heide und Eichen. Als die Familie in den 1920er Jahren einen gewissen Wohlstand erlangte, vergrößerte sie das Haus nach Westen hin.

1938 übernahmen Lübbo und Helene Kleen den Hof. Die neue Besitzerin legte großen Wert auf das äußere Erscheinungsbild des Hofes und begann damit, südlich des Hauses einen repräsentativen Ziergarten mit Rhododendronbüschen und zahlreichen Ziersträuchern anzulegen. In den Rasenflächen, die durch Sandwege voneinander getrennt waren, pflanzte sie Rundbeete und kleine solitäre Gewächse. Später kamen noch zahlreiche Koniferen hinzu. In den Blumenrabatten wuchsen Gladiolen, Kosmeen, Fuchsien und Knollenbegonien. Den Weg zum Haus bepflanzte Helene Kleen mit langen Rosenbeeten. Seitlich davon legte sie einen kleinen Springbrunnen an, den sie gerne ihren Gästen präsentierte. Im Familienbesitz hat sich ein Gemälde erhalten, das die herbstliche Stimmung des Gartens zu jener Zeit einfängt: Das Haus ist flächig mit roten Blättern berankt, der Vorplatz wird durch die Kastanie ausgefüllt. Links steht die von einem Rundbeet gesäumte Blutbuche. In den Rasenflächen liegen die ersten Beete, hinter der zur rechten Seite liegenden Hecke der Gemüsegarten.

Auch in jener Generation wurde viel Gemüse benötigt und angebaut. Bis in die 1960er Jahre versorgte man sich auf dem Hof vollständig selbst. Es gab nur wenige Produkte, wie Tee und Zucker, die dazugekauft werden mussten. Alles andere erwirtschaftete

Bild des Gartenzustands der 1940er Jahre, gut zu erkennen sind Wege, Rasenflächen und Rundbeete. *(privat)*

Bis in die 1970er Jahre war der Hof Coldinne zur Straßenseite mit einer Berberitzenhecke eingefasst, dahinter lag der Gemüsegarten. *(privat)*

Gemüsegarten mit von Buchsbaumhecken gesäumtem Wegekreuz. *(WT)*

man entweder selbst oder tauschte es in der Nachbarschaft gegen eigene Produkte ein. In den Beeten wuchsen neben verschiedenen Bohnen- und Kohlsorten auch Spargel, Erdbeeren, Mairübchen und Mangold. Die Arbeiten des Hofes wurden stets mit Hilfe von Arbeitern, Knechten und Mägden bewerkstelligt, so auch die Bestellung des Gemüsegartens. Dieser lag anfangs südlich des Hauses. Das Grundstück war zur Straße hin mit einer Berberitzenhecke eingefasst. Als in den 1950er Jahren im Bereich des Gemüsegartens eine neue Scheune errichtet wurde, verlegte man den Nutzgarten an eine andere Stelle. Wegen der mageren Böden hat es auf Hof Coldinne nie Obstbäume gegeben.

Als 1971 Friederike Kleen durch Heirat mit Tjardo Kleen an den Hof kam, begann sich der Garten erneut zu wandeln. Bereits Anfang der 1970er Jahre ließ sie die 100-jährigen Kopflinden entfernen, um mehr Licht ins Haus zu bekommen. Auch die zur Straße gelegene Hecke wurde beseitigt. Den Gemüsegarten verlegte sie Ende der 1970er Jahre vor den Wohngiebel, wo sich zuvor ein Geflügelaufzuchtstall befunden hatte. Sie fasste ihn mit Buchsbaum ein und pflanzte allerlei Gemüse. Neben grünen Bohnen, Frühkartoffeln, Weißkohl, Blumenkohl, Kohlrabi, Zuckererbsen und Möhren wuchsen verschiedene Salatsorten und

Im nördlichen Bereich des Gartens stehen viele alte Eichen. *(KD)*

**Geradlinige Blumen- und Staudenrabatten südlich des Gemüsegartens.** *(KD)*

**In den 1980er Jahren wurde der Gartenteich angelegt und mit Frauenmantel und Mammutblatt bepflanzt.** *(WT)*

Rhabarber in den Beeten. In den 1990er Jahren kamen vermehrt Kräuter hinzu. Nachdem Friederike Kleen 1978 ihre Meisterprüfung absolviert hatte, bearbeitete sie den Garten zu Lehrzwecken auch mit ihren Auszubildenden der Ländlichen Hauswirtschaft. Bis zuletzt war der Gemüsegarten zur nördlichen Seite mit Stachelbeeren sowie roten und schwarzen Johannisbeeren bepflanzt. Diverse Ziersträucher boten dem Garten Windschutz von Westen. Südlich lag eine mit Margeriten, Phlox, Rittersporn, verschiedenen Gräsern, Glockenblumen und Rosen bepflanzte Rabatte. Im Frühjahr wuchsen Tulpen und Narzissen darin. Östlich begrenzte den Garten eine Pergola, die mit verschiedenen Kletterrosen und Clematis berankt war.

Mitte der 1980er Jahre legte Friederike Kleen an der Stelle des alten Springbrunnens einen neuen Teich an, den sie an den Rändern reichlich bepflanzte. Wegen Krankheit musste damals die 100-jährige Blutbuche gefällt werden. Dafür wurden 1996 eine Platane und eine Linde gepflanzt. Ende der 1990er Jahre begann ihre Sammelleidenschaft für Funkien, die überall im Garten zu entdecken sind. Nördlich des Hauses hatte sie weitere Funkien in Töpfen stehen, darunter bis zu 70 verschiedene Hosta-Sorten.

2006 wurde die Landwirtschaft auf dem Hof eingestellt und die Ländereien verpachtet. Friederike Kleen machte sich daran, die Zuwegung neu anzulegen. In den wegbegleitenden Beeten wachsen seitdem Rosen, Frauenmantel und Katzenminze sowie Linden. Am Teich hat sie ein Teehäuschen eingerichtet und in der Nähe dazu einen Trockenbachlauf. Im gleichen Jahr musste die von der Miniermotte befallene 140-jährige Kastanie gefällt werden.

Die Rückkehr des Sohnes mit seiner Familie und der damit verbundene Generationswechsel auf dem Hof machten 2017 einige Umbaumaßnahmen nötig. Der alte Wohnbereich wurde renoviert, die am Haus liegende Scheune abgerissen und im östlichen Teil des Gulfhauses wurde eine Einliegerwohnung für Tjardo und Friederike Kleen eingebaut. Auch die Gartenflächen wurden neu verteilt. Friederike Kleen hat bereits Beete rund um eine neue Terrasse angelegt und mit Rosen, Rittersporn, Margeriten und Gräsern bepflanzt. Bei der Hofeinfahrt an der Straße liegt ein frisches, mit Ziersträuchern abgegrenztes dreieckiges Funkienbeet. Entlang des Zauns wachsen Dahlien, Malven und Clematis. Gleich wie sich der Garten in Zukunft verändern wird, die alten Eichen an der Rückseite des Hofes sollen so lange wie möglich erhalten bleiben.

*(KD)*

Der Hühnerstall ist mit der Ramblerrose 'American Pillar' und Clematis berankt. *(WT)*

Reich bepflanzter Teich auf der Rasenfläche. *(KD)*

*Abb. oben:*
Neue Hauszuwegung von 2006 mit wegbegleitenden Rabatten. *(WT)*

Rund um den Hauseingang liegen reich gefüllte Blumenbeete mit Stauden und Zwiebelgewächsen. *(ES)*

Wilder Wein und Efeu beranken den heutigen Wohngiebel bis zum Dachstuhl. *(WT)*

Der Übersichtshandriss von 1842 kennzeichnet bereits den Brezelweg innerhalb des am Haus liegenden Gartens. *(privat)*

Die Zuwegung zum Haus war im Sommer 1954 mit einer bunten Staudenrabatte begleitet. *(privat)*

# Hof Cornelius
Butjadingen-Seeverns

Mitten in Butjadingen am Nordende der Dorfwurt Seeverns, knappe fünf Kilometer hinterm Deich, liegt eingebettet in die Marschenlandschaft der Hof Cornelius. Die Hofgeschichte reicht bis ins frühe 16. Jahrhundert zurück. Seinen Namen bekam der Hof erst 1825, als Peter Cornelius die Hoferbin Rixte Gloystein heiratete. Ein alter Baumbestand aus Eschen, Kastanien, Linden, Eichen, Silberpappeln, Rotbuchen und Ahornen umschließt die heutige Hofanlage. Dies ist für die Region eher ungewöhnlich, da es früher im Küstenbereich kaum Bäume gab. Wollte man seinen Hof vor Wind schützen, so musste jeder Baum einzeln gepflanzt werden. Bis heute kommt es immer wieder vor, dass Bäume durch die starken Küstenwinde umkippen. Das Grundstück des Hofes Cornelius hat mit seinem weitläufigen Garten eine Gesamtgröße von 10.000 m².

Der Generation der Ururgroßeltern, die 1825 den Hof übernahm, hat der Garten seine ersten Zierelemente zu verdanken. Diese Annahme fußt auf einem Übersichtshandriss der Oldenburgischen Landesvermessung des Kirchspiels Langwarden von 1845, dem bereits eine gewisse Gartengestaltung zu entnehmen ist: Das Wohnhaus liegt südöstlich des Grundstücks, wo auch die Dorfstraße entlangführt. Um den Wohnbereich des Gulfhauses erstreckt sich ein großer

Die Grotte ist heute mit alten Wesersandstein-Floren ausgelegt, die ehemals im Hausflur gelegen haben. *(WT)*

Großmutter Marie Helene Cornelius mit drei Tanten in der alten Grotte, Foto aus den 1930er Jahren. *(privat)*

Großflächige Rasenflächen und hohe Bäume prägen das heutige Gartenbild mit schattigen Sitzmöglichkeiten für die Besucher des Melkhus. *(WT)*

Garten, durchzogen mit geschlängelten Wegen. Dieser Bereich ist zu drei Seiten mit einer Graft umschlossen. Nur im Zufahrtsbereich und südlich des Grundstücks ist der Wassergraben unterbrochen. Außerhalb der Graft erstreckt sich nach Norden und Westen eine weitere Gartenfläche gleicher Größe, die im Plan unterschiedlich schraffiert ist, was auf verschiedene Nutzungen der Böden hindeutet. In diesem Bereich sind auch bereits 16 Bäume eingezeichnet, die auf der restlichen Wurt noch fehlten. Diese besondere Hofgestaltung mit hausnahem Ziergarten, einer umschließenden Graft und einem Nutz- und Obstgarten im Außenbereich lässt auf eine durchdachte Gartenanlage des Großbauern Cornelius schließen.

Nach einem Großbrand in Seeverns im Jahr 1794, bei dem elf Gebäude in Flammen aufgingen, darunter auch das Wohnhaus und die Scheune des damaligen Hofes Gloystein – heutiger Hof Cornelius –, wurde 1809 ein neues Gulfhaus errichtet, das bis heute von der Familie bewohnt wird. Aus den Aufzeichnungen von Peter Heinrich Cornelius, der 1897 ein Hausbuch anlegte, erhält man Informationen zur Anpflanzung des alten Baumbestandes. So schreibt er „[…] über die Frühlingsstürme, die über den Deich brausen und an den Kronen der ehrwürdigen Eschen zerren und zausen, die sich nach Norden und Westen wie eine grüne Wand erheben und nach dem großen Brand 1794 gepflanzt wurden". Weiterhin ist den Aufzeichnungen zu entnehmen, dass Peter Cornelius in den 1850er Jahren das Haus durch einen Anbau erweiterte, die Gartenanlage sei aber Johann Adolf Cornelius (1840–1913), der 1861 den Hof übernahm, zu verdanken. Er war es, der die Hauswand mit Efeu berankte und Aprikosenbäume pflanzte. Dafür mussten die alten Lindenbäume entfernt werden, die „nach altholländischer Art" dicht ums Haus standen, um Haus und Dach vor Stürmen zu schützen. Er verstand es, „dem ganzen, ziemlich verbauten Besitz durch eine geschmackvolle Gartenanlage ein verhältnismäßig freundliches Ansehen zu geben". Dazu gehörte höchstwahrscheinlich auch die Anlage einer großen Grotte im südwestlichen Bereich des Gartens nahe der Graft, die sich bis heute erhalten hat. Von dort aus hatte man einen schönen Überblick über den Ziergarten mit geschlungenen Wegen und Blumenrabatten innerhalb der Rasenfläche. Als Baumaterial für die Grotte dienten große Findlinge, die durch familiäre Kontakte vermutlich aus Holstein nach Seeverns kamen, da Butjadingen bekanntermaßen als steinarm gilt. Vor einigen Jahren wurde die Grotte um einige Meter in Hausrichtung versetzt. Innerhalb der windgeschützten Sitzecke wurden alte Wesersandstein-

Hof Cornelius 31

**Außerhalb der Graft standen früher Dutzende Apfel-, Birn-, Zwetschen- und Kirschbäume, heute sind nur noch wenige Obstbäume vorhanden.** *(WT)*

**Albert Schwarting hielt 1801 fest, welches Gemüse in den damaligen Nutzgärten in Seeverns angebaut wurde.** *(privat)*

**1994 dominierte die mächtige Blutbuche die hausnahe Rasenfläche.** *(privat)*

**Mächtiger Stamm der 170-jährigen Blutbuche.** *(KD)*

Floren verlegt, die ehemals im Flurbereich des Hauses gelegen hatten. Wie früher ist sie auch heute noch mit Kletterpflanzen umrankt und mit Farnen geschmückt. Ganz in ihrer Nähe steht eine 170-jährige Blutbuche.

Weitere Auskünfte zur Gartengestaltung des beginnenden 19. Jahrhunderts liefert das Tagebuch des Schulmeisters (Lehrers) Albert Schwarting von 1801, der 1794 bis 1818 in Seeverns tätig war. Auf dem Hof Cornelius haben sich seine „Historisch-Geografischen Beschreibungen der Ortschaft Seeverns" erhalten. In Paragraf 14 zählt er die Gemüsesorten auf, die im Nutzgarten der Kötter Häuser wuchsen: „[…] Kohl, weißen und braunen, Kohlrabi, Steckrüben, Märzrüben, Rothe-Rüben, gelbe Wurzeln, Kartoffeln, Borretsch, Petersilien, Lattich, Kresse, Sellerie, […] sodann gedeihen hier alle Blumen, wenn sie nur gepflanzt werden."

Die vielen Obstbäume des Hofes sind dem Ehepaar Martha und Theis Cornelius zu verdanken, die zu Beginn der 1930er Jahre den Hof übernahmen und bis 1969 bewirtschafteten. Zu den bereits vorhandenen Obstbäumen pflanzten sie zahlreiche Apfel-, Birn-, Zwetschgen- und Kirschbäume auf den nährstoffreichen Marschböden der Dorfwurt außerhalb der Graft. Nach dem Krieg wurde ein Großteil des Obstes auf dem Nordenhamer Markt verkauft. Über die Sorten ist nicht mehr viel bekannt, überliefert ist der 'Martiniapfel', der bis Mai lagerfähig war, Bäume der Sorte 'Boskoop', die direkt am Haus standen und drei Reihen Apfelbäume, die sich hinter der Graft befanden. Darunter gab es die Sorten 'Glockenapfel' und den Winterapfel 'Cox Orange'.

1969 übernahmen Peter und Annemarie Cornelius den Hof. Die Besitzerin erinnert sich an ihre Anfangszeit, in der noch 33 Birnbäume und 45 Apfelbäume außerhalb der Graft gestanden haben. Seitdem hat sich der Garten stark verändert. Seit 2007 steht südlich des Hauses eine Hochzeitsscheune, davor liegt ein kleines Melkhus zwischen hochgewachsenen Bäumen, das die Besitzerin seit 2003 betreibt und in dessen Nähe es im 19. Jahrhundert bereits eine Gastwirtschaft gegeben hat. Die ehemaligen geschwungenen Sandwege sind schon vor langer Zeit aus dem Garten verschwunden und wurden durch große Rasenflächen ersetzt. Nordwestlich des Hauses stehen heute wieder einige Obstbäume der Sorten 'Holsteiner Cox', 'Glockenapfel', 'Conference', 'Williams Christ' und 'Gute Luise'. Vor dem Wohngiebel blühen zwei große Hortensienbüsche, und rund um den Hauseingang befinden sich reich gefüllte Blumenbeete mit Stauden, Zwiebelgewächsen, Dahlien, Buchsbaum und Rosen, darunter die Sorte 'New Dawn'. Die Wände sind mit Efeu und Wein berankt. Aus der Zeit des Großvaters hat sich die Edelrose 'Lilli Marleen' erhalten. Südlich des Hauseingangs befindet sich ein großes rundes Farnbeet, das sich über die letzten Jahrzehnte stark ausgebreitet hat, seitdem die alte Blutbuche immer mehr abstirbt und die Fläche nicht mehr beschattet. Annemarie Cornelius versucht, den Baum so lange wie möglich zu erhalten. Ein kleiner Weg aus alten Wesersandstein-Floren führt seit einigen Jahren über den Rasen zur Hochzeitsscheune. Westlich des Grundstücks liegt, versteckt hinter zahlreichen Sträuchern und hochgewachsenen Bäumen, das Reststück der alten Graftanlage. Bis heute versorgt sie die zahlreichen alten Bäume mit Wasser, bis sie in voller Blüte stehen. Über die Sommermonate trocknet sie aus. Heute sind große Bereiche des Waldgartens im Frühjahr mit Winterlingen, Schneeglöckchen, Märzenbechern, Krokussen und Narzissen bedeckt.

*(KD)*

**Ein alter Baumbestand umschließt den Hof, während die 170-jährige Blutbuche langsam abstirbt.** *(WT)*

**Stauden, Blumenzwiebeln, Dahlien, Buchsbaum und rankender Efeu zieren den heutigen Hauseingang.** *(WT)*

Etwa in der Flucht zum Eingangsbereich des Herrenhauses führte früher eine Brücke über die Graft. (WT)

## Hof Agena
### Osteel-Schoonorth

Eine Lindenreihe schmückt das Vorderhaus, vor dem Eingangsbereich befindet sich innerhalb eines Rundweges ein großzügiges Felsenbeet mit dunklen Basaltsteinen in der Mitte, 1917. (privat)

Bizarrer Stammwuchs einer im Baumrondell wachsenden imposanten Rotbuche. (WT)

„Nach sechsstündiger Eisenbahnfahrt erreichten wir Emden, wo ein Agena'scher Wagen uns abholte. Die einstündige Fahrt ging durch eine flache, uninteressante Gegend, die zur Herbstzeit einen um so öderen Eindruck machte. An verschiedenen Gehöften gings vorbei bis wir, am Ziele angelangt, in eine große Scheune einbogen, die mit dem Wohnhaus in Verbindung stand." Mit diesen Worten beschreibt die 20-jährige Auguste Mues aus Osnabrück am 12. Oktober 1857 ihre Ankunft beim Antritt ihrer ersten Stelle als Erzieherin auf dem Hof Agena in der zur Gemeinde Osteel gehörenden Ortschaft „Neue Welt", heute Schoonorth genannt.

Das beschriebene Gulfhaus wurde 1785 in der Nähe des Osteeler Altendeiches errichtet, der nach 1400 immer wieder nachgebessert wurde, um die Bewohner der Höfe vor dem Wasser der offenen Leybucht zu schützen. Die zugehörigen Ländereien des Hofes waren junges Marschland, das durch eine Eindeichung im Jahr 1603 als neues Land hinzu gewonnen werden konnte.

Auch wenn der erste Eindruck von Auguste Mues bezüglich der ostfriesischen Landschaft nicht besonders positiv ausfiel – sie blieb insgesamt neun Jahre zur Unterrichtung der drei Kinder – war sie doch umso mehr von ihrem neuen Zuhause und dessen unmittelbarer Umgebung angetan: "Die drei von Linden beschatteten Fenster boten einen freundlichen Blick auf den großen Garten, der von einer Hecke und breitem Graben umgeben war. Eine Brücke führte über diesen zum Wohnhause."

Die genannten Schatten spendenden Linden standen im Abstand von zwei bis drei Metern vor der Südseite des Hauses in einer Reihe. Heutzutage befinden sich von diesen nur noch zwei nahe der äußersten Hausecke. Die Lindenreihe vor dem Ostgiebel und an der dem Garten zugewandten Graftseite ist noch fast vollständig vorhanden. Unter den Bäumen blühen im zeitigen Frühjahr Teppiche von Blaustern, Schneeglöckchen, Osterblumen, Krokussen und etwas später auch das zarte Wiesenschaumkraut.

Der komplette Hofraum ist – mit Ausnahme einer Durchfahrt hinter der Gulfhofscheune zu den dahinter westlich gelegenen Wiesen – von einer äußeren Graft eingehegt. Ebenso sind fast alle Seiten des etwa 3.000 m² großen Ziergartens von einer weiteren, inneren Graft eingerahmt. Über die bereits von der Hauslehrerin erwähnte, aber mittlerweile nicht mehr vorhandene Holzbrücke gelangte man auf kurzem Wege vom Garten über die Graft zurück zum Eingangsbereich des Hauses. Gegenüber der Eingangstür befand sich ein großzügiges Rundbeet. Dem damaligen

Über die leicht gebogene Holzbrücke geht es in den parkartig angelegten Garten auf der Halbinsel, 1917. *(privat)*

Gartengeschmack entsprechend war das Schmuckbeet zur Mitte hin leicht erhöht angelegt. Statt einer üblicherweise mittig gepflanzten dekorativen Solitärstaude deuteten hingelegte schwarze Basaltsteine eine Kreuzform als Schmuck an.

Der auf der Halbinsel angelegte Blumengarten war mit Ausnahme der dem Haus zugewandten Seite von einer Buchenhecke eingehegt. Nach Überschreiten der leicht gewölbten Holzbrücke begann ein Gartenweg, der zunächst um ein kleineres Rundbeet und anschließend um eine großzügige Gehölzpflanzung mit verschiedenen immergrünen Gehölzen wie Rhododendren, Stechpalmen und Eiben herumführte.

Am Rande der östlichen Graftseite weitete sich der Weg seitlich zu einem halbkreisförmigen Sitzplatz aus, der mit einer Bank und einem davor stehenden Tisch mit eckig gemauertem Klinkersockel ausgestattet war. Geschichtete Torfsoden bildeten die erhöhte Rückwand der Grotte, ein Lieblingsplatz für die Familie und für den sonntäglichen Besuch.

Einige Meter weiter auf der Längsseite zur Graft befindet sich noch heute eine imposante Blutbuche, die in der Flucht zum gegenüberliegenden Hauseingang gepflanzt worden war. Eine zweite mächtige Blutbuche wächst am Rande der Graft nahe der ehemaligen Holzbrücke.

Den weiteren Durchblick bis zum Ende des Gartengrundstückes verwehrte eine quer verlaufende Gehölzpflanzung. Hinter diesen Sträuchern führte der Weg zu einem mittig angelegten Baumrondell bestehend aus Linden und Buchen. Dieser Platz war wiederum mit einem Tisch mit einem Klinkersockel ausgestattet.

Zum Schluss des Blumengartens erhebt sich das Gelände in der nordwestlichen Ecke zu einem kleinen Aussichtshügel, dem dritten Verweilort. Von diesem mit Sträuchern und Bäumen eingerahmten Aussichtsplatz hatte man einen Blick zurück über die gesamte Länge des Gartens. An den Rändern zur Graft wachsen auch jetzt noch Gruppen der Ende des 19. Jahrhunderts sehr beliebten Schneebeerensträucher. Ansonsten stammen aus dieser Zeit noch einige alte Rhododendren sowie ein alter Walnuss- und Kirschbaum.

Obstbäume wuchsen aber auch auf der gegenüberliegenden Graftseite parallel zur Gulfscheune. Um 1900 befand sich neben der östlichen Hofzufahrt eine größere Anpflanzung mit Apfelbäumen der Sorten wie 'Pison', 'Westfälischer Gülderling' und 'Weißer Klarapfel'. Neben daran anschließenden Reihen von Beerensträuchern trennte und entwässerte ein längs verlaufender schmaler Graben, auch

*Abb. links:*

**Halbrundförmiger Platz der ehemaligen Torfgrotte, die für die Einrahmung genutzten Torfsoden sind nicht mehr vorhanden.** *(WT)*

**Familienfeier im Jahr 1914 auf der Halbinsel: Mitglieder der Familie Agena nehmen eine Mahlzeit am Tisch innerhalb der Torfgrotte ein.** *(privat)*

Junge und alte Obstbäume wachsen entlang der alten, heute nicht mehr benutzten Hofzufahrt. *(WT)*

Nordseits des Gulfhauses: 2016 pflanzten die heutigen Hofeigentümer Frauke Agena und Manuel Anneken zwölf neue Apfelbäume in alten regionalen Sorten. *(ES)*

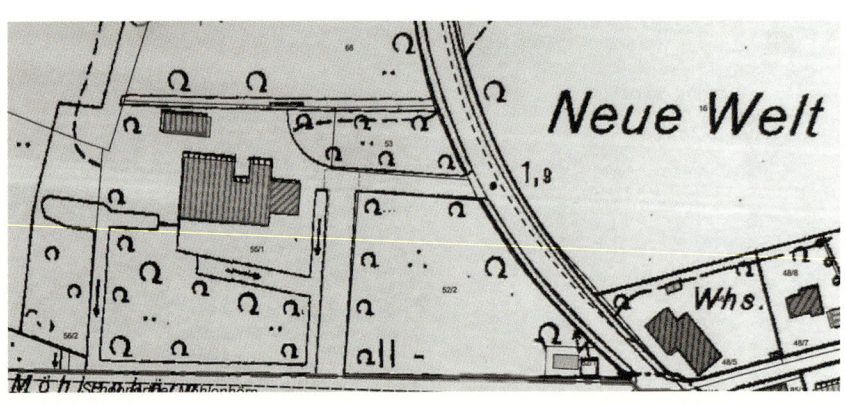

Kartenausschnitt des Hofes Osteeler Altendeich: Vor dem 1785 erbauten Gulfhaus befindet sich die Halbinsel, die bis heute fast vollständig von einer Graft umschlossen ist, die zugehörigen Ländereien wurden um 1603 von Vorfahren der Familie Agena zwecks Neulandgewinnung eingedeicht. *(LK Aurich)*

„Grüppe" genannt, den Obstgarten vom benachbarten Gemüseland. In den 1980er Jahren wurden nochmals zwei Reihen Obstbäume hinter dem alten Schweinestall gepflanzt und 2016 auf der im Norden des Gulfhofes gelegenen Wiese weitere zwölf neue Apfelbäume in alten regionalen Sorten.

Neben der östlichen Hofauffahrt gab es auch immer schon eine zweite von Süden heranführende Zuwegung zur denkmalgeschützten Hofanlage, die beidseitig von hochgewachsenen Bäumen wie Bergahorn, Kastanien und Linden begleitet wird. Von dieser Zuwegung bog man hofauswärts auf den alten seit 1844 geklinkerten Postweg, die damals wichtige Landverbindung zwischen Emden und Norden.

Bis in die 1930er Jahre wurde der Garten sorgfältig gepflegt; es wurden Wege gehackt und geharkt, Hecken geschnitten. Nach dem Zweiten Weltkrieg begann eine längere Verpachtungsphase des Hofes. Durch die nun fehlende kontinuierliche Pflege konnten beispielsweise die Buchen der ehemaligen Hecke zu mächtigen Bäumen durchwachsen, und auch die Spazierwege im parkartigen Garten verschwanden.

Ab 1981 übernahm die nächste Generation mit Meint-Uden und Renate Agena wieder die Bewirtschaftung des Hofes. Sie pflanzten die bereits erwähnten Obstbäume hinter dem inzwischen zur Hühnerhaltung umgebauten Schweinestall. Nachdem ein alter Viehstall neben der Gulfscheune abgerissen worden war, konnten sie auch hier zur Verschönerung verschiedene Ziergehölze setzen.

Die Hauptstrukturen des Ziergartens mit seinen inneren und äußeren Graften, den Ruheplätzen sowie dem alten schützenswerten Baumbestand sind bis heute erhalten und werden von der jetzigen auf dem historischen Gulfhof lebenden Generation gepflegt und bewahrt.

*(ES)*

Breiter Graftenverlauf zwischen der Halbinsel und der zweiten alten Zufahrtsallee, die heutzutage als einzige Hofzufahrt genutzt wird. *(WT)*

Zentraler Ruheplatz des Blumengartens: Baumrondell mit dem Sockel des ehemaligen Tisches in der Mitte. *(WT)*

*Die Schneebeere ist als Bienenweide beliebt.*
*(Baumschule Eggert)*

**Schneeflockenartiger Teppich aus kugeligen Beeren.**
*(Baumschule Eggert)*

Abb. rechte Seite:

**Beliebte Knallerbsen und zierender Fruchtschmuck.**
*(Baumschule Eggert))*

**Im halbschattigen Bereich wachsende Schneebeeren im Garten beim Hof Osteeler Altendeich, hinter den Sträuchern verläuft eine Graft.** *(Hof Agena)*

# Die Schneebeere
## Auf den zweiten Blick

Es gibt Gartenpflanzen, die den Blick des Betrachters unwillkürlich auf sich ziehen, sei es auf Grund ihrer prächtigen Blüte, der farbigen Blätter, der imponierenden Wuchshöhe oder malerischen Wuchsform.

All diese Merkmale treffen auf die Gemeine Schneebeere nicht zu. Dennoch ist sie in vielen Gärten verbreitet, in manchen ortsnahen Wäldern verwildert – und auch wir trafen sie bei unseren Gartenbesichtigungen für dieses Buch sehr häufig an.

Die Schneebeere, botanisch Symphoricarpus albus var. laevigatus, stammt ursprünglich aus Nordamerika. 1821 besaß der Botanische Garten in Berlin erste aus Samen gezogene Pflanzen. In der zweiten Hälfte des 19. Jahrhunderts war der Zierstrauch schon relativ häufig in deutschen Gärten anzutreffen und wurde auf Grund steigender Nachfrage von Gärtnereien und Baumschulen in großen Mengen kultiviert.

Die Pflanze wächst sowohl im Schatten wie auch in der Sonne und stellt keine besonderen Ansprüche an den Boden. Sie ist eine interessante Bienenweide, da sie von Juni bis September blüht. Ihre kugeligen weißen Beeren, auch Knallerbsen genannt, verbleiben bis in den Winter hinein an den Sträuchern.

Da sie sich gerne über Wurzelausläufer ausbreitet, haben wir sie auch nie als einzelne Pflanze angetroffen. Gerne wurde der beliebte Zierstrauch um Ruheplätze wie Grotten, im Uferbereich der Graften oder im halbschattigen Umfeld großer Bäume gepflanzt.

Es gibt nicht viele Pflanzen, die sich so wie die Schneebeere im Wurzelbereich der Bäume behaupten und auch verbreiten können. Diese Eigenschaft kann jedoch zur Last werden, da sie auch ungewollt schnell in Rasen- oder Beetbereiche vordringt. Vielleicht hilft es da wieder, dass die Schneebeere nicht „nachtragend" und sehr schnittverträglich ist.

Alexander Steffen, Redakteur der Zeitschrift „Praktischer Ratgeber im Obst- und Gartenbau" hat in der am 21. Dezember erscheinenden Ausgabe des Jahres 1902 noch einen floristischen Tipp für seine Leser: Nachdem man bei einem winterlichen Spaziergang einige beerentragende Zweige von Berberitze, Pfaffenhütchen oder Weißdorn fürs Zimmer eingesammelt hat, solle man diesen Strauß noch mit etwas Tannengrün und den dünnen Zweigen der Schneebeere mit ihren weißen Kugeln durchstecken, „die wir im Gebüschrand nahe am Hause haben, so kehren wir mit einer winterlichen Ernte heim, die uns wochenlang erfreut und an trüben Wintertagen frohe Erinnerungen ans sommerliche Leben wachruft."

*(ES)*

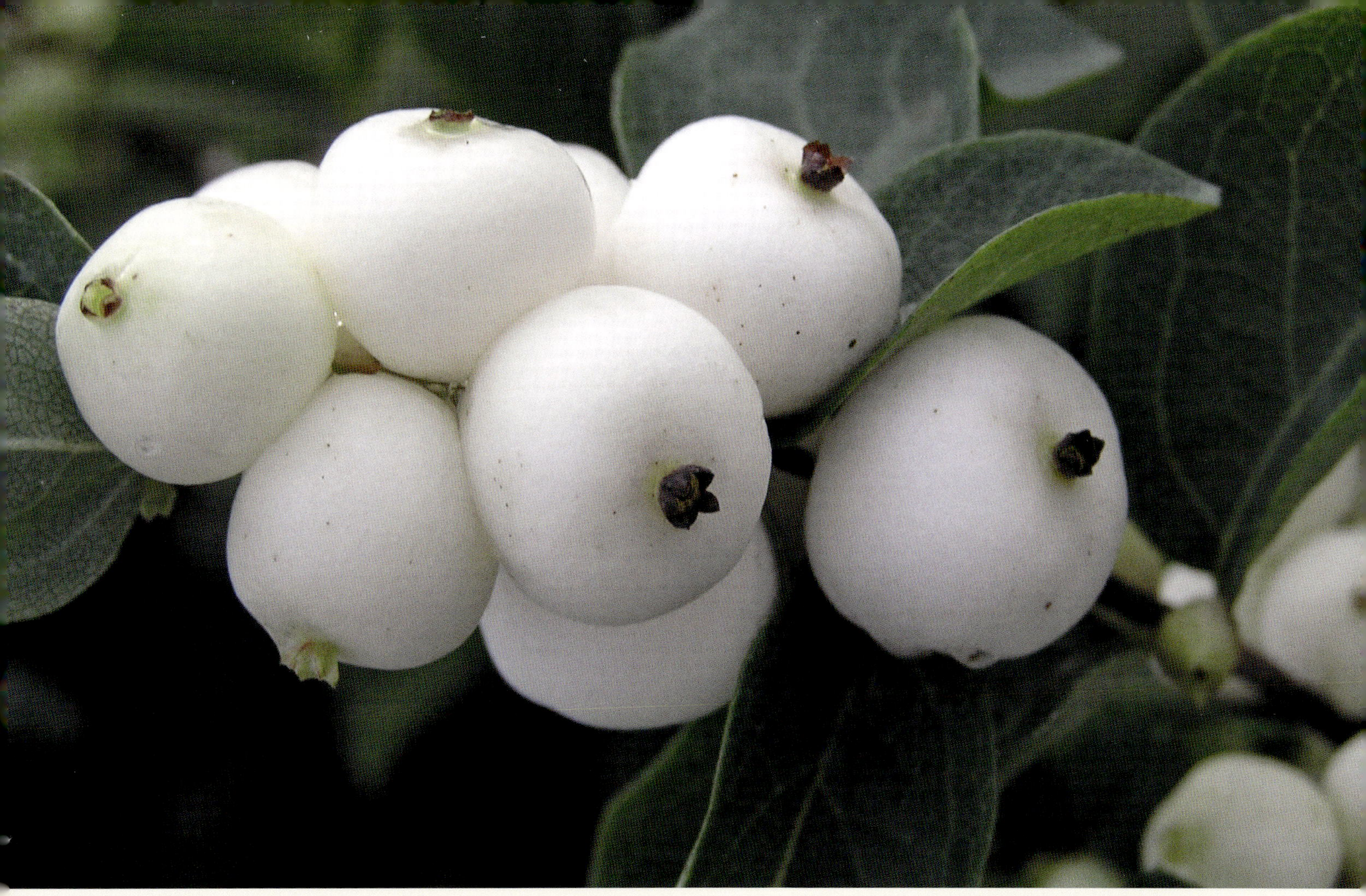

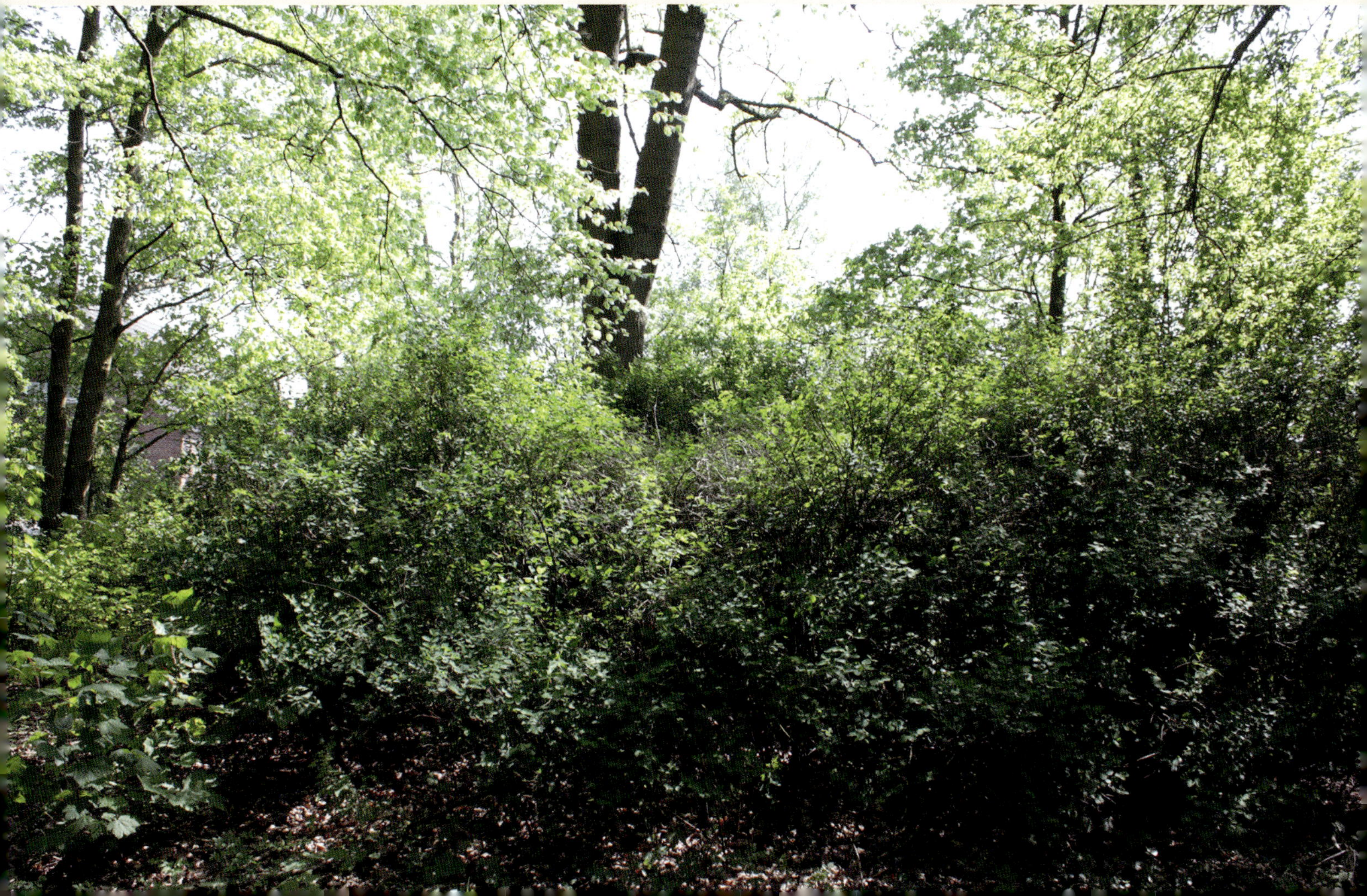

Foto um 1900. *(privat)*

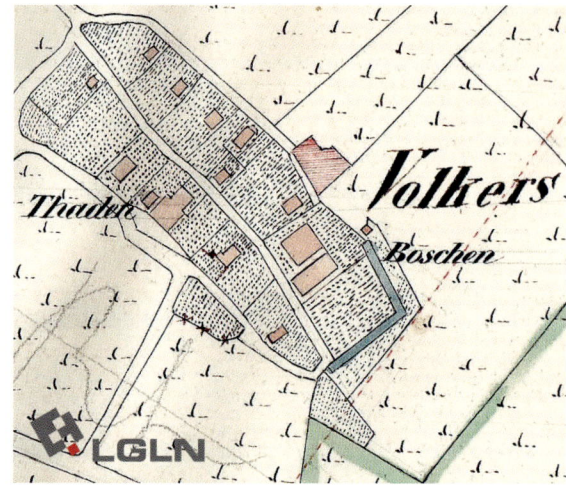

**Auszug aus dem Übersichtshandriss von 1842 mit der Siedlung Volkers.**

# Hof Böschen
Nordenham-Volkers

**Juni 1939, Kinder posieren im Garten zwischen runden, mit Buchsbaum gesäumten Tulpenbeeten und der alten Eiche.** *(privat)*

Im Nordosten des Landkreises Wesermarsch liegt am Rande der Stadt Nordenham das im Gelände erhöhte Wurtendorf Volkers. Das erste Hofgebäude des heutigen Hofes Böschen – ehemals Hof Volkers – wurde laut einem alten Kirchenbrandregister im Jahr 1670 erbaut. Den größten Schaden erlitt der Hof, aufgrund seiner Lage direkt hinterm Deich, während der Weihnachtsflut von 1717. Deichbrüche, Überschwemmungen und Sturm sorgten damals für gravierende Schäden.

Der Heimatforscher Eduard Krüger schrieb 1939 einige Eckdaten über den Hof Volkers nieder. Seinen Notizen ist das Erbauungsjahr 1869 des heutigen Wohnhauses zu entnehmen. Nördlich des Niederdeutschen Hallenhauses befindet sich die ehemalige Wirtschaftsfläche. Zur östlichen und südlichen Seite erstreckt sich auf fruchtbarem Marschboden ein großer, heute parkähnlicher Garten, der zu zwei Seiten mit einer Graft eingefasst ist. Die Hoffläche hat eine Gesamtgröße von 10.000 m².

Im Rahmen der Oldenburgischen Landesaufnahme wurde 1842 auch die kleine Siedlung Volkers vermessen. Die historische Karte gibt Auskunft über die Struktur der Ortschaft, die sich bis heute kaum verändert hat. Damals verlief ein Weg mittig durch die Siedlung, vorbei am Wohngiebel des Bauernhauses Volkers, bis zum südlichsten Punkt der Wurt, wo das Grundstück südöstlich mit einer L-förmigen Graft einfasst war. Entlang des Weges wurde bereits Anfang des 19. Jahrhunderts direkt hinterm Haus eine Baumreihe aus Kastanienbäumen gepflanzt, von der sich bis heute elf Bäume erhalten haben. Am ausgeprägten Drehwuchs der Bäume sind die starken Winde deutlich ablesbar. Seit 2003 sind die Kastanienbäume von der Miniermotte befallen, drei mussten bereits gefällt werden. Östlich der Baumreihe steht eine alte Blutbuche, die Hinrich Gerhard Böschen, der Ururgroßvater des heutigen Besitzers, um 1835 pflanzte.

Zum Schutz vor starken maritimen Winden pflanzte man auch entlang der Graft zahlreiche Bäume. Bis heute stehen dort viele Eschen, Kastanien und Ahorne. Eichen sind für die Region eher untypisch, dennoch pflanzte die Nachfolgegeneration vor etwa 150 Jahren eine Eiche vor dem Wohngiebel, die zu einem mächtigen Baum herangewachsen ist. Außerhalb des Wassergrabens verläuft der Kuhtreidelpfad, der durch eine Weißdornhecke begrenzt ist. Die dazwischen liegende Rasenfläche ist im Frühjahr voll mit Blüten von Dichternarzissen und Scharbockskraut. Ein kleiner Steg führt über die Graft in den Garten, in dessen Nähe hat sich ein alter Apfelbaum der Sorte 'Pison' erhalten.

**Elf Kastanienbäume der alten Baumreihe haben sich bis heute erhalten, der erste Baumstamm ist bis heute mit einer Bank umrundet.** *(WT)*

**Im Hintergrund die prächtig blühende Kastanienreihe, im Vordergrund blühende Rhododendren.** *(privat)*

**Wilder Wein berankt die Hauswand, solitäre Koniferen und Rhododendren zieren den Garten um 1910.** *(privat)*

Alte Fotografien aus der Zeit der Großeltern geben Hinweise auf die ehemalige Gartengestaltung. Eine stark verblichene Aufnahme von 1900 zeigt den Blick zum Haus auf der Wurt; der Geländeanstieg ist deutlich erkennbar. Drei Personen sind vor dem Wohngiebel zu sehen, vor ihnen liegt eine Gartenfläche, die mit einer wadenhohen Hecke (vermutlich Buchsbaum) vom Acker, dem späteren Gemüsegarten, abgetrennt ist. Die Bepflanzung ist nur zu erahnen. Vor dem Giebel steht eine Reihe junger Bäume, die es heute nicht mehr gibt, rechts davon beginnt die Kastanienallee. Um den ersten größten Baumstamm befindet sich zu diesem Zeitpunkt bereits eine Bank.

Die Besucher erreichten von dieser gestalteten Gartenseite aus den Hof, während die wirtschaftliche Zuwegung nordöstlich des Hofes angelegt war. Ein weiteres Foto zeigt die Ansicht um 1900 der gartenzugewandten Gebäudefront, die damals schon mit Wildem Wein berankt war und bis heute ist. Im Vordergrund steht eine Konifere, die zur rechten Seite von vielen Rhododendren gerahmt ist; diese galten früher als Zeichen des Wohlstands. Zu den lila farbenen Büschen gesellten sich orange blühende Azaleen. Vor der Wand befanden sich mit Buchsbaum eingefasste Beete, wie auch auf einem Bild von 1939, auf dem die runden Beete mit zahlreichen Tulpen bepflanzt sind.

**Um 1980 legte Familie Böschen im Bereich der alten Graft eine Roseninsel an, die über eine Brücke erreichbar ist.** *(KD)*

**Kuhtreidelpfad südöstlich der Graft. Im Frühjahr mit Dichternarzissen und Scharbockskraut bewachsen.** *(privat)*

Damals standen um die Eiche herum Rhododendren, die heute durch Buchsbaumbänder und verschiedene Funkiensorten abgelöst wurden. Südöstlich der Blutbuche befand sich eine Anhäufung großer Findlinge (innerhalb der Familie als Grotte betitelt), die man um 1955 entfernte.

Kurz vor dem Zweiten Weltkrieg wurde der Hof an die nächste Generation weitergegeben. Nach dem Krieg lebten 15 Personen auf dem Hof, die versorgt werden mussten. Daher legten die Besitzer einen großen Nutzgarten und eine Obstwiese an. Statt buchsbaumgesäumter Beete wuchsen nun Johannisbeer- und Stachelbeersträucher sowie über 40 Apfelbäume um die Blutbuche herum. Der große Gemüsegarten befand sich südwestlich der Kastanienreihe. In den Gemüsereihen wuchsen Bohnen, Stangenbohnen, Erbsen, Wurzeln, Kartoffeln, Porree, Grün-, Rosen- und Rotkohl, Schalotten, Petersilie und Rhabarber sowie Erdbeeren in einem kleinen Beet.

1965 heirateten die heutigen Besitzer Gerold und Hildburg Böschen und übernahmen den Hof. Sie stockten den Viehbetrieb auf. Innerhalb der Graft wurden große Silos aufgestellt, das Vieh lief nun zwischen den Obstbäumen auf der Kälberweide umher und die Gemüsefläche schrumpfte. Ende der 1960er Jahre wurden die Apfelbäume wieder abgeholzt. Ein

**Buchsbaumbänder und verschiedene Funkien zieren heute den Stamm der 150-jährigen Eiche.** *(WT)*

**Kürzlich aufgestellter Pavillon zwischen den Beeten hinter der alten Eiche.** *(ES)*

**Die prächtige Blutbuche wurde um 1935 als Hausbaum vom Ururgroßvater gepflanzt.** *(WT)*

Jahrzehnt später wurde das Vieh nicht mehr im Garten gehalten, woraufhin wieder Blumen, Stauden, Sträucher und Ziergehölze Einzug hielten. In den 1970er Jahren pflanzte Hildburg Böschen vor dem Wohngiebel zunächst 20 Küstentannen, für die Gegend eher ungewöhnlich. Um 1980 folgte die Erweiterung der südlichen Graft, die sie zu einem Zierteich ausbaggern ließ. Mittig wurde eine Roseninsel angelegt, die über eine Brücke erreichbar ist. In den 1980er Jahren folgten 20 weitere Küstentannen innerhalb der Graft, die man bei der Baumschule Schachtschneider in Dötlingen erwarb. Westlich der Graft legte die Bäuerin einen kleinen Gemüsegarten an. Ein größerer Garteneingriff fand 1985 statt, als im Bereich des alten Rhododendron- und Azaleenbeetes ein Wintergarten an das Haus angebaut wurde. Seitdem kann man von dort aus den schönen Ausblick auf die Kastanienreihe und den Ziergarten genießen.

In den letzten 50 Jahren sind im gesamten Garten immer mehr Beete hinzugekommen, die sich mit einer Vielzahl an Rosen, Funkien, Rhododendren und Hortensien füllten. Jedes Jahr pflanzt Hildburg Böschen, ihrer Sammelleidenschaft folgend, eine neue Hortensie. Auf Stauden versucht sie zu verzichten, da diese bei den starken Winden zu schnell umknicken. Für Farbtupfer sorgen neben den Ziersträuchern auch Osterglocken, Fingerhut, Mutterkraut, Dahlien, Gladiolen und Montbretien.

Der Garten hat sich mit jeder Generation stark gewandelt und wurde stets den Lebensumständen seiner Bewohner angepasst. 2016 wurden alle Küstentannen wieder gerodet, weil sie zu viel Schatten spendeten und durch den guten Windschutz zu viel Feuchtigkeit ins Haus brachten. Erhalten haben sich bis heute die prächtige 200-jährige Kastanienreihe, die 180-jährige Blutbuche, die 150-jährige Eiche sowie die L-förmige, gartenumfassende Graft. Zahlreiche Schneeglöckchen und Winterlinge blühen im Frühjahr innerhalb der großen Gartenfläche und zeugen von der sich über Jahrhunderte entwickelten Gartengestaltung des Hofes Böschen.

*(KD)*

**Das äußere Erscheinungsbild des Hofes hat sich lange Zeit nicht verändert, Foto um 1960.** *(privat)*

**Eine Lindenallee erinnert an die ehemalige Hofzufahrt des abgerissenen Nachbarhofes.** *(WT)*

# Hof Wilts-Müller
## Südbrookmerland-Fehnhusen

**Die Höfe von Fehnhusen liegen seit der Dorfgründung aufgereiht nördlich der Straße, Auszug aus der Preußischen Landesaufnahme um die Jahrhundertwende.**

Das kleine Dorf Fehnhusen liegt 13 Kilometer westlich von Aurich in der Gemeinde Südbrookmerland. Es handelt sich dabei um eine kleine Geestrandsiedlung, deren Höfe in einer Reihe nördlich der Straße angeordnet sind. Mittig des Dorfes biegt die Straße „An den wilden Aeckern" nach Marienhafe ab, es ist der über Jahrhunderte genutzte alte Postweg von Aurich nach Norden. Hinter allen Höfen lagen zwei Kilometer lange Upsteken, die sogenannten „Fehnhuser Äcker", während sich südlich der Straße die Fennen anschlossen, das Weideland der Höfe. Innerhalb von wenigen Jahrzehnten wurden die landwirtschaftlichen Betriebe der Ortschaft eingestellt, Höfe wurden verpachtet, verkauft oder abgerissen. Auch das westliche Nachbargebäude des Hofes Wilts-Müller wurde bereits in den 1970er Jahren abgebrochen. Die mächtige Lindenallee, die früher auf den Hof zuführte, hat sich als Denkmal erhalten.

Während früheste Erwähnungen des heutigen Hofes Wilts-Müller bis ins 16. Jahrhundert zurückreichen, sind die ersten greifbaren Informationen zur Hof- und Gartengestaltung durch Wiltrud Hicken überliefert, die 1949 durch Heirat mit Adalbert Hicken an den Hof kam. Damals hatte der Hof eine Größe von 36 Hektar, die Familie betrieb Bullenzucht und Milchwirtschaft. Bis in die 1960er Jahre waren stets zwei Knechte und Mägde auf dem Hof. 1964 richtete jedoch die Volkswagen AG im benachbarten Emden einen neuen Produktionsstandort ein, was die Anwerbung neuer Arbeitskräfte zunehmend erschwerte. Der Hof wurde schließlich 1967 an den niederländischen Landwirt Heinrich Wilting verpachtet, der ihn später käuflich erwarb. Als er mit seiner Frau nach Holland zurücksiedelte, übergab er den Hof an seinen Sohn Piet Wilting. Nach schweren wirtschaftlichen Zeiten musste der Hof in den 1990er Jahren schließlich zwangsversteigert werden. Das Ehepaar Herbert Müller und Adelheid Wilts-Müller suchte damals nach einem passenden Domizil und entschied sich 1996 zum Kauf des mittelgroßen Gulfhofes. Nach dreijähriger Renovierungszeit bezog die Familie 1999 den Hof. Die zum Hof gehörenden Ländereien wurden verpachtet und der landwirtschaftliche Betrieb endgültig eingestellt.

Als Wiltrud Hicken 1949 auf den Hof kam, war das Grundstück nach Süden und Osten bereits mit einer Weißdornhecke umgeben. Vor dem Wohngiebel, östlich des Hauses und westlich neben der Hofzufahrt standen alte Kopflinden, die das Haus beschatteten und kühlten. Ein Gärtner aus Marienhafe sorgte hier wie in der Nachbarschaft einmal jährlich für den Formschnitt. Denn früher war fast jedes Haus mit

Früher war der Ziergarten mit Wegen durchzogen, dahinter lag die Obstwiese, heute ist eine Rasenfläche daraus entstanden. *(KD)*

Regional typische Kopflinden, die heute nur noch selten anzutreffen sind, Grußkarte aus dem Nachbarort Rechtsupweg. *(privat)*

Im alten Ziergarten befindet sich heute noch eine Streuobstwiese, die östlich durch eine Weißdornhecke begrenzt ist. *(ES)*

Kopflinden umstellt. Die Südfront des Hofes war zur Straße hin mit einem Zaun begrenzt, links daneben befand sich ein zweiflügeliges Zufahrtstor und rechts eine Eingangspforte zum Haus, die bis heute im Original erhalten ist. Östlich des Hauses lagen der Ziergarten und dahinter die Obstwiese. Eine Hecke trennte beide zum dahinter liegenden Gemüsegarten und dem Weg ab. Die Ziergartenfläche war mit verschlungenen, von niedrigen und schmalen Buchsbaumhecken gesäumten hellen Sandwegen durchzogen. Für die Pflege der Wege waren die „Fräuleins" des Hofes – Töchter aus gut situierten Häusern, die bei der Haus- und Gartenarbeit halfen – zuständig. Sie harkten regelmäßig die Wege, die zu Pfingsten besonders aufgehübscht wurden. Bevor Wiltrud Hicken den Garten übernahm, lag zwischen Ziergarten und Gemüsegarten eine kleine Grotte aus Feldsteinen. Das Material dafür musste in der steinarmen Region extra angeliefert werden. Einige dieser Findlinge haben sich an der Hofeinfahrt erhalten. Wiltrud Hicken pflanzte entlang des Gartenzauns eine Eibenhecke, die gegenwärtig zwei Meter hoch ist und den Zaun ganz eingewachsen hat. Auch unzählige Schneeglöckchen, Märzenbecher und Krokusse haben sich östlich des Hauses ausgebreitet. Ende der 1950er Jahre pflanzte sie im Bereich des alten Ziergartens und rechts von

**Eine Eibenhecke hat den Zaun überwachsen, erhalten hat sich die Eingangspforte.** *(WT)*

**Findlinge der ehemaligen Grotte liegen mittlerweile bei der Hofeinfahrt.** *(ES)*

der Hofeinfahrt je eine Blutbuche. Sie brachte auch die ersten Rhododendren und Azaleen in den Garten, die es auf dem Hof zuvor nicht gegeben hatte.

Die Obstwiese, die sich hinter dem Ziergarten befand, war mit verschiedenen Apfel-, Birn-, Kirsch- und Pflaumenbäumen bestückt. Davon stehen noch je fünf Apfel- und Birnbäume, deren Sorten nicht mehr bekannt sind. Ein alter Zwetschgenbaum ist vor einigen Jahren eingegangen und musste gefällt werden. Viele schwarze und rote Johannisbeersträucher sowie Stachelbeeren standen früher unter den Birnbäumen. Diverse Beerensträucher gibt es noch heute, einige Mirabellenbäume sind hinzugekommen.

Hinter der Obstwiese, östlich des Gulfes, wurde das Feingemüse angebaut, das für die alltägliche Speisenzubereitung benötigt wurde. In den Beeten wuchsen neben Küchenkräutern grüne Bohnen, Acker- und Stangenbohnen sowie Kartoffeln und Grünkohl. Die „Updrögt Bohnen" wurden nach der Ernte zum Trocknen aufgehängt und eingelagert. Auf der westlichen Seite des Hauses wuchs Grobgemüse, das als Tierfutter benötigt wurde, dazu zählten vor allem Rüben.

Nach den umfassenden Renovierungsarbeiten Ende der 1990er Jahre wurde auch der Garten umgestaltet. 2003 legte Adelheid Wilts-Müller auf einer Fläche von 400 m² westlich der Hofzufahrt einen formalen Blumen- und Gemüsegarten an. Ehemals hatte der Pächter hier seinen Gemüsegarten, in seinen Beeten wuchsen Blumenkohl, Möhren, Erbsen, grüne Bohnen, Zwiebeln, Porree und Kräuter. Der neu angelegte Garten ist streng symmetrisch in vier Felder unterteilt und hat im Zentrum ein Rondell, mit Storchenschnabel, Frauenmantel, Katzenminze und – im Frühjahr – Tulpen. Die einzelnen Felder sind mit Buchsbaumhecken eingefasst. Die beiden östlichen Felder sind mit Rosen, Pfingstrosen, türkischem Mohn, Porzellanblumen, Eisenhut, Montbretien und Sonnenblumen bepflanzt. Auch einige Gemüsearten und Kräuter hielten Einzug in die Beete. Neben dicken Bohnen und Erbsen wachsen nun auch Petersilie und Schnittlauch. Die westlichen Felder sind mit Rasen bewachsen. Nach Süden, Osten und Norden ist der Gemüsegarten mit der alten Weißdornhecke umgeben, in der östlichen Hecke befinden sich etliche Lindensämlinge. Zur westlichen Seite ist der Garten mit Rhododendronbüschen gesäumt, die zwischen drei alten Kirschbäumen wachsen. Ursprünglich wuchsen hier nur weiße Rhododendren, die Palette wurde jedoch durch rot, lila und rosa blühende Exemplare erweitert. Auch die am Haus liegenden Beete sind heute mit Buchbaumbändern gesäumt und mit Hortensien, Farnen und Funkien bestückt.

*(KD)*

Die hausnahen Beete sind mit Buchsbaumhecken gesäumt, darin wachsen Hortensien, Farne und Funkien. *(KD)*

Blick in den formalen Garten Adelheid Wilts-Müllers. *(WT)*

Drei Kopflinden haben sich im Bereich des neu angelegten formalen Gartens erhalten. *(WT)*

Auf einem Luftbild der 1950er Jahre ist der große Gemüsegarten gut zu erkennen. *(privat)*

# Hof Saathoff
## Krummhörn-Middelstewehr

Auf dem alten Melkweg wurde vor 20 Jahren ein 20 Meter langer Laubengang angelegt. *(ES)*

Auf einer alten Dorfwurt, sieben Meter über NN, 20 Kilometer nordwestlich von Emden liegt der Hof Saathoff. Seine Anfänge hatte das ehemalige Gut Middelstewehr unter der ostfriesischen Häuptlingsfamilie Cirkensa um 1400. In späterer Zeit gelangte es in den Besitz der Familie Alberda van Menkema aus Uithuizen in den Niederlanden, bis es im Jahr 1859 in den Besitz von Herzog Arenberg-Meppen überging. Das ursprünglich aus vier Einzelhöfen bestehende adelige Gut wurde schließlich 1976 an die Niedersächsische Landesgesellschaft veräußert. Ab 1928 wurde der westliche Teil, bestehend aus zwei Gebäuden und einem großen Garten, von der Pächterfamilie Müseler bewohnt und bewirtschaftet. 1980 erwarben Friedrich und Wilma Saathoff beide Häuser. Der zugehörige Garten hat eine Größe von 6.000 m² und ist westlich mit einer Graft umschlossen, zu der das Gelände stark abfällt.

1855 wurde ein neues Wohnhaus errichtet, nachdem das alte niedergebrannt war. Zeitgleich legten die damaligen Pächter auch einen neuen Garten an. Aus dieser Zeit stammen diverse Bäume, die sich im gesamten Garten erhalten haben und zu mächtigen Exemplaren ausgewachsen sind. Mehrheitlich handelt es sich dabei um Eschen. Eine Kastanie wurde als Hausbaum gepflanzt, musste jedoch mittlerweile gefällt werden. Zu dieser Zeit wurde vermutlich auch der sogenannte Philosophenweg angelegt, der zwischen beiden Gärten liegt und linkerhand durch die Graft eingefasst wird. Ursprünglich war dieser Weg mit einer Kastanienallee bepflanzt, vor einigen Jahren jedoch mussten viele Bäume gefällt werden, weil sie durch die Miniermotte stark befallen waren. Um den Alleecharakter zu bewahren, wurden die beseitigten Bäume durch Winterlinden ersetzt. Das Ende des Weges bekrönt seit 20 Jahren eine Skulptur der Pandora.

Um 1900 wurde die Gartenanlage umgestaltet. Damals pflanzte man eine Blutbuche, die bis heute die Rasenfläche nahe des Hauses dominiert; einen Walnussbaum, der in späterer Zeit durch einen Blitz getroffen wurde und einen Rotdorn, der noch auf alten Fotografien zu erkennen ist. Zahlreiche Schneebeerenbüsche wurden gepflanzt, die den Garten bis heute in verschiedene Bereiche unterteilen und die geraden, langen Wege säumen. Auch eine Grotte aus geschichteten Ziegelsteinen wurde damals angelegt. Früher nahm die Pächterfamilie dort ihren Sonntagskaffee zu sich und genoss den schönen Blick in den Garten. Vor 20 Jahren folgte eine weitere Grotte, die eine windgeschützte Sitzmöglichkeit bietet. Darüber hinaus breitet sich seit jener Zeit jedes Frühjahr ein Blütenmeer aus Schneeglöckchen, vor allem im

1992 gelangte man noch über eine Pforte zum Philosophenweg, der mit alten Kastanien bepflanzt war. *(privat)*

Eine Sandsteinfigur ziert das Ende des Philosophenwegs, dahinter verläuft die Graft, die den Garten westlich einrahmt. *(WT)*

1954 war der Garten bereits mit Bäumen und zahlreichen Schneebeerenbüschen bewachsen. *(privat)*

Ein gerader Sandweg führte 1955 in den südlichen Garten, in den Rasenflächen lagen längliche Schmuckbeete mit Rosen. *(privat)*

Im Bereich des ehemaligen Nutzgartens wachsen heute alte Obstsorten, historische Rosensorten füllen die dazwischen liegenden Beete. *(KD)*

**Die 120-jährige Blutbuche dominiert die hofnahe Rasenfläche und gehört zu den ältesten Bäumen des Hofes Saathoff.** *(WT)*

**Der 100-jährige Birnbaum trägt noch immer seine kleinen Früchte.** *(WT)*

**Eine bunte Blumen- und Staudenrabatte begleitet die heutige Zuwegung zum Wohnhaus.** *(WT)*

Bereich der Blutbuche, im gesamten Garten großflächig aus.

Die grobe Gartengestaltung ist auf die Pächterfamilie Müseler zurückzuführen, die den Garten Mitte der 1950er Jahre umgestaltete. Damals wurde ein Wintergarten ans Wohnhaus angebaut und man erneuerte in diesem Zuge auch die Zuwegung zu beiden Gebäuden. Heute wird der Weg zum Wohnhaus durch eine breite Blumenrabatte begleitet, die mit allerlei Stauden gefüllt ist. Darunter sind Glockenblumen, Rittersporn, Phlox, Storchenschnabel, Katzenminze und Christrosen zu finden. Im Garten verlaufen auch noch zwei gerade Wege, die vom Haus bis zur Weide führten. Einer dieser Wege ist heute auf einer Länge von 20 Metern als Laubengang gestaltet, den verschiedene Clematisarten, Hopfen, Geißblatt und die Kletterrose 'Félicité et Perpétue' beranken. Die Gartenwege sind mit Muscheln belegt und folgen somit einer Gestaltungsform, die ehemals für die küstennahe Region typisch war.

Früher lebten neben der Pächterfamilie auch vier Lehrlinge mit auf dem Hof, die mitversorgt werden mussten, weshalb viel Obst und Gemüse angebaut wurde. Bis in die 1980er Jahre lag ein Gemüsegarten hinterm Haus, dessen Größe auf einer Luftbildaufnahme aus den 1950er Jahren gut zu erkennen ist. In den Beeten wuchs das übliche Gemüse, wie Bohnen, Möhren, verschiedene Kohl- und Salatsorten sowie Petersilie. Kartoffeln wiederum wurden auf dem Acker gepflanzt. Darüber hinaus gab es viele Erdbeeren und eine lange Rabatte mit Schnittblumen und Stauden. Am alten Schweinestall wuchsen einige Beerensträucher. Etwas nördlicher befand sich ein großer Obstgarten, der die Fläche zwischen Gemüsegarten und dem nach Norden begrenzenden Kanal – dem Alten Greetsieler Sieltief – ausfüllte. Der damalige Obstgarten war eingezäunt und diente 60 Hühnern als Auslauffläche.

Heute gibt es einen neuen kleineren Obstgarten, den Diane Saathoff 1998 im Bereich des alten Nutzgartens anlegte und mit alten Sorten bepflanzte. Nun wachsen dort Birnbäume der Sorte 'Conference' und 'Honigbirne', die Apfelsorten 'Pannemanns Tafelapfel', 'Groninger Krone', 'Dülmener Rosenapfel', 'Grahams Jubiläumsapfel', 'Geheimrat Oldenburg', 'Roter Boskoop' sowie eine Eierpflaume, 'Borssumer Zwetsche', 'Hauszwetsche' und eine Birnenquitte. Seit kurzem ist die Obstwiese durch eine Mauer von der Wirtschaftsfläche des Hofes abgetrennt. Sie ist nach historischem Vorbild als „Küchengartenmauer" gebaut, mit einer Länge von 45 Metern und einer Höhe von drei Metern. Durch ein kleines Tor gelangt man zum heutigen Bootsanleger, während ein großes Tor die Zufahrt zum Garten ermöglicht, die für Arbeiten mit großem Gerät benötigt wird. Zwischen den Obstbäumen hat die Besitzerin rechteckige Blumenbeete angelegt, die mit zahlreichen Rosensorten bepflanzt sind.

Der heutige Gemüsegarten befindet sich vor dem südlichen Haus, das 1845 erbaut wurde und von der Pächterfamilie Müseler als Altenteiler genutzt wurde. In den 1990er Jahren haben Gerd und Diane Saathoff das Gebäude zu einem Gästehaus umgebaut. Früher standen vor dem Haus einige Obstbäume, von denen sich ein kurios gewachsener Birnbaum erhalten hat. Über Jahrzehnte hat er sich immer mehr gen Boden geneigt, heute muss der Stamm gestützt werden, damit der Baum nicht gänzlich kippt. Die Sorte der über 100-jährigen Birne ist nicht bekannt. Ihre Früchte kommen früh zur Reife und sind verhältnismäßig klein. Früher wurden sie immer geschält, geschnitten und eingemacht.

Vor dem Gästehaus hat die Besitzerin 1992 einen 200 m² großen formalen Garten angelegt. Er ist streng symmetrisch gestaltet, ein Wegekreuz unterteilt die Fläche in vier gleichgroße Felder und wird mittig durch ein Rondell unterbrochen. Alle Felder sind mit Buchsbaumhecken gesäumt, die durchlaufenden Wege haben eine Breite von 50 cm. In den Beeten wachsen neben zahlreichen Gemüsesorten, wie Stangenbohnen, Frühkartoffeln, Zuckererbsen, Schlangengurken, Tomaten und verschiedenen Salaten auch diverse Kräuter, darunter Schnittlauch, Petersilie, Bärlauch, Sauerampfer, Beifuß und Liebstöckel. Weiterhin wachsen im Nutzgarten auch Johannisbeer- und Stachelbeersträucher sowie einige Sommerblumen und Stauden. Etliche Rosen zieren die Eckpunkte, darunter die Sorten 'Rose de Resht', 'Alchymist', 'Louise Odier', 'Schneewittchen', 'Constance Spry', 'Tausendschön' und 'New Dawn'. *(KD)*

**Die Beete des Gemüsegartens sind reich gefüllt und mit Buchsbaumhecken gesäumt.** *(WT)*

**1992 legte Diane Saathoff einen 200 m² großen formalen Gemüsegarten an.** *(privat)*

Blick aus dem Fenster in den schmalen, aber lang gestreckten Garten. *(ES)*

Familie Conring sitzt zur Teestunde vor der mit Efeu berankten Hauswand, 1925. *(privat)*

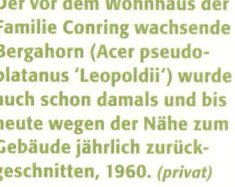

Der vor dem Wohnhaus der Familie Conring wachsende Bergahorn (Acer pseudoplatanus 'Leopoldii') wurde auch schon damals und bis heute wegen der Nähe zum Gebäude jährlich zurückgeschnitten, 1960. *(privat)*

# Anwesen Conring
Aurich

Im historischen Stadtkern von Aurich, zwischen Lambertikirche und ehemaligem Burg- und heutigem Schlossgebäude, befindet sich das 1804 im klassizistischen Stil erbaute Backsteingebäude der Familie Conring. Kutschen und sonstige Gespanne gelangten zu dieser Zeit durch ein seitliches Torhaus in den hinter dem zweigeschossigen Wohnhaus liegenden Hofraum.

Nach Durchqueren der Repräsentationsräume im Erdgeschoss gelangt man über einen Hinterausgang und nach unten führende zweistufige steinerne Treppe in den landschaftlich gestalteten Garten. Rechtwinklig zu dem unter Denkmalschutz stehenden Haus schließt sich ein weiteres noch älteres längliches Gebäude an, in dem das Gesinde und Wirtschaftsräume untergebracht waren. Anbauten wie Stallungen und Wagenremisen, bereits vor Jahrzehnten entfernt, lagen daneben.

Wie auf alten Fotos zu sehen ist, waren die Hauswände um 1920 mit Efeu bewachsen. Heutzutage sind diese mit Kletterpflanzen wie Blauregen und Wildem Wein begrünt, und auch eine Hauszwetsche wächst direkt vor dem südlichen Mauerwerk.

Das Gartengelände erstreckt sich jenseits des Wohnhauses in Nord-Süd-Richtung. Es ist etwa 180 Meter lang und hat eine Breite von 25 Metern an

Querblick durch den hausnahen, oberen Garten mit der alten Blutbuche in der Mitte. *(ES)*

Mittlerer Parkbereich um 1930 mit seitlich verlaufendem Spazierweg, der zur Gehölzrandseite mit Immergrün (Vinca minor) eingefasst ist, im Vordergrund ein alter Apfelbaum, eine Renette. *(privat)*

der Hausseite und 40 Metern am unteren Ende des Gartens. Sowohl an der westlichen wie auch an der kürzeren, hinteren Grundstücksseite verläuft der von hohen Bäumen begleitete alte Schlossgraben.

Von den Wohnräumen der oberen Etage hat man einen malerischen Blick in die Weite des Landschaftsgartens. In der Nähe des Wohnhauses wurde in den 1970er Jahren eine kleine Terrasse angelegt, die von der Baumkrone eines etwa 150 Jahre alten Bergahorns mit gelb-grün gesprenkeltem Laub (Acer pseudoplatanus 'Leopoldii') überdacht wird. Die hell leuchtenden Blätter stehen in einem schönen Kontrast zu der nur wenige Meter weiter im Hintergrund stehenden, ebenfalls mächtigen, rotblättrigen Blutbuche. In diesem oberen Gartenbereich befinden sich noch weitere, mindestens 150 Jahre alte Gehölze, wie ein alter Walnussbaum, eine kugelförmig geschnittene Eibe mit einem Durchmesser von fünf Metern und eine sechs Meter hoch gewachsene Stechpalme. Verwandtschaftliche Beziehungen ins ostfriesische Weener und auch die zur 1879 von Hermann Albrecht Hesse gegründeten Baumschule Hesse in Weener lassen vermuten, dass viele der im Landschaftspark gepflanzten Gehölze und Stauden dort bezogen wurden.

Der Garten wird durch einen am seitlichen Grundstücksrand verlaufenden Weg ringsum erschlossen, von dem aus sich immer wieder abwechslungsreiche Perspektiven auf die jeweils gegenüberliegende Gartenseite ergeben. Die gesandeten geschwungenen Wege werden auch heute noch in alter Tradition zu den Stauden- und Rasenrändern säuberlich abgestochen, geschuffelt und geharkt.

Wenige Meter hinter der kleinen Gartenterrasse führt der Spazierweg an einem alten Lebensbaum und einem knorrigen Apfelbaum vorbei. Ein abzweigender schräg verlaufender Querweg unterbricht die innerhalb des Rundwegs liegende großzügige Rasenfläche. Im folgenden mittleren Gartenbereich befand sich noch bis 1974 eine Fläche, auf der Kartoffeln, Bohnen wie auch Tabak und Spargel angebaut wurden. Des Weiteren wuchsen dort etliche Apfelbäume wie Renetten, Birnbäume wie eine sogenannte „Hartbirne" und auch ein Quittenbaum, von dem noch der Baumstumpf sichtbar ist. Die seitlichen Gehölzränder jenseits des Rundweges sind mit Eiben, flächig wachsenden Schneebeeren und Farnen bewachsen. Bis in die 1970er Jahre befanden sich dort auch noch viele Omorikafichten, die jedoch aus Altersgründen entfernt werden mussten.

Im weiteren Verlauf bietet ein zweiter Querweg, der erst in den 1960er Jahren angelegt wurde, eine Möglichkeit, die Gartenseite zu wechseln. Die mittig

**Dekorationselement in der Mitte der Steingrotte: Ein steinernes Postament, das aus dem ehemaligen Lustgarten Julianenburg stammt.** *(ES)*

**Halbkreisförmig angelegte Steingrotte als Abschluss des hinteren Gartens, 1950.** *(privat)*

**Mächtige Rotbuche im unteren Garten, deren oberirdische Wurzeln über Jahrzehnte in den Weg hinein gewachsen sind.** *(privat)*

**Wilder Wein wächst am seitlich gelegenen alten Haus, in dem Gesinde und Wirtschaftsräume untergebracht waren.** *(privat)*

liegende Rasenfläche ist ab und an mit Buchsbaumkugeln, Rhododendren und kleinräumigen Farnpartien bepflanzt. Vor einigen Jahren wurde hier ein Ginkgobaum als neuer Parkbaum gepflanzt. An der westlichen Grundstücksgrenze befinden sich eine weitere Blutbuche und mehrere Linden, auf der gegenüberliegenden Seite eine mächtige Küstentanne.

Mit dem dritten und letzten aus der Anfangsgestaltung stammenden Querweg beginnt der hinterste Abschnitt des Gartens. Die vom Rundweg umschlossene innere Fläche ist nun komplett mit Efeu begrünt. Im Frühjahr bilden Buschwindröschen, Blausterns, Salomonssiegel, Scharbockskraut, Milchstern und Maiglöckchen ausgedehnte Blütenteppiche. Vereinzelt sind Gehölze wie Rhododendren und Buchsbaum eingestreut. Hier wächst auch der mächtigste Baum des Gartens. Die starken oberirdischen Wurzeln der 200 Jahre alten imposanten Rotbuche wachsen vom Stammfußbereich bis über die gesamte Breite des sich seitlich vorbei schlängelnden Parkweges.

Den Abschluss des Conring'schen Gartens bildet ein knapp drei Meter hoher, mit Efeu bewachsener Aussichtshügel, in den zur Vorderseite ein halbkreisförmiger Sitzplatz eingearbeitet worden ist. Die Grotte hat eine Breite von sechs und eine Tiefe von neun Metern. In der Mitte des Platzes befindet sich als Dekorationselement ein steinernes Postament, das aus dem ehemaligen Lustgarten Julianenburg, nahe des Auricher Schlosses gelegen, stammt und vor zehn Jahren von Dr. Werner Conring erworben und hierher versetzt wurde.

Ein schmaler Pfad führt außen und unterhalb des Hügels herum. Über ihn ragen die ausladenden schirmartigen Baumkronen der auf der Anhöhe wachsenden Linden und Rotbuchen.

Die innerhalb des ersten Jahrzehnts des 19. Jahrhunderts landschaftlich gestaltete Gartenanlage ist mit Baumbestand, dem ursprünglichen Wegesystem und der Modellierung des Bodens als Gartendenkmal unter Schutz gestellt. In diesem Sinne wird die historische Gestaltung von Dr. Werner Conring erhalten und gepflegt. Sie ist auch das einzige größere Gartengrundstück, das so im alten Stadtkern von Aurich erhalten geblieben ist.

*(ES)*

Zwischen Blutbuche und Walnussbaum (ganz rechts ist noch der Stamm mit seiner tiefrissigen Rinde zu sehen) befindet sich die mächtige, kugelförmig geschnittene Eibe. *(ES)*

Das Gemüseland wird bestellt, im Hintergrund die Blutbuche, 1972. *(privat)*

Hell- und dunkelgrün panaschierte Blätter des Bergahorns (Acer pseudoplatanus 'Leopoldii'). *(ES)*

Unter dem Blätterdach des Bergahorns angelegte neuere Terrasse. *(ES)*

**Das Luftbild von 1957 zeigt die südliche Gartenfläche, aufgeteilt in Ziergarten, Obstwiese, Gemüsegarten und Melkweide.** *(privat)*

**Seit dem ausgehenden 19. Jahrhundert ziert eine Veranda die Südfront.** *(WT)*

# Hof Stroman
## Krummhörn-Visquard

**Die alte Veranda wurde 1929 mit einem Balkon bekrönt, vor der Südfront stehen noch die alten Kopflinden, auch die Bank hat sich erhalten, Foto um 1930.** *(privat)*

In der Gemeinde Krummhörn, fünf Kilometer südlich von Greetsiel, liegt der Hof Stroman. 1855 siedelte das Ehepaar Dirk Jansen Stroman und Aaltje Jansen, geborene Swyter, an den Rand des Warfendorfes Visquard. Sie erbauten an neu besiedelter Stelle ein Wohn- und Wirtschaftsgebäude und legten um das gesamte Grundstück eine Graft an. Bis heute ist der 4.000 m² große Garten südlich des Hauses von dem Wassergraben umgeben.

Mit dem Hausbau wurden zahlreiche Bäume gepflanzt, die den Hof vor Winden schützen sollten. Zur Straße hin waren es hauptsächlich Ulmen und Eschen. Die Ulmen sind vor 30 Jahren dem Ulmensplintkäfer zum Opfer gefallen und mussten allesamt gefällt werden. An der Südfront wurde eine Reihe mit Kopflinden angelegt, die ehedem einmal jährlich durch einen Gärtner beschnitten wurde. Drei Exemplare der ursprünglichen Reihe haben sich erhalten, zwei Bäume davon werden noch regelmäßig in Form geschnitten. Die restlichen Linden wurden 1946 gefällt, weil sie zu groß geworden waren, zu nah am Haus standen und zu kippen drohten. Darüber hinaus wurde mitten im Garten eine Blutbuche als Hausbaum gepflanzt, die heute mit einem Stammumfang von 4,70 Meter ein imposantes Erscheinungsbild bietet. Der ca. 200 Jahre alte Baum, der als älterer

Ende der 1940er Jahre wurde ein mondsichelförmiges Steinbeet angelegt, dessen Form bis heute beibehalten wurde, Foto 1964. *(privat)*

Bis in die 1970er Jahre verliefen geschwungene Muschelwege durch den Garten, heute liegen sie verborgen unter der Grasnarbe, Foto 1964. *(privat)*

Eine imposante Erscheinung bietet die prächtige Blutbuche, die 1855 mit dem Hausbau angepflanzt wurde. *(WT)*

Setzling gepflanzt wurde, war für die Familie stets sehr bedeutsam und ist heute als Naturdenkmal ausgewiesen. Links dahinter wurde in erhöhter Lage, als Schutzmaßnahme vor der starken Nässe der Graft, eine Traueresche gepflanzt, die bei einem starken Eisregen sehr geschädigt wurde. Durch zu große Last der eigenen Früchte ist vor vielen Jahren ein Ast abgebrochen. In ihrer Nachbarschaft kam 1962 eine Trauerbirke hinzu, die als Hochzeitsbaum für Dirk und Margret Stroman gepflanzt wurde.

Eine Besonderheit bildet bis heute die Veranda, die vermutlich nach der Heirat der zweiten Hofgeneration im Jahr 1876 angebaut worden ist. Als 1929 Wilma Catarina durch Heirat mit Diedrich Johann Stroman an den Hof kam, wurden erneut Renovierungsarbeiten am Haus und Umgestaltungen im Garten durchgeführt. In diesem Zuge wurde die Veranda renoviert und mit einem Balkon bekrönt, der seitdem einen erhöhten Blick zum Garten ermöglicht. Wann die Muschelwege, die ehemals den Ziergarten durchzogen haben, angelegt worden sind, ist nicht mehr bekannt. Fotos aus den 1950er und 60er Jahren erinnern an die geschlungenen, mit säuberlich abgestochener Graskante gestalteten und mit Muscheln belegten Wege. In den 1970er Jahren verschwanden sie unter der Rasendecke. In der südwestlichen Ecke des Gartens befinden sich noch Relikte einer alten Grotte, die früher eine schattige Sitzmöglichkeit mit Blick zum Garten bot. Gegenwärtig ist sie umgeben von alten Eschen, Wildstachelbeersträuchern, Schneebeeren und Rhododendren. Von den Kindern des Hofes wird sie gelegentlich umgestaltet.

Ende der 1940er Jahre legte Wilma Catarina Stroman westlich der Blutbuche ein mondsichelförmiges Steinbeet mit Heide und weiteren niedrig wachsenden Stauden an, das sich bis heute in dieser Form erhalten hat. Weiter südlich folgte ein weiteres Beet in Form eines fünfzackigen Sterns, beide Beete flankierten die alte Grotte. Vor dem Wohnbereich und östlich der Blutbuche lagen weitere längliche Rosenbeete innerhalb der Rasenflächen, die hauptsächlich mit roten Rosenstöcken ausstaffiert waren. Heute noch wachsen diverse Rosen im hausnahen Blumenbeet.

Eine Weißdornhecke trennt seit jeher den Ziergarten vom Obst- und Gemüsegarten. Auch sie zählt zu den alten Gestaltungselementen des Gartens. Östlich der Hecke lag früher ein vier Meter breiter Streifen, bepflanzt mit Himbeerbüschen. Nebenan stand die Wäscheleine, die von weiterem Strauchobst wie schwarzen, roten und weißen Johannisbeeren sowie Stachelbeeren umgeben war. Seitlich davon befanden sich ein Erdbeerfeld und ein Beet mit Rhabarber.

**Gepflegter Ziergarten mit langen Rosenbeeten, Johannisbeersträuchern und zwei Kopflinden, Foto von 1958.** *(privat)*

**Ein kleiner Steg führt südlich des Gartens über die Graft zum angrenzenden Ackerfeld.** *(ES)*

Um 1947 wurden auch einige Obstbäume gepflanzt, darunter Kirsch-, Apfel-, Birn- und Zwetschgenbäume. Auch um die Blutbuche standen Obstbäume. Dazu gehörte ein Exemplar der Sorte 'Roter Augustapfel', der jedoch durch Wühlmäuse geschädigt wurde und dann vor einigen Jahren abgestorben ist. Ein Apfelbaum der Sorte 'Roter von Boskoop' trägt immer noch schmackhafte Früchte. Ebenso erhalten geblieben sind ein alter veredelter Birnbaum und ein Zwetschgenbaum der Sorte 'Borssumer'. 2018 ist der alte Pflaumenbaum der Sorte 'Emma Leppermann' unter der Last seiner eigenen Früchte zusammengebrochen. Die Ernte der Obstbäume und -sträucher wurde früher zu Marmelade, Gelee und Saft verarbeitet.

Auf dem Stromanschen Hof hat sich eine Luftbildaufnahme von 1957 erhalten, auf der die Aufteilung des Gartens gut nachzuvollziehen ist. Die linke Seite des Gartens wird vom Ziergarten ausgefüllt, der mit einem alten Baumbestand umgeben ist, im Zentrum steht die große Blutbuche. In der Mitte liegt ein Streifen bepflanzt mit Obstbäumen und -sträuchern. Rechter Hand schließt sich der ehemals 1.000 m² große Gemüsegarten an, rechts außen lag damals noch die Melkweide.

In den 1940er Jahren lebten neben den Familienmitgliedern auch Arbeitskräfte auf dem Hof, die bei jeder Mahlzeit mitversorgt werden mussten. Es gab immer eine Magd, die der Bäuerin bei der Hausarbeit, der Tierpflege und im Garten behilflich war. Ein Kinderfräulein half bei der Versorgung und Erziehung der Kinder und zwei Knechte unterstützten den Bauern bei Tätigkeiten in der Landwirtschaft. An Tagen, an denen der Stall ausgemistet wurde, holte man zusätzlich zwei Tagelöhner auf den Hof. Dann saßen zwölf Personen mit am Tisch, wenn gedroschen wurde waren es noch mehr.

Im September 1948 brannte die große Nebenscheune voll mit Erntevorräten nieder. Nach dem Ende des Zweiten Weltkrieges wurden dem Hof zehn Flüchtlinge zur Unterbringung zugewiesen. Dirk Stroman erinnert sich an den Alltag seiner Kindheit, wo es häufig grüne oder graue Erbsensuppe, Grünkohl und Bohnen zu essen gab. Das Haus war von Anbeginn unterkellert, um genügend Lagerplatz für große Töpfe mit Sauerkraut und angesetzten Bohnen sowie zahlreiche Einweckgläser mit eingemachtem Obst und Gemüse zu haben. Unter der Decke hingen aufgefädelte „Updrögt Bohnen" zum Trocknen, die als ostfriesische Spezialität gelten. Das Saatgut für die Ackerflächen wurde von Saatguthändlern aus Emden, Groothusen und Pewsum bezogen und für den Gemüsegarten von einer Gärtnerei aus Upgant-Schott.

Im Gemüsegarten wuchsen unter anderem Frühkartoffeln der Sorte 'Sieglinde' und 'Flavia'. Nachdem die Kartoffeln gereift und geerntet waren, pflanzte man im selben Beet Grünkohl. Neben verschiedenen Bohnen-, Kohl- und Wurzelsorten wuchsen Feingemüse und Küchenkräuter in den Beeten. Ab Ende der 1960er Jahre gab es keine Arbeiter mehr auf dem Hof, der Gemüsebedarf sank und der Garten verlor immer mehr an Fläche. Vor 20 Jahren erreichte er eine Größe von knapp 80 m², die seitdem beibehalten wird. Dirk Stroman, Senior des Hofes, bewirtschaftet den kleinen Gemüsegarten bis heute. In seinen Beeten wachsen Radieschen, Busch- und Stangenbohnen, Zuckererbsen, Kohlrabi, Rot-, Weiß- und Spitzkohl, Möhren, Kopfsalat und einige Kräuter. Gleich nebenan hat Stromans Schwiegertochter Hedda Oldewurtel eine Blumenrabatte angelegt, die mit verschiedenen bienenfreundlichen Wiesenblumen bepflanzt ist.

*(KD)*

*Abb. oben:*
**Blick zur 1947 angelegten Obstwiese mit einem Apfelbaum 'Roter von Boskoop', einer 'Borssumer Zwetsche' und einem Birnbaum.** *(WT)*

**Seit der Jahrhundertwende lädt die Bank südlich des Hauses zum Verweilen ein, mit Blick zur Blutbuche und zum üppig gefüllten Rosenbeet.** *(ES)*

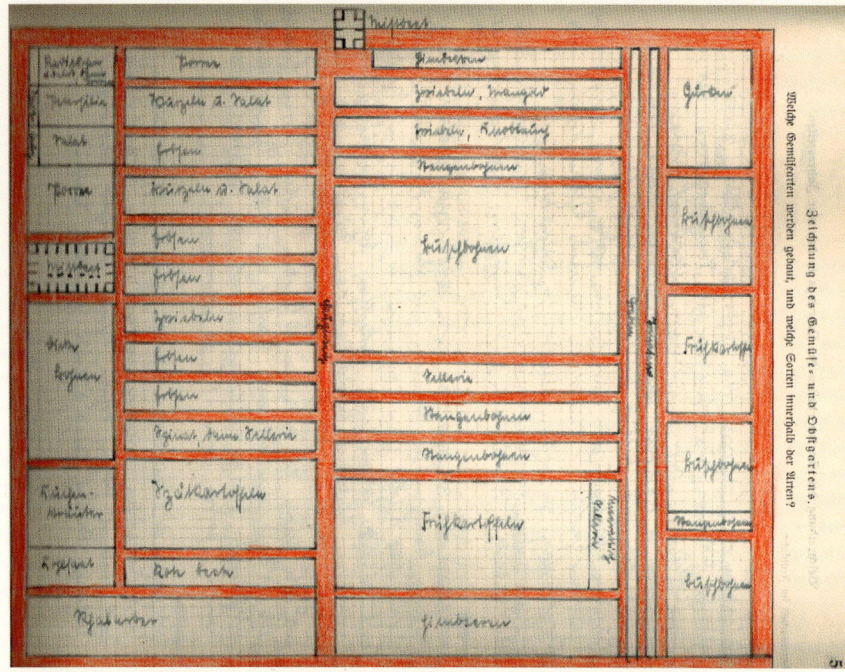

# Gemüsegarten

**Margarete Peters, Bäuerin des Hofes Cramer in Jade bildete auch Lehrlinge im Bereich „Ländliche Hauswirtschaft" aus. Im Lehrlingstagebuch aus dem Jahr 1932 von Lieselotte Heinrichsbauer findet sich ein von ihr gezeichneter Gemüsegartenplan, in dem folgende Gemüse-Arten genannt werden: Salat, Erbsen, Zwiebeln, Radieschen, Petersilie, Porree, Dicke Bohnen, Busch- und Stangenbohnen und Frühkartoffeln.** *(Kulturschatzhof Cramer)*

**Abb. oben rechts:
Zwei Gemüsegärten im Museumsdorf Cloppenburg.** *(Museumsdorf Cloppenburg)*

Auf den Flächen der Gemüsegärten wurden notwendige Nahrungsmittel für die auf dem Hof lebenden Menschen produziert.

Auf größeren Höfen mussten viele Personen versorgt werden, das waren einerseits die Familienmitglieder, oft auch noch weitere Verwandte und die auf dem Hof lebenden Arbeitskräfte wie Knechte, Mägde, Mamsell, Großknecht, Großmagd und manchmal auch zeitweise ein Hauslehrer. Im Gemüsegarten wurden auf großen Flächen vor allem Kulturen wie Bohnen, Erbsen, Möhren, Frühkartoffeln und Kohl angebaut, oft auch Spargel. Steckrüben, Runkelrüben, Pferdewurzeln oder Kartoffeln wuchsen auf den größeren Flächen der Äcker.

Die Bäuerin Anna Kaper (1849 – 1932) aus Varel notierte in ihren Tagebüchern unter anderem auch, welche Arbeiten jeweils auf dem Gemüseland verrichtet wurden. Im Folgenden finden sich ihre stichwortartigen Eintragungen aus den Tagebüchern von 1890 und 1891 in Bezug auf erledigte Arbeitsvorgänge:

**Februar 1890:** Zwei Accordarbeiter schlagen die Hecke ab.
**Mai 1890:** Ausquecken der Wege im Gemüsegarten.
**August 1890:** Bohnen einmachen
**September 1890:** Kohlrabi, Wirsing, Kopfkohl, Blumenkohl, Silenen, Stiefmütterchen, Primeln, Pantoffelblumen ins Mistbeet gesät. Mit neuer Herddörre Bohnen getrocknet, Essiggurken eingelegt
**Oktober 1890:** Vom Mistbeet ins Freie, in einen mit Gitter bespannten Kasten gepflanzt: 80 Blumenkohl, 100 Wirsing, 100 Kohlrabi, 200 Buskohl, Esswurzeln in den Keller.
**November 1890:** Zwei Mann mit Umgraben im Gemüseland, Magd mit Laubharken.
**Januar 1891:** Bohnen dreschen
**März 1891:** Sämereien gekommen, ins Mistbeet gesät mit einer dünnen Schicht Kalk: Kohlrabi, Blumenkohl, Wirsing, roter und weißer Kopfkohl, Radieschen.
**Mai 1891:** Ausquecken der Wege im Gemüsegarten, Hinrichs Buschbohnen gepflanzt, 3 Beete Zuckererbsen und 3 Beete Stangenspeckbohnen.
**Juni 1891:** Salat, Markerbsen, Gurken, Saatprunkenbohnen gepflückt und vor Ratten geschützt durch Aufhängen.
**August 1891:** Bohnen in Fässer eingemacht.
**November 1891:** Mit Magd die Gartengerätschaften wie Harke, Hacke eingeschmiert. Knecht macht Komposthaufen, Erbsenland im Garten graben.

Erst wenn alle in Bezug auf die Versorgung des Hofes wichtigen Arbeiten erledigt waren, wurden die Arbeitskräfte für die Pflege des Blumengartens eingesetzt. Und wenn auch Anna Kaper selber keine anderen Verpflichtungen mehr hatte und das Wetter stimmte, dann ging es „flott in den Garten".

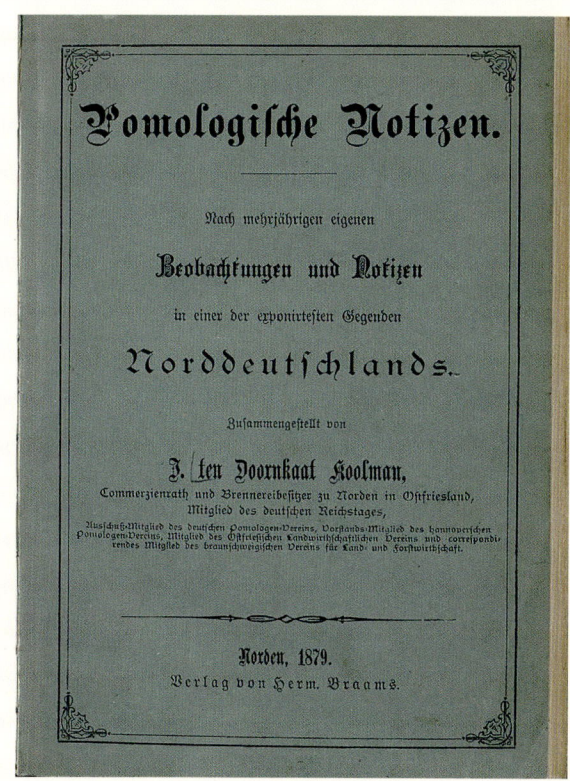

# Pomologie

In Renaissance- und Barockgärten wie zum Beispiel auf dem Gut Neuenhuntorf bei Berne dienten Sammlungen edler Obstsorten auch als Prestigeobjekt des Adels. Denn schließlich war edles Obst auch nur diesem vorbehalten. Im Laufe des 19. Jahrhunderts änderte sich diese Auffassung. Die jeweiligen Landesherren förderten den für die gesunde Ernährung der Bevölkerung so wichtigen Obstanbau.

Im Zuge dessen wurden Obstbäume im ländlichen Raum um Haus und Hof und entlang der neu gebauten Chausseen angepflanzt. Großmärkte gründeten sich, um das Obst in den Handel zu bringen und darüber hinaus bildeten sich Obstbauvereine, die daran mitwirkten, den Obstanbau voranzutreiben. Pomologen bemühten sich verstärkt um neue Methoden des Obstanbaus sowie der Sortenbeschreibungen und -züchtungen. Einer dieser Pomologen ist Jan ten Doornkaat Koolman aus Norden.

In seiner 1879 veröffentlichten Schrift „Pomologische Notizen" empfiehlt er Obstsorten speziell für den Anbau in Ostfriesland. Als Mitglied des deutschen Pomologenvereins stand er mit anderen Kollegen in Kontakt und schickte ihnen von Zeit zu Zeit Probeäpfel. Ten Doornkaat Koolman setzte sich dafür ein, mehr Obst als bisher, besonders in den Fehn- und Moorgebieten Ostfrieslands anzubauen, denn „es kann sich auch mancher Taler dazu verdient werden!"

Zu Beginn seiner Studien pflanzte er eine Vielzahl an Sorten in verschiedenen Hausgärten seines Brennerei-Betriebsgeländes in Norden an. 1863 erwarb er in Nadörst bei Norden einen weiteren, gut vier Hektar großen Garten mit eher sandigem Lehmboden. Wer mochte, konnte nun auch hier Stämme und Reiser von ihm empfohlener Sorten erhalten. Die in den Gärten aufgepflanzten Obstsorten bezog er aus der näheren Umgebung wie von Gärtner Kunze aus Jever, aber auch von den befreundeten Pomologen Eduard Lucas und Johann Oberdieck. Belgische und holländische Baumschulen gehörten ebenfalls zu den Lieferanten. Auch Fundsorten aus hiesigen Gärten wurden aufgepflanzt und bezüglich ihrer Eignung als Sorte geprüft. Im pomologischen Garten in Nadörst wuchsen 287 Apfelsorten, 182 Birnensorten, 12 Kirschsorten und sechs verschiedene Pflaumen- und Zwetschenbäume.

*(ES)*

**Obstwiese am Hof Onnen-Lübben, Wangerland.** *(WT)*

**Der Brennereibesitzer Jan ten Doornkaat Koolman veröffentlichte 1879 seine „Pomologischen Notizen" mit Ergebnissen seiner langjährigen Erfahrungen mit dem praktischen Obstbau, um diesen landwirtschaftlichen Erwerbszweig auch in Ostfriesland weiter zu „forcieren".**

**Dekorative Apfelblüte, Ende April.** *(Hof Schulte, Adelsberger)*

**Luftbildaufnahme von 1960, rechts der runde Gartenteich, im Vordergrund die rechtwinklig zum Haus verlaufende Lindenallee.** *(privat)*

**Graftverlauf parallel zum Gulfhausgebäude.** *(WT)*

# Hof Bussen-Habbena
Wirdum

**Hauseingang zur Gartenseite mit rundem Teich im Vordergrund, 1970.** *(privat)*

Südöstlich des ostfriesischen Warfendorfes Wirdum inmitten alten Marschlandes liegt der Hof der Familie Bussen-Habbena. Im Gegensatz zu Wirdum, das bis zu 5,20 Metern über Normalnull (NN) liegt, befinden sich etwa zwei Drittel der Hofflächen bis maximal 2,2 Meter unter NN. Tiefs wie die Abelitz oder das Alte Greetsieler Sieltief fließen in unmittelbarer Nähe am Hof vorbei, zahlreiche Schlote entwässern das vom Meer abgerungene Land. Bis Anfang des 20. Jahrhunderts dienten die Kanäle auch den zahlreichen Dorfschiffern als fast ganzjährig befahrbare Wasserstraßen. Sie waren zuverlässiger als die Landwege mit ihren Kleiböden. Auch das Baumaterial einschließlich der meterlangen Ständerwerke für die 1898 gegenüber dem Gulfhaus errichtete mächtige Gulfhausscheune wurde per Kahn herantransportiert.

Das aus dem späten 18. Jahrhundert stammende Gulfhaus und der dazugehörige Garten und Hofraum werden bis heute fast komplett von einer Graft umgeben. Diese Graft dient noch immer der Be- und Entwässerung mit Zugang zu den Tiefs nach Marienhafe und Greetsiel.

Bis Anfang der 1970er Jahre wuchs parallel zu Scheune, Wohnteil und vorbeifließender Graft eine Baumreihe mit Ulmen. Diese Ulmen mussten auf Grund der durch eine Pilzinfektion hervorgerufenen sogenannten „Holländischen Ulmenkrankheit" gefällt werden. Heutzutage ragen dort hochaufgeschossene Eschen in die Höhe und schirmen den Gartenraum ab.

Gegenüber dem Wohngiebel beginnt der parkartig angelegte Garten. Entlang des um den Wohnteil herumführenden Fußweges wächst eine dichte niedrige Buchsbaumhecke. Jenseits der Hecke befindet sich eine großzügige Rasenfläche, in deren Mitte ein runder mit Stauden bepflanzter Teich liegt, der wiederum über einen schmalen Graben mit der außen herumlaufenden Graft verbunden ist.

An der südöstlichen Grundstücksgrenze steigt das Gelände leicht bis zu einer Höhe von knapp drei Metern an. Am Fuße des kleinen Hügels wächst eine etwa 150-jährige Blutbuche mit breit ausladender Krone. Früher führte ein vom Haus kommender Gartenweg rechts am dunkelrot belaubten Parkbaum vorbei. Wenige Schritte weiter und die kleine Anhöhe hinauf, gelangt man zu einer aus Ziegelsteinen gemauerten Grotte. Der Sitzplatz mit Blick in die umgebende Landschaft hat einen Durchmesser von drei Metern. In der Mitte der gewölbten Klinkerwand fällt die eingeritzte Jahreszahl 1878 auf. Reste von Muschelkalk an den Steinen weisen darauf hin, dass die Grotte ursprünglich vollständig verputzt war. Mittlerweile

**Aussichtshügel mit Blutbuche (rechts) in der Wintersonne, 1972.** *(privat)*

*Abb. linke Spalte:*

**In den Hügel halbkreisförmig aufgemauerte Grotte mit steinernem Tisch, mit Blick in die Landschaft, 1995.** *(privat)*

**Von Efeu bewachsene Steingrotte mit der hervorgehobenen Jahreszahl 1878, die ovalförmig mit Steinen eingefasst ist.** *(WT)*

**Teil der L-förmigen Lindenallee, mit sichtbaren früheren Schneitelstellen in etwa vier Meter Höhe.** *(WT)*

ist die Rückwand von Efeu überwuchert, in der Mitte des Platzes befindet sich ein runder steinerner Tisch. Ringsum wachsen flächenartig Schneebeerensträucher und im weiteren Umfeld auch Weißdornbüsche, die wie die Blutbuche aus der Anfangsbepflanzung um 1878 stammen.

Der kleine Pfad führt anschließend um den Hügel herum und trifft auf eine zweite Grotte, die innerhalb der Böschung halbkreisförmig herausmodelliert wurde. Die Rückwand ist auch hier mit Klinkern abgefangen. Von diesem Sitzplatz, der etwas unterhalb des benachbarten Platzes auf einer Höhe von etwa 1,80 Meter liegt, konnte man den weiten Blick über die Graft auf das Weideland Richtung Osten genießen. Heutzutage versperren hochgewachsene Sträucher und Bäume, größtenteils Eschen, den Blick. Im Frühjahr blühen im Bereich des Hügels Schneeglöckchen, Waldmeister und Sibirischer Blaustern.

Den Hügel hinabschreitend gelangt man wieder zur Blutbuche. An der langen Westseite des Gartens verläuft parallel zur außen fließenden Graft eine prächtige L-förmige Lindenallee. Sie ist etwa einhundert Meter lang und wurde zeitgleich mit dem Hausbau Ende des 18. Jahrhunderts angepflanzt. Bis 1898 war sie deutlich länger und verlief hinter der Gulfscheune und weiter bis zum Beginn des Wohnteils

**Ausblick vom Garten in die weiträumige Landschaft Ostfrieslands.** *(WT)*

**Alte Obstbäume auf der durch einen Stallneubau (links) verkleinerten Obstwiese.** *(WT)*

**Klinkergrotte in der Ecke der Lindenallee, eine von insgesamt drei Grotten der Gartenanlage.** *(WT)*

*Abb. rechte Seite:*
**Aussichtshügel mit imposanter Blutbuche.** *(WT)*

**1970: Im Frühjahr umgegrabenes Gartenland am Haus, im Hintergrund die rotblättrige Blutbuche und seitlich die seit etwa vier Jahren nicht mehr geschnittenen Linden.** *(privat)*

auf der Ostseite. Alte Schneitelstellen weisen darauf hin, dass die Bäume in früheren Jahren regelmäßig in einer Höhe von vier Metern geschnitten wurden. In einem Pachtvertrag von 1915 findet sich der Eintrag, dass ein Baumschnitt jährlich von einem Gärtner durchzuführen sei. Anfang der 1960er Jahre fand ein solcher Formschnitt zum letzten Mal statt.

Im Winkelbereich der Allee entdeckt man eine dritte Grotte mit Blickausrichtung zum Wohnteil des Hauses und zum benachbarten Obstgarten. Die Grottenkonstruktion besteht in diesem Falle aus gemauerten Klinkern, ist jedoch freistehend, etwa 1,60 Meter hoch und erhält von der Rückseite über gemauerte Stützpfeiler die notwendige Stabilität. Anfang 2000 wurde sie in ihrer ursprünglichen Form neu aufgemauert, weil sie einzustürzen drohte.

Die Fläche des Obstgartens musste 1985 durch den Bau eines modernen Laufstalls stark verkleinert werden. Auf Grund der Modernisierungsmaßnahmen wurde auch ein kurzes Stück der umgrenzenden Graft zugeschüttet. Ursprünglich waren die Baumreihen etwa 60 Meter lang und mit Apfel-, Birn-, Kirsch- und Pflaumenbäumen besetzt. Beerenobst und Gemüse wurden ebenfalls in der Nähe der Obstanlage angebaut. Weitere Gemüsebeete mit einigen Erdbeerreihen lagen außerhalb des Hausgartens jenseits der östlich verlaufenden Graft. An dieser Stelle ist das Marschland leicht erhöht und bot somit gute Bedingungen zum Fruchtanbau.

Ab 1914 wurde der landwirtschaftliche Betrieb für lange Zeit verpachtet. Seit 1966 lebt die Familie Bussen-Habbena wieder auf dem Hof. Nach Auflösung des Wirdumer Friedhofs Anfang der 1980er Jahre fanden Grabstelen der Vorfahren einen neuen Platz im weiträumigen Kronenbereich der Blutbuche. In den 1990er Jahren legte die Familie eine neue Terrasse direkt an der südwestlichen Hauswand an. In Abgrenzung zur Rasenfläche wuchsen rings um die Terrassenfläche kugelförmig geschnittene Buchsbäume, die heute zu einer Hecke zusammengewachsen sind.

*(ES)*

Um 1900 war die Südfassade stark berankt, davor lag eine rechteckige Gartenfläche mit einem Weg, Stauden und kegelförmigen Formgehölzen. *(privat)*

Die Südseite des 1490 erbauten Steinhauses ist mit Strauchrosen, Wildem Wein und diversen Stauden bepflanzt. *(WT)*

# Osterburg Groothusen

Krummhörn-Groothusen

**Eine alte Sonnenuhr ziert die Rasenfläche südlich der Burg.** *(WT)*

Knappe 15 km nordwestlich von Emden liegt das Langwurtendorf Groothusen in der Gemeinde Krummhörn. Am östlichen Ortsende, drei Meter über NN, befindet sich die Osterburg, deren Geschichte bis ins späte 15. Jahrhundert zurückreicht. Die Familiengeschichte lässt sich 24 Generationen lang zurückverfolgen. Bereits 1490 wurde das Steinhaus, das heute noch im Gebäudekern steckt, für die ostfriesische Häuptlingsfamilie Beninga gebaut. Heute wird der kulturell bedeutende Profanbau von deren Nachfahren, der Familie Kempe bewohnt, gepflegt und instand gehalten. Die gesamte Burginsel ist mit einer bis zu zwölf Meter breiten Graft umgeben, ein alter denkmalgeschützter Baumbestand fasst das Gelände nach Süden, Osten und Nordosten ein. Das gesamte Grundstück hat eine Größe von 4,5 Hektar.

Mit der Anpflanzung des Gehölzes im Osten nahm die Gartenanlage vor mehr als 200 Jahren ihren gestalterischen Anfang. Wollte man seinen Hof vor den starken Küstenwinden schützen, musste jeder Baum einzeln gepflanzt werden. Da es aber zur damaligen Zeit kaum Bäume in der Region gab, mussten sämtliche Pflanzen importiert werden. Gute Handelsbeziehungen nach Emden, in die Niederlande, nach Frankreich und England ermöglichten den Erwerb von Setzlingen für die Osterburg.

Unter Paul van Wingene, der die Osterburg 1767 übernahm, mussten sowohl Burg als auch Hof baulich instand gesetzt werden. Unter seiner Führung wurden nicht nur die Gebäude erneuert und neue Wirtschaftsgebäude errichtet, sondern auch eine barocke Gartenanlage angelegt. Zur gesellschaftlichen Oberschicht gehörend, folgte der damalige Besitzer dabei den modischen Strömungen aus Frankreich. Östlich der Burginsel ließ er eine 240 Meter lange Allee anlegen. Das Gelände ließ jedoch eine üblicherweise direkt auf das Gebäude zulaufende Zufahrt nicht zu. Deswegen wurden die Baumreihen parallel zur östlichen Graft angelegt und mit Kopflinden bepflanzt, die im Abstand von drei Metern zueinander stehen. Da sie seit Jahrzehnten nicht mehr in Form geschnitten werden, sind sie zu stattlichen Bäumen ausgewachsen und erzeugen die Wirkung einer mächtigen Naturkathedrale. Den nördlichen Abschluss bildet eine barocke Sandsteinskulptur des flötenspielenden „Pan", der als Gott des Waldes und der Natur bekannt ist. Parallel dazu wurde, im Sinne der barocken Axialität und Symmetrie, eine weitere Sichtachse geschaffen, die durch eine sich südlich der Burg befindende Skulptur bestimmt wird. Mitten im Eschenwald steht „Flora", die römische Göttin der Blüte, als weiblicher Gegenpart zur Panfigur. Sie schaut zentral auf

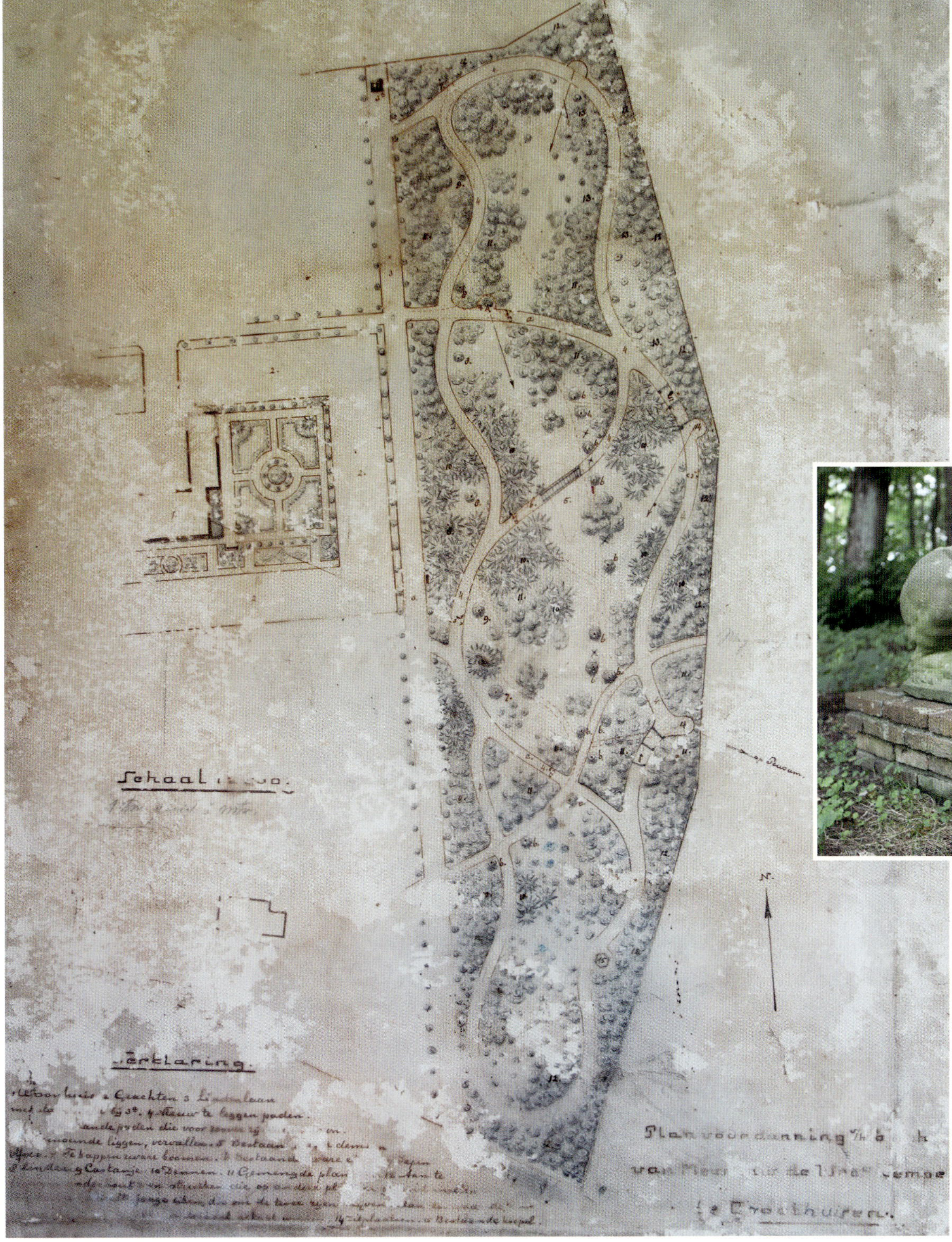

**Gartenplan um 1890 mit langer Lindenallee, geschwungenem Wegesystem und formalem Garten auf der Burginsel.** *(privat)*

**Zwei Löwenstatuen flankieren den heutigen Zugang zum Landschaftspark.** *(WT)*

*Abb. unten links:*
**Blick zum Ostflügel der Burganlage, wo sich ehemals die barocke Gartenanlage befand.** *(privat)*

**Rund um die Flora-Skulptur ist der Waldboden mit Scharbockskraut und Narzissen bedeckt.** *(privat)*

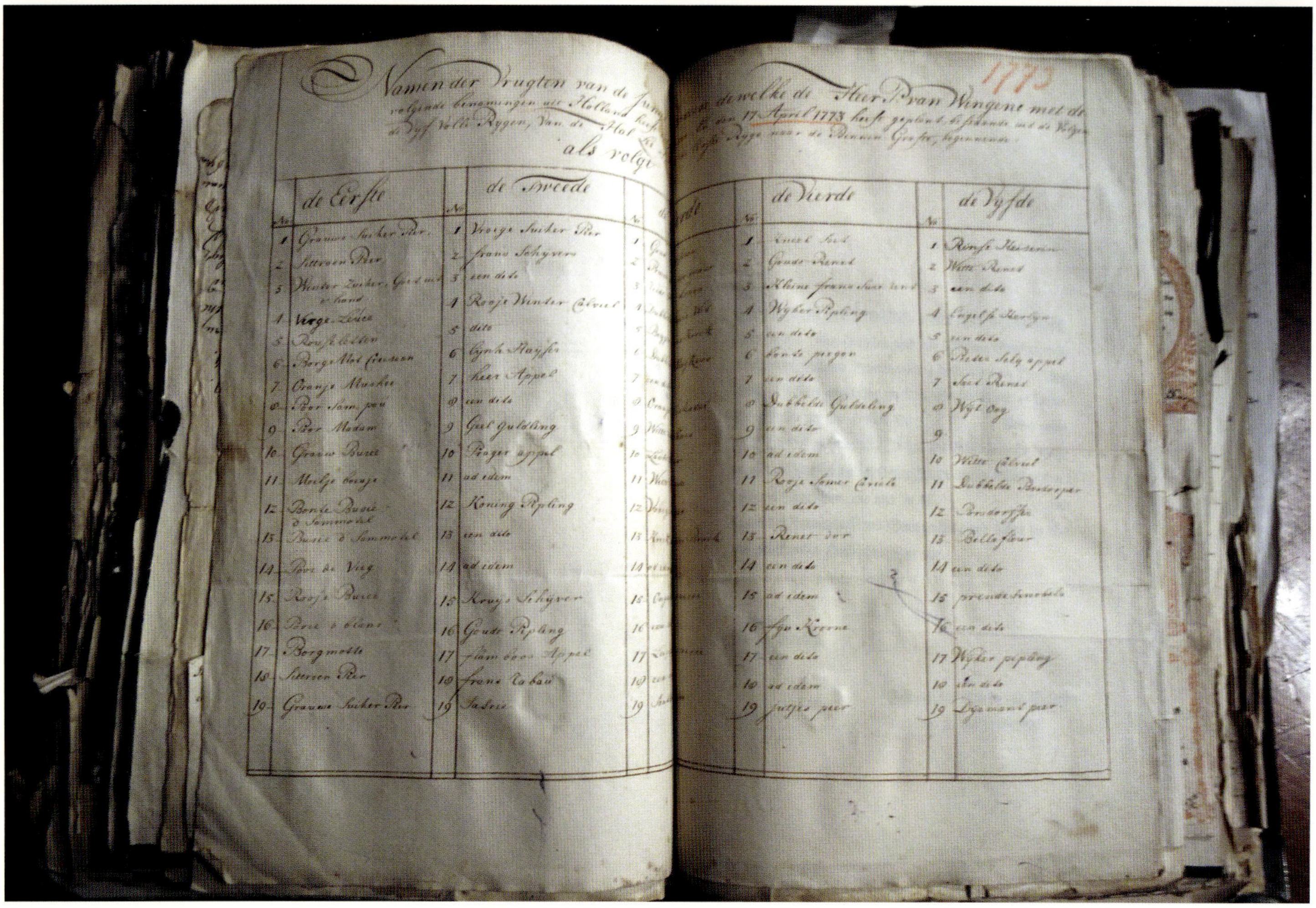

**In einer alten Kladde hat sich die Pflanzliste zur Anlage eines Obstgartens von 1773 erhalten.** *(privat)*

**Im Gehölz der Osterburg stehen bis zu 350 Jahre alte Eichen.** *(KD)*

die Rückseite des alten Steinhauses, zu ihren Füßen lag ehemals ein mittlerweile ausgetrockneter Teich, in dem sich die Plastik spiegelte. Östlich des Seitenflügels lag innerhalb der Graft ein formaler, streng geometrisch gestalteter Garten. Das Gartenparterre war durch ein Wegekreuz in vier gleichgroße Felder unterteilt, im Zentrum befand sich ein Rondell, und die äußeren Eckpunkte waren mit Formgehölzen versehen.

Paul van Wingene hatte auch ein großes Interesse an unterschiedlichen Obstbäumen, deshalb ließ er südlich der Graft einen großen Obstgarten – den „Appelhoff" – anlegen und mit unterschiedlichen Apfel-, Birn- und Quittenbäumen bepflanzen, die damals noch weitestgehend der Oberschicht vorbehalten waren. Davon zeugt eine am 17. April 1773 auf Niederländisch verfasste Pflanzliste, die sich im Familienarchiv erhalten hat. Laut den Aufzeichnungen, die Enno-Friedrich Kempe im 20. Jahrhundert abschrieb, standen auf der Obstwiese fünf Reihen mit jeweils 19 Bäumen, von denen nur wenige Sorten doppelt oder dreifach gepflanzt wurden. Die Liste enthält viele heute bereits verloren gegangene Obstsorten.

Im späten 19. Jahrhundert wurden Neuerungen am Haus und innerhalb der Gartenanlage durchgeführt. Ein alter niederländischer Gartenplan gibt Auskunft über eine Rekonstruktion des formalen Gartens auf der Burginsel und über die Gestaltung des Gehölzes im englischen Landschaftsstil. Damals lag östlich der Lindenallee ein geschwungenes Wegenetz mit diversen Sichtachsen zwischen den alten Bäumen und einer feinen Bodenmodellierung des Geländes. Auf dem maßstabsgetreuen Gartenplan erläuterte der niederländische Gartenarchitekt in 14 Punkten die angestrebten Erneuerungen. Innerhalb des Baumbestands, der bis zu 350 Jahre alte Eichen birgt, hat sich aus dieser Zeit ein Hügel erhalten, von dem aus man nach Westen schauend einen guten Blick über den Garten und nach Osten hin einen Ausblick in die weite umliegende Landschaft hat. Über Jahrzehnte hinweg hat sich die Natur die ehemaligen malerischen Sichtachsen und das ehemals säuberlich geplante Wegesystem zurückerobert. Blickachsen und ausdrucksvolle Gartenbilder sind heute nur noch zu erahnen. Hinter dicht wachsenden Schneebeerenbüschen, die im ganzen Gehölz verbreitet sind, verbergen sich noch die Grundmauern eines ehemaligen, turmartigen Teehauses, das 1794 erbaut wurde. Heute ist die gesamte waldartige Fläche mit Bodendeckern bewachsen, die im Frühjahr das Areal in ein Blütenmeer aus Scharbockskraut, Schneeglöckchen und Buschwindröschen verwandeln.

Die 240 Meter lange Lindenallee diente als repräsentative Hofzufahrt, heute lädt sie zu Spaziergängen ein. *(privat)*

Die einst formale Gartenanlage innerhalb der Graft wurde mit der Zeit zu einer Rasenfläche umgewandelt. Erhalten haben sich zahlreiche Farne und eine Eibe, die früher vermutlich in Form geschnitten wurde, sowie alte Bäume zwischen stark duftenden Azaleen und Rhododendronbüschen am Graftenufer. An der südöstlichen Gebäudeecke befindet sich unter mächtigen Buchen eine Steinbank mit dazu passendem Steintisch. Eine historische Fotografie belegt ihre Nutzung bereits für die Zeit um 1900. Am südlichen Gemäuer des alten Steinhauses und der Gulfscheune wachsen Hortensienbüsche, Strauch- und Pfingstrosen sowie diverse Stauden. Wilder Wein berankt stellenweise die Wandflächen. Von dort aus fällt heute noch der Blick zur Flora, die von mächtigen Bäumen umgeben ist. Eine alte Sonnenuhr dient, als weiteres Zierelement des Gartens auf der südlichen Rasenfläche, als Blickfang. *(KD)*

Mit zur Osterburg gewandtem Blick steht mitten im Eschenwald die Skulptur der Flora. *(KD)*

Unter mächtigen Buchen befindet sich seit über hundert Jahren eine Steinbank mit dazu passendem Steintisch an der südöstlichen Gebäudeecke. *(WT)*

Osterburg Groothusen

**Links von der heutigen Hofeinfahrt befinden sich die mächtige Gulfscheune mit anschließendem Gärtnerhaus und davor das viereckige Taubenhaus.** *(WT)*

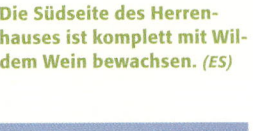

**Die Südseite des Herrenhauses ist komplett mit Wildem Wein bewachsen.** *(ES)*

# Gut Wichhusen
## Hinte-Wichhusen

**Zierde des Gartens: die aus dem 18. Jahrhundert stammende Blocksonnenuhr.** *(WT)*

Schon von Weitem erkennt man den von hohen Bäumen eingerahmten Hof der Familie Richter in der weitläufigen Marschlandschaft. Das geschichtsträchtige Anwesen liegt nördlich von Emden in der Gemeinde Hinte und befand sich im 15. Jahrhundert im Besitz der ostfriesischen Adelsfamilie der Cirksena. In dieser ostfriesischen Region dominieren fruchtbare, aber auch sehr schwer zu bearbeitende stark tonhaltige Kleiböden. Zahlreiche Sieltiefe und Schlote entwässern das Land. Seit rund 90 Jahren betreibt Familie Richter den Hof mit Milchwirtschaft und der Nachzucht von Milchvieh. Das alte Marschland lässt eher Grünland- als Ackerbaunutzung zu.

An der langen Hofzufahrt liegt zur rechten Hand zunächst eine große Gulfscheune und im direkten Anschluss daran das in der ersten Hälfte des 19. Jahrhunderts erbaute Gärtnerhaus. Diesem ist ein imposantes Backsteingebäude, ein viereckiges mächtiges Taubenhaus, vorgelagert.

Hinter dem Gärtnerhaus befindet sich ein großer Garten, der ringsum von einem bis zu 15 Meter breiten Graben, vermutlich ein mittelalterlicher Burggraben, eingefasst ist. An der dem Garten zugewandten Hauswand befanden sich bis Anfang 1940 schmale gemauerte Hochbeete, die mit Gemüsesorten und auch mit Erdbeeren bepflanzt wurden. Zum Vortreiben der Kulturen und bei Bodenfrostgefahr verwendete man Glasscheiben zum Abdecken.

Innerhalb der Rasenfläche befinden sich noch heute einige alte knorrige Obstbäume und entlang der Rückseite der Gulfscheune eine Reihe mit fünf etwa 100 Jahre alten Walnussbäumen. Ende des 19. Jahrhunderts wuchsen hier neben etlichen Birn-, Apfel-, Quitten- und Kirschbäumen auch Beerensträucher, Gemüsesorten und Blumen in verschiedenen Rabatten. Aus Angst vor Mundraub ließen die damaligen Besitzer an die Hausecke des Gärtnerhauses eine über zwei Meter hohe Mauer mit Holztür anbauen und schlossen auch die letzte Lücke mittels eines sich anschließenden Bretterzauns bis hinunter in den Böschungsbereich des Grabens.

Das zweigeschossige Herrenhaus des ehemaligen adligen Landgutes, das in der zweiten Hälfte des 18. Jahrhunderts als L-förmiger Backsteinbau im holländischen Stil errichtet wurde, befindet sich an der Ostseite des Obstgartens jenseits des breiten Burggrabens. Somit konnte man früher und auch noch heute den schönen Blick insbesondere vom Salonfenster der oberen Etage auf den Garten jenseits der Graft genießen. In diesem Blickfeld befindet sich auch die aus dem 18. Jahrhundert stammende zierende Blocksonnenuhr, die auf einer steinernen viereckigen

Blick über die breite Burggraft zum zweigeschossigen Herrenhaus des ehemaligen adligen Landgutes Wichhusen, 1963. *(Landschaftsbibliothek Aurich)*

Die Wegmarkierung mit weiß gestrichenen Feldsteinen besteht auch heute noch, vor dem Eingangsbereich des Herrenhauses erweitert sich der Weg platzartig zum Burggraben. *(ES)*

Platte steht und mit barocken Ornamenten verziert ist. Sie hat zwischenzeitlich ihren Standort gewechselt und steht nicht mehr im ehemaligen Lustgarten, sondern auf der hauszugewandten Grabenseite.

Parallel zur linken Seite des Herrenhauses befindet sich der im Jahr 1898 als Backsteinbau errichtete imposante Pferdestall mit zahlreichen eingelassenen Rundbogenfenstern. Die in Ost-West-Richtung seitlich vorbeiführende Graft wird, wie im weiteren Verlauf entlang der anschließenden Weideflächen, von Linden und Eschen begleitet.

Hinter der gegenüberliegenden südlichen Seite des Wohnhauses erkennt man innerhalb der Rasenfläche wiederkehrende leichte Bodenunebenheiten, die den Verlauf ehemaliger Gartenwege sowie Anordnungen von Blumen- und Gemüsebeeten andeuten, die bis Ende der 1960er Jahre bepflanzt und gepflegt wurden. Vom westlich gelegenen repräsentativen Eingangsportal kommend, führte ein Weg um das Haus herum zum hinteren Treppenaufgang. Neben diesem wächst ein stattlicher, inzwischen über zehn Meter hoher Hibalebensbaum. Über einen weiteren Weg gelangte man zu einer halbkreisförmig angelegten Sitzgrotte, die sich innerhalb einer gegenüber der Rasenfläche abgrenzenden Bepflanzung mit Blütensträuchern wie Blutpflaume, Flieder und Rhododendren befand. Auf Grund der besonderen Bodenverhältnisse konnte die Grotte steinlos bleiben, da allein der tonhaltige Kleiboden ausreichte, um die Form der Auswölbung rund um den Sitzbereich zu bewahren. Nur wenige Meter weiter gibt es auch an dieser Hausseite eine ebenfalls in West-Ost-Richtung verlaufende Graft. Im Unterholz der im Randbereich wachsenden Bäume und insbesondere nahe der Gräben trifft man immer wieder auf größere und kleinere Gruppen von Schneebeerensträuchern.

Weiß gestrichene Feldsteine säumen den Weg, der in die Lindenallee mündet, 1933. *(privat)*

Gut Wichhusen   71

**Toranlage mit oberem zierendem Abschluss: niederländische Schmiedearbeit aus der Mitte des 18. Jahrhunderts.** *(WT)*

**Beidseitige Schneebeerenhecke vor der im 18. Jahrhundert geschmiedeten Toranlage, dahinter verläuft die 280 Meter lange Lindenallee, 1960.** *(Landschaftsbibliothek Aurich)*

Eine zweite, heutzutage kaum noch genutzte und parallel zur zuletzt erwähnten Graft verlaufende Hofzufahrt war eher den Besuchern des Gutes vorbehalten. Der Einfahrtsbereich ist mit einem kunstvoll verzierten schmiedeeisernen zweiflügeligen Tor und fünf Meter hohen, seitlich abschließenden Barockpfeilern versehen.

Ende des 18. Jahrhunderts konnte ein bürgerlicher Besitzer des Gutes Wichhusen das kostbare Tor aus den Niederlanden erwerben. Es stand ursprünglich in der Nähe Amsterdams als Einfahrtstor vor dem Landgut Tulpenburg des sehr wohlhabenden niederländischen Kaufmanns Isaac de Pinto.

Das ehemalige adlige Landgut erfuhr etliche Besitzerwechsel. Dennoch sind seine Grundstrukturen mit Burggraben, Graften, den Gärten vor und hinter dem Herrenhaus und dem wertvollen Baumbestand erhalten geblieben. Beeindruckend ist vor allem die am repräsentativen Einfahrtstor beginnende, etwa 280 Meter lange Lindenallee. Die Linden stehen in einem regelmäßigen Abstand von vier Metern zueinander. Nach etwa 120 Metern führt ein Querweg zum Eingangsbereich des Herrenhauses. Nach weiteren 160 Metern Alleeweg gelangt man über eine steinerne kleine Brücke, die über einen querverlaufenden Schlot führt. Zur linken Hand weiden heutzutage die Kälber auf den Wiesen. Bis in die 1960er Jahre befand sich an gleicher Stelle ein großer Obstgarten mit mehreren Reihen verschiedener Obstbäume. Nach weiteren 60 Metern, die hier beidseitig mit Kastanien bepflanzt sind, endet die Allee, und die bisher parallel verlaufende Graft biegt rechtwinklig nach Norden ab. Sie wird von einer Baumreihe begleitet.

Das prächtige Einfahrtstor wurde vor etwa 20 Jahren saniert und musste an einigen Stellen durch nachgeschmiedete Teilstücke ausgebessert werden. Schon seit mehr als 100 Jahren wächst der Wilde Wein (Parthenocissus tricuspidata) am Haus und kleidet es ein.

*(ES)*

Das in der ersten Hälfte des 19. Jahrhunderts erbaute Gärtnerhaus mit seitlichem „obstdiebstahlsicherem" Abschluss durch Mauer und Zaun, um 1920. *(privat)*

Blick von der Lindenallee auf eine Viehweide, an gleicher Stelle befand sich bis in die 1960er Jahre ein großer Obstgarten mit mehreren Reihen verschiedener Obstbäume. *(ES)*

Auf dem Kartenausschnitt von 1868 ist das Gutshaus mit der heute noch bestehenden Umfahrt zu erkennen, hinter dem Herrenhaus verlaufen die für den Landschaftsstil typischen Schlängelwege, zwischen dem größeren und kleineren Teich befindet sich ebenfalls ein Weg zum Promenieren, die ringsum verlaufende Graft ist von Baumreihen begleitet, zwischen Kirche und Gutshaus steht das mächtige Schatthaus, hinter dem sich ebenfalls ein Garten und eine Überwegung über die Graft in den Gutsgarten befindet.
*(Niedersächsisches Landesarchiv, Aurich)*

Abb. oben rechts:

Schmale Steinbank in der Mitte des Brückengeländers. *(ES)*

„Löwen" bewachen den repräsentativen Eingangsbereich mit vorgelagerter Treppenanlage. *(WT)*

Entlang der westlichen Parkgrenze verlaufende alte Lindenallee. *(WT)*

# Gut Fresenhaus
## Hinte-Loppersum

Loppersum, nördlich von Emden gelegen, ist eine Warftensiedlung, die sich etwa drei Meter über NN aus ihrer unmittelbaren Umgebung erhebt. Eine Schleife des Knockster Tiefs fließt um den südlichen Dorfkern. Früher und zum Teil auch noch bis heute befanden sich die Nutzgärten der Warftbewohner jeweils hinter den Häusern auf dem leicht abfallenden Gelände in Richtung Tief. Das Fließgewässer sorgt einerseits für die Entwässerung der Flächen bei großen Niederschlagsmengen, und andererseits war es bis Ende des 19. Jahrhunderts eine zuverlässige Wasserstraße zur Beförderung von Personen und Gütern, insbesondere in Richtung Emden.

1859 ließ der spätere königlich-hannoversche Generalmajor Friedrich Christian Ernst von Frese auf einer mittelalterlichen Burgwarft ein Herrenhaus im neogotischen Stil erbauen. Zugleich entstand insbesondere nördlich des Wohnhauses, auch Fresenhaus genannt, ein repräsentativer Gutsgarten im landschaftlichen Stil. Vermutlich stammen die an der äußeren Peripherie gepflanzten Lindenreihen schon aus der großen Gartenanlage eines vorangegangenen Neubaus von 1776, der zu jener Zeit auf Teilen der Burgmauern erbaut worden war.

1860 wurde die am Gutsgebäude vorbeiführende Dorfstraße mit Klinkern gepflastert und erhielt somit

Blick vom hinteren Bereich des Landschaftsgartens über den kleineren Teich zum Fresenhaus, rechts verläuft die Lindenallee seitlich der Graft. *(WT)*

**Kombination Gartenpavillon mit Taubenhaus, errichtet 1859.** *(WT, KD)*

eine zuverlässige, ganzjährig passierbare Wegedecke. Dieses Wegematerial, hochkant verlegt, wurde auch innerhalb des repräsentativen Auffahrtsbogens, von der Straße zum Herrenhauseingang und wieder hinunter zur Straße, verwendet. Sowohl bei der westlichen wie bei der östlichen Einfahrt überquert man früher wie heute eine ebenfalls mit Klinkern gemauerte Brücke. Die östlich gelegene Graftbrücke besitzt eine Besonderheit: Mittig des steinernen Brückengeländers wurde auf einer Länge von gut zwei Metern eine zweischalige niedrigere Klinkermauer mit einer Rollschicht als Abdeckung eingearbeitet, die die Funktion einer kleinen Ruhebank hatte.

Hoch gewachsene Linden rahmen den Verlauf der Graft zur Straßenseite ein. Auf der dem Haus zugewandten Seite des Gewässers befand sich ein mit Steinen halbrund eingerahmter Sitzplatz. Von hier blickte man auf das repräsentative Eingangsportal des Hauses mit seiner breit vorgelagerten Treppe und den seitlich zu Beginn des Treppenlaufs „wachenden" steinernen Löwen. Beim Erker an der Ostseite des Hauses wächst ein alter, knorriger Tulpenbaum weit über die Höhe des Daches hinaus. Nach Betreten des Hauses gelangt man von der offen gestalteten Vorhalle in den etwa 50 m² großen Gartensaal und kann von hier den malerischen Blick in die Weite des Parks genießen.

In der Nähe der westlichen Hauszufahrt wurde ebenfalls 1859 ein in der Region einmaliger Gartenpavillon errichtet: Mittig auf dem Dach thront ein Taubenhaus. In der Umgebung dieses schönen Verweilortes pflanzte man Zierbäume mit besonderer Wuchsform, wie eine leider nicht mehr vorhandene, bereits abgestorbene Hängekastanie, oder solche mit attraktiver Belaubung wie eine Platane, eine dunkelrotblättrige Blutbuche und einen Bergahorn mit gelbgrün panaschierten Blättern.

Das weitläufige Parkareal von etwa 70 Metern Breite und 280 Metern Länge ist ringsum von der Graft und deren begleitenden Baumreihen eingerahmt. Seitlich des Westgiebels beginnt am Rand zur Graft ein mittig in einer Lindenallee verlaufender Weg zum Promenieren, der nach etwa zwei Dritteln der Grundstückslänge endet. Von hier zweigt ein Rasenweg rechtwinklig in den inneren Parkbereich ab, der zwischen einem kleinen und einem größeren aufgestauten Teich verläuft. Vor dem kleineren Gewässer wächst eine stattliche Sumpfzypresse, die in exakter Flucht zur Mitte des in der Ferne liegenden Fresenhauses gepflanzt wurde.

Neben der schnurgerade verlaufenden Alleepromenade entlang der Graft durchzogen weitere, jedoch geschwungene Wege den Landschaftspark zwischen

**Grußkarte aus den 1930er Jahren mit Motiv des Fresenhauses, junge Mädchen verbrachten hier in der Zeit des Nationalsozialismus ein Landjahr, organisiert durch den „Bund deutscher Mädel". *(Postkarte: Landschaftsbibliothek Aurich, Sammlung Folkerts)***

*Abb. rechte Seite:*

**Zufahrt zum Fresenhaus, rechts neben dem Haus der alte Tulpenbaum.** *(WT)*

**Eine Lindenreihe begleitet den Straßen- und Graftverlauf, rechts befindet sich das vor dem Herrenhaus liegende Gartengelände.** *(WT)*

**Zufahrt zum Fresenhaus, zeitweilig ein Hotel, 1950.** *(Archiv: Landschaftsbibliothek Aurich)*

**Eng gewachsene Blutbuche und Bergahorn in kontrastreichem Farbspiel in der Nähe des Taubenhauses.** *(ES)*

der Rückseite des Herrenhauses bis zum letzten Drittel der Fläche, in dem verschiedene Obstbäume in Reihen standen. Neben den Lindenreihen auf der westlichen Seite wachsen auf der östlichen Graftseite hauptsächlich Eichen. Bis in die 1980er Jahre verfügte der Park auch über einen großen Ulmenbestand, der aber auf Grund des durch einen Schlauchpilz verursachten Ulmensterbens nach und nach dezimiert wurde. Als Unterpflanzung im Randbereich der Bäume wurden Ende des 19. Jahrhunderts gerne schattenvertragende Schneebeerensträucher gepflanzt, die auch heute noch hier und da zu finden sind. Im weitläufigen Unterholz blühen im Frühjahr dichte Teppiche von Schneeglöckchen.

Nach Westen, Süden und Osten jenseits der Graft lagen die landwirtschaftlichen Flächen des Hofes. Das westlich vom Herrenhaus an der Dorfstraße ebenfalls unter Denkmalschutz stehende Schatthaus gehörte zum Gut, wie auch dessen große Gulfscheune, die als Wirtschaftsgebäude genutzt wurde. Als Friedrich Christian Ernst von Frese im Jahr 1875 verstarb, erhielt die Familie eine eigene Familiengrabstätte nördlich der Kirche. Diese war nur über das Grundstück des Schatthauses und einen eigenen Brückenzugang zum Park zu erreichen. Heutzutage führt eine neue Brücke auch von der Kirchenseite zur Grabstätte.

Auf der gegenüberliegenden Straßenseite jenseits des Fresenhauses befindet sich ein kleiner Schmuckplatz mit einem auf einem Sockel stehenden beschrifteten Sandsteinaufsatz und oberhalb aufgesetzter Blumenschale: Die Inschrift erinnert an den Besuch des Königs Georg V. von Hannover und seiner Familie im Jahr 1861, die sich auf der Rückreise von ihrer Sommerfrische auf der Insel Norderney nach Emden befanden und bei der Familie von Frese einen Zwischenstopp einlegten.

In den 1930er Jahren verbrachten zeitweise Mädchen über den „Bund deutscher Mädel" (BDM), insbesondere aus dem Saarland und Rheinland, ein Landjahr im Fresenhaus. Nach 1950 wurde es als Hotel und später auch als Altersheim genutzt. Trotz wechselvoller Geschichte blieb das Parkgelände mit seinen raumordnenden Strukturen wie den Baumreihen, der Lindenallee und dem Graftensystem erhalten. Das aufwendige Wegenetz verschwand allerdings mangels kontinuierlicher Pflege relativ rasch.

Zwischen 1995 und 2001 wurde das unter Denkmalschutz stehende Herrenhaus grundlegend restauriert. 2003 erwarb die Eigentümergemeinschaft Rittergut Fresenhaus das geschichtsträchtige Loppersumer Fresenhaus und kümmert sich seither um die Pflege und Erhaltung des Gartendenkmals.

*(ES)*

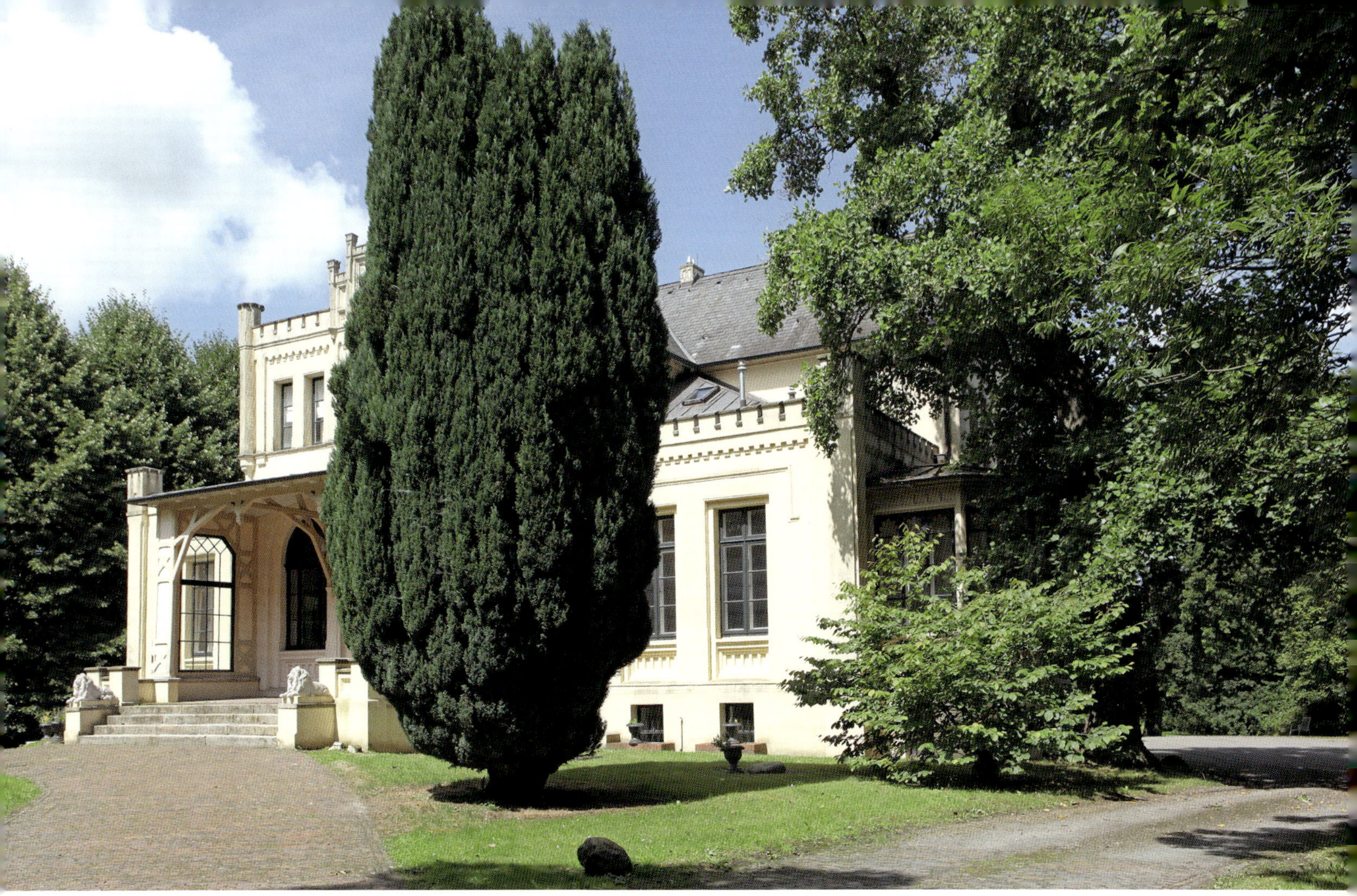
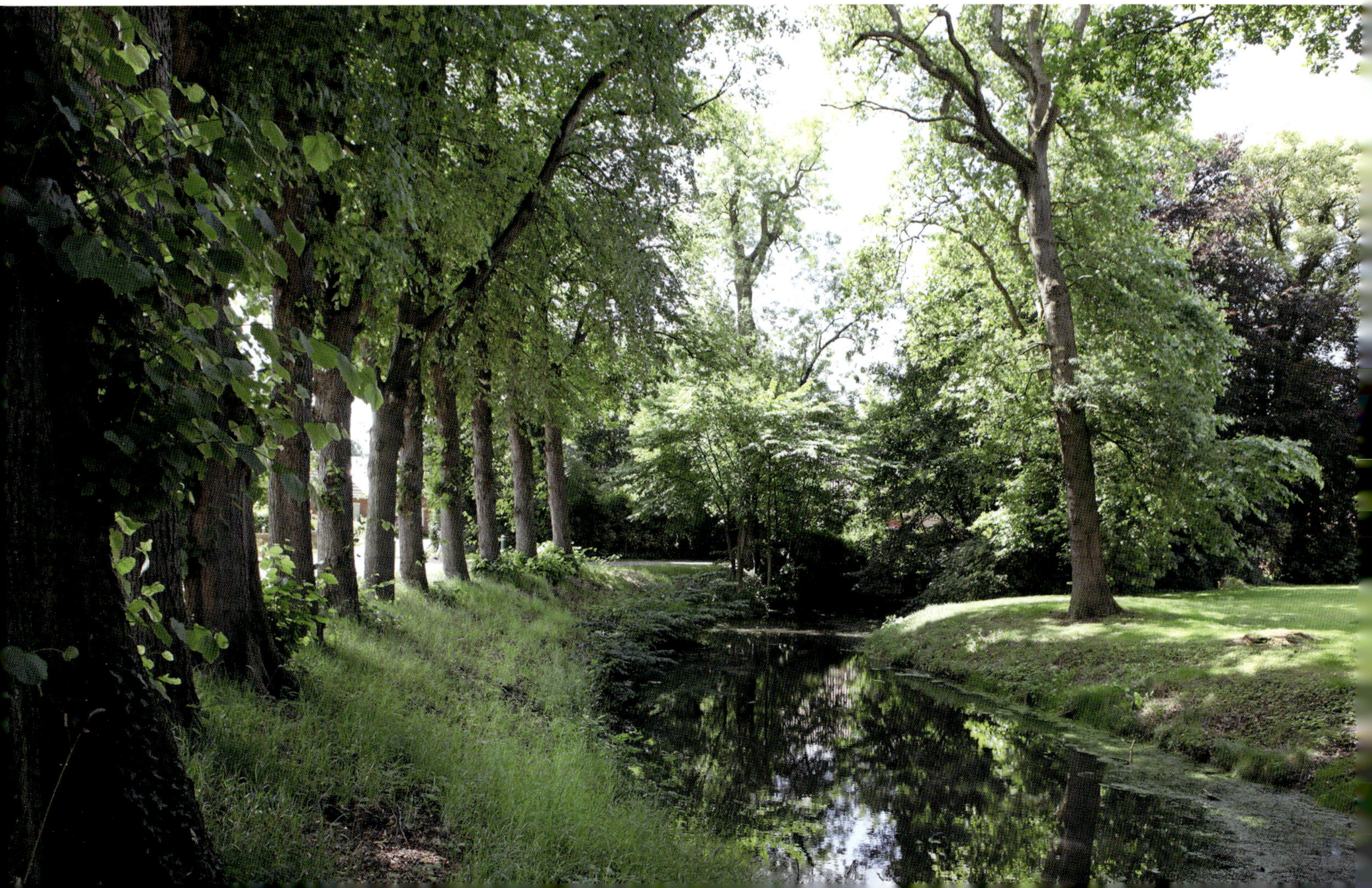

Über Jahrzehnte Lieblings-Ruheplatz der Familie Wiltfang, hinter den Ziersträuchern und Linden verläuft die Graft, 1934. *(privat)*

Einfahrtstor mit Zufahrt zum Wohnteil des Gulfhauses, heute nicht mehr genutzt. *(ES)*

Toranlage um 1940. *(privat)*

# Hof Wiltfang
## Krummhörn-Campen

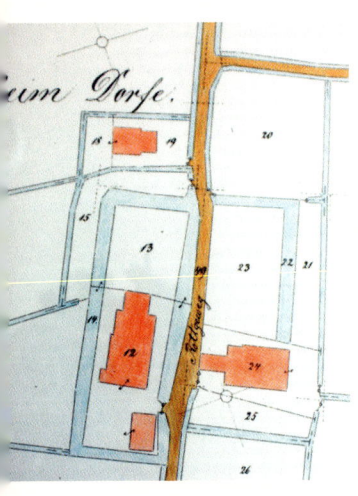

Flurkarte „Beim Dorfe" 1872/1873: Das Gulfhaus der Familie Wiltfang (Nr. 12) ist komplett von einer breiten Graft umschlossen, der Garten des Nachbarhofes Petersen (Nr. 24) wird von zwei Seiten begrenzt. *(privat)*

Der ostfriesische Schriftsteller Fridrich Arends berichtete 1824 in den „Erdbeschreibungen des Fürstenthums Ostfriesland und des Harlingerlandes" vom ostfriesischen Dorf Heiselhusen nahe Campen „mit 30 Einwohnern und 4 schönen Plätzen am Deich, wovon einer mit hübschem buschreichem Garten." Nähert man sich heutzutage den beschriebenen Höfen, fällt schon von weitem der grüne Waldbereich inmitten der flachen, weitläufigen Landschaft der Krummhörn auf.

Anfang des 20. Jahrhunderts fuhr das Gespann sonntäglicher Besucher durch die alte Hofeinfahrt mit ihren schmiedeeisernen Toren und den seitlichen Backsteinpfeilern, um auf direktem Wege und inmitten einer „schönen Natur" bis zum Wohnteil des in Ziegelmauerwerk errichteten Gulfhauses der Familie Wiltfang vorzufahren. Zu beiden Seiten des breiten, alten Fahrweges verlaufen Graften, die wiederum an den Seiten von hohen Bäumen wie Linden, Eschen und Ahorn bewachsen sind. An der äußeren östlichen und nördlichen Grabenseite stehen ausschließlich Lindenbäume. Im Bereich der gesamten Gebäudelänge mit Wohnteil und angebauter Gulfscheune handelt es sich um Kopflinden. Seit vier Generationen im Besitz der Familie Wiltfang, die den Hof 1908 bezog, findet der Formschnitt alle zwei Jahre statt.

Bis heute ist fast das komplette Hofgebäude mit dem 1798 erbauten Wohnteil und der Gulfscheune sowie der Bereich des Ziergartens von der alten Graft umschlossen. Nur ein kurzes Stück des Grabens parallel zur Südseite der Gulfscheune musste für die Wendemöglichkeit immer größerer Traktoren in den 1970er Jahren zugeschüttet werden.

Durch ein kleines Gartentor gelangt man von der heute genutzten, östlich gelegenen Hofzufahrt in den alten Ziergarten. Ein von einem Gartenweg begleitetes, schmales Blumenbeet befindet sich vor der Hauswand des Wohngiebels. Der mit Klinkern gepflasterte Weg endet vor dem nördlichen Seiteneingang des Hauses, dem kunstvoll verzierte rundliche Treppenstufen vorgelagert sind. Von der Giebelseite zweigt der Klinkerweg rechtwinklig auf einen ungepflasterten Weg ab, der um ein großzügiges, rechteckiges Rasenstück herumführt. An den jeweils gegenüberliegenden Rändern unterbrechen quer verlaufende schmale Beete mit Ziersträuchern und Stauden das Rasengrün. Die grundlegende Gestaltung des Gartens stammt aus den 1930er Jahren, wobei die Wegeführung, die rings um die Rasenfläche führt, schon vorher vorhanden war. Die vormals innerhalb der Diele des Hauses als Fußboden dienenden Sandsteinplatten, die „Bremer Floren", wurden nun im Außenbereich als hochkant

Luftaufnahme des Hofes Wiltfang in den 1930er Jahren: Eine dichte Baumreihe begrenzt den Ziergarten (Bild unten), eine weitere Reihe mit Linden verläuft entlang der gesamten Nordseite des Gulfhauses, die hinteren Bäume wurden geschnitten, der Wohngiebel ist mit wildem Wein berankt. *(privat)*

verlegte Kantensteine zur Wegbegrenzung wiederverwendet. Gebrochene Muschelschalen bedeckten die Wege, ein Material, das „direkt vor der Haustür" vorhanden war, denn bei Campen ist der Küste eine Muschelschillbank vorgelagert. Dieser Bereich ist heutzutage streng geschützt und darf nicht betreten werden.

An der nördlich gelegenen Längsseite des Rasenrechtecks befand sich eine von Falschem Jasmin umrandete Gartenlaube als Sitzplatz für die Familie. Als besonderes Gehölz im Hintergrund und vor der vorbeifließenden Graft wählte man einen Judasblattbaum. Wenige Meter weiter im Bereich der abzweigenden Graft ist das Gartengelände in der äußersten nordöstlichen Ecke des Ziergartens zu einem kleinen Hügel erhöht. Von diesem Platz aus hatte man einen schönen Ausblick in den Garten und in die Landschaft. Am hinteren Ende des Rasens wächst ein alter Walnussbaum als ein weiteres dekoratives Gehölz, der genau in Flucht auf die Mitte des Gebäudes gepflanzt wurde. Vom „Gelben Salon" des Hauses konnten die Bewohner die Aussicht in den Garten mit dem malerischen Baum genießen. Im Anschluss der beidseitig von Gräben begleiteten alten Hofzufahrt befand sich der Gemüsegarten. Im sogenannten „Kohlgarten" wurde 1966 ein Altenteilergebäude errichtet.

Als Wegekante im Garten wiederverwendet: Sandsteinplatten „Bremer Floren". *(WT)*

Blick vom Garten zum Wohngiebel des Gulfhauses, 1798 erbaut. *(WT)*

„Lug ins Land" im Garten des zugekauften Nachbarhofes, von dieser Erhöhung hatte man einen weiten Blick über die Felder. *(WT)*

Wohngiebel (ehemals Petersen) zwischen hohen Bäumen. *(WT)*

**Nur wenige hundert Meter von den zwei Heiselhusener Gärten entfernt befindet sich der Nordsee-Deich und der 1889 erbaute Campener Leuchtturm.** *(ES)*

*Abb. rechte Seite:*

**Imposante Baumriesen: Walnussbaum und Blutbuche, im Garten vormals Petersen.** *(ES)*

Ebenso wie das Hofgebäude der Familie Wiltfang befindet sich auch der gegenüberliegende ebenfalls denkmalgeschützte Nachbarhof (ehemals Petersen) auf dem alten Warftgelände, das eine Erhöhung von etwa 0,5 Metern gegenüber dem Umland aufweist.

Zwischen 1446 und 1496 befand sich an gleicher Stelle ein Kloster des Johanniterordens. Das jetzige Gebäude mit aneinandergefügtem Wohn- und Wirtschaftsteil wurde 1884 in Klinkerbauweise errichtet. Ähnlich wie beim Nachbargelände wird auch hier der parkartige Garten von der alten Graft allerdings nur an zwei Seiten eingerahmt.

Von der gemeinsamen Hofzufahrt gelangt man über drei Blockstufen hinauf zum Garten, der quer zum Gebäude angelegt wurde. Ein gemähter Pfad führt heutzutage durch den großen Garten und deutet die ursprüngliche Wegeführung an. Die Parkwege waren einst mit Muschelschalen bedeckt. Eine prächtige, leicht erhöht gepflanzte Blutbuche und ein mittlerweile stark zur Seite neigender alter Walnussbaum stammen aus der Anfangsbepflanzung vom Ende des 19. Jahrhunderts. Seitlich zur nördlichen Gartengrenze wachsen ein Apfelbaum, einige Wildpflaumen- und Mirabellenbäume. An den Randbereichen auch längs der Gräfte entdeckt man immer wieder Anpflanzungen der sich seit Jahrzehnten ausbreitenden Schneebeerensträucher. An der Ecke des Gartens wachsen insbesondere Eschen und Linden. Im Frühjahr blühen in deren Unterholz Teppiche von Schneeglöckchen.

Auch in diesem parkartig angelegten Garten wurde Ende des 19. Jahrhunderts in der äußersten südöstlichen Ecke des Gartens nahe der Graftschleife ein kleiner Aussichtshügel, ein „Lug ins Land", mit schönem Weitblick in den Garten bis zurück zum Haus, modelliert.

Auf der gegenüberliegenden Seite des Gulfhauses befand sich der mehrreihig angelegte Obstgarten. Von der heutigen Wiesenfläche erblickt man den nur wenige hundert Meter entfernten Nordsee-Deich sowie den 1889 erbauten Campener Leuchtturm. Jenseits des quer verlaufenden Grabens lag noch bis Ende der 1980er Jahre ein großer Gemüsegarten, heutzutage wächst dort Getreide.

Der parkartige Garten des Gulfhofes steht wie das Nachbargebäude unter Denkmalschutz und gelangte 2013 in den Besitz der Familie Wiltfang, die bis heute auf den Feldern Ackerwirtschaft betreibt. Die alte an zwei Seiten um das Gartengrundstück umfließende Klostergraft wurde vor einigen Jahren wieder gereinigt, um ein Verlanden zu verhindern.

*(ES)*

# Die Graft als Gestaltungselement

**Zwei Brücken queren die Graft des Kulturschatzhofes Cramer.** *(WT)*

**Eine leicht gebogene Holzbrücke überspannt die Graft zwischen der Parkanlage der Halbinsel und dem Garten des Vorderhauses.** *(Hof Agena)*

Geschnittene Weißdorn- oder Hainbuchenhecken grenzen in historischen Gärten oftmals Nutzflächen zu benachbarten Acker- und Weideflächen ab. Eng stehende Baumreihen aus Eichen, Buchen, Eschen oder Linden wachsen seitlich der Gebäude und hegen sie „waldartig" ein.

Bei den küstennahen und manchmal auf Warften liegenden Höfen Ostfrieslands, die wir besucht haben, sind es Graften, die die Hofanlage umschließen. Sie sind in erster Linie notwendige Entwässerungsgräben der teilweise unter NN liegenden Hofflächen. Die Polderflächen durchzieht ein dichtes Grabensystem, das Wasser wird im weiteren Verlauf über Sieltiefe und Schöpfwerke bis in die Nordsee abgeleitet.

Innerhalb der Gartenkunst war das Element Wasser schon immer sehr beliebt – so auch in den im Landschaftsstil gestalteten Gärten des 18. und 19. Jahrhunderts. Dadurch wurden die Grabenverläufe in das Gesamtkonzept einer „idealisierten Natur" mit einbezogen. Gartenbereiche, die durch eine Graft getrennt wurden, erhielten eine verbindende und zierende Brücke. Im Blumengarten spazierte man über Pfade, die seitlich an der von hohen Bäumen begleiteten Graft entlangführten und deren Blätter sich im Wasser spiegelten.

Neben Graften und manch geschwungenen Wegen besitzen die historischen Blumengärten der wohlhabenden Marschbauern Ostfrieslands noch weitere gemeinsame Gestaltungselemente. In der hinteren Partie des parkartigen Gartens legte man gerne einen runden oder ovalförmigen Teich zur Verschönerung an, der manchmal auch mit der vorbeifließenden Graft in Verbindung stand.

Als einen wahrhaftigen Höhepunkt der Anlage modellierte man einen sanften Hügel in das ansonsten eher ebene Gelände, der sich entweder seitlich oder hinter dem Teich befand. Denkbar ist, dass der Boden des Grabenaushubs für die Modellierung dieser auch als „Lug ins Land" bezeichneten kleinen Anhöhe genutzt wurde. An der Vorderseite oder auch Rückseite des Erdhügels wurde gerne noch eine Grotte als Ruheplatz eingearbeitet. Von diesem von Sträuchern eingehegten Aufenthaltsplatz bot sich ein weiter Blick in die umgebende Marschlandschaft.

In dem Fall, dass es zwei parallel verlaufende und nur wenige Meter auseinander liegende Graften gab, nutzte man die mittige Fläche als Zingelweg. Dieser beiderseits meistens von Linden begleitete Fahrweg diente auch als repräsentative Zufahrt für den sonntäglichen Besuch.

Bei den meisten von uns besichtigten Marschhöfen sind die umgrenzenden Graften trotz der vielen zwischenzeitlich getätigten Modernisierungsmaßnahmen immer noch wenigstens zur Hälfte oder sogar fast vollständig erhalten. Allerdings stellt die Entschlammung der Gräben, die alle paar Jahre insbesondere durch den Eintrag von Laub notwendig wird, jedes Mal wieder eine große finanzielle Herausforderung für die Gartenbesitzer dar. *(ES)*

**Abb. oben:
Sich in der Graft spiegelnde Wirtschaftsgebäude der Osterburg in Groothusen.** *(WT)*

**Linden säumen die Graft, im Hintergrund das Vorderhaus des Gulfhofes Agena in Osteel.** *(Hof Agena)*

**Geschlängelte Wege ziehen sich durch den Garten, seitlich ein kleines Rundbeet und Stammrosen im Rasen, im Vordergrund ein größeres Felsenbeet mit einer Palmlilie als Solitär in der Mitte.** *(privat)*

**Blick von der Veranda in den Garten, in der Mitte des Rasens die alte Azaleengruppe, ganz rechts ein Reststück des alten Spazierweges.** *(WT)*

# Hof Kaper
Varel-Tange

Eine lange Eichenallee begleitet die Zufahrt zum Hof der Familie Kaper, der sich in der Vareler Ortschaft Tange befindet. Das Gefälle der schmalen Straße steigt im Verlauf leicht an, denn das 1819 im Stil eines Niederdeutschen Hallenhauses errichtete Wohnhaus liegt auf der Anhöhe eines Geestrückens. Die Baumreihen wurden 1890 mit der Fertigstellung der Tanger Straße angepflanzt.

Im gleichen Jahr erfolgten auch bauliche Veränderungen am Bauernhaus. Der zur Nordseite ausgerichtete Wohngiebel wurde um einige Meter verlängert. Die Seitentür des Wohnbereichs zum Blumengarten erhielt eine vorgebaute und mit Blauregen bepflanzte Veranda.

Die parkartige Gartenanlage, die auch heute noch gut erhalten ist, wurde etwa ab 1880 von Anna Kaper angelegt. Sie war eine sehr an Gartenkunst und Pflanzen interessierte Frau. Von dieser Begeisterung zeugen noch heute viele mittlerweile 130 Jahre alte Gehölze, darunter einige Besonderheiten. Anna Kaper pflanzte verschiedenfarbig blühende Rhododendren in ihren Garten und einige bis dahin in der Region selten verwendete Gehölze wie Mammutbaum, Schwarznuss, Tulpen- und auch Ginkgobaum.

Zum Schutz vor den stürmischen Westwinden setzte man am äußeren Rande des Blumengartens,

**Eine Blutbuche stand bis 1930 vor dem Wohnbereich des Hofgebäudes.** *(privat)*

ergänzend zu den bestehenden Eichen, Tannen und Buchen, schnell wachsende Amerikanische Eichen. Vor der Neuerschließung durch die Tanger Straße befand sich die Zufahrt zum Wohnhaus parallel zur äußeren Nordseite des Blumengartens, die ab 1892 mit Ulmen bepflanzt wurde. Die Bäume erkrankten auf Grund eines ab etwa 1918 aus Ostasien nach Europa eingeschleppten Schlauchpilzes, der zum Absterben vieler Bergulmen führte. 1937 mussten daher auch im Garten der Familie Kaper die stark befallenen Ulmen abgeholzt und durch Eichen und Rhododendren ersetzt werden.

Nur wenige Schritte gegenüber der an den Seitenwänden verglasten Veranda befand sich ein dekoratives Felsenbeet inmitten eines kreisrunden gesandeten Platzes. Es hatte einen Durchmesser von etwa fünf Metern und war ringsum von großen Feldsteinen eingefasst. In der Mitte des leicht gewölbten Beetes „thronte" ein Blumengefäß mit einer Palmlilie (Yucca filamentosa), die ihrerseits von Tuffsteinen eingerahmt war. In das Felsenbeet wurden jährlich im Mai Begonien und andere Blütenpflanzen gesetzt. Bis in die 1930er Jahre stand dem Wohngiebel gegenüber eine mächtige 100-jährige Blutbuche. In deren Nähe und inmitten einer Randbepflanzung befand sich ein reetgedeckter Holzpavillon mit Korkwänden. Vor dem Pavillon verlief ein weitläufiger Rundweg entlang der Peripherie des Blumengartens. Ein weiterer Weg zweigte ganz im Westen des Parks vom Hauptweg als „Tannenpfad" in die halbschattige Windschutzpflanzung ab, in der ebenfalls ein kleiner Sitzplatz zum Verweilen angelegt wurde.

Der innere vom Rundweg eingeschlossene Bereich des Blumengartens bestand aus einer großzügigen Rasenfläche. In den Partien des gepflegten Rasensaums wurden wegbegleitende Rabatten, die mit Sommerblumen, Rosen und Stauden bestückt waren, zur Freude der Spaziergänger angelegt. An den Rändern der Rasenfläche wurden auch einzelne hochstämmige Rosen sowie mittig eine Azaleen- und Rhododendrongruppe gepflanzt.

**Von Blumenbeeten flankierte historische Veranda mit gußeisernen Sprossenfenstern und Zierelementen.** *(WT)*

**Veranda, 1930.** *(privat)*

**Blick über die in den 1890er Jahren angelegte Azaleengruppe zurück zum Haus.** *(ES)*

**Blüte einer Schirmmagnolie.** *(ES)*

Vor dem gelbblühenden Azaleenbeet führte ein weiterer Querweg Richtung Scheune und weiter zur Gartenpforte am südlich gelegenen Eingang zum Garten. Noch heute wachsen hier ein imposantes Exemplar einer bald 140 Jahre alten wintergrünen Eiche, eine breit ausladende Schirmmagnolie und eine stattliche Eiche, auch Bismarckeiche genannt. Anlass der Namensgebung war eine 1893 unternommene regional organisierte Huldigungsfahrt in einem Sonderzug von Oldenburg zum Bismarckschen Alterssitz in Friedrichsruh. Als Dank bekamen die Teilnehmer und eben auch die mitgereiste Anna Kaper einen Eichenbaum von Bismarck persönlich geschenkt, der wiederum einen besonderen Platz in ihrem Garten fand.

Ausgesuchte Bäume mit dekorativem und farbigem Laub wie ein rotblättriger Ahorn, Tulpenbäume mit ihrem frischgrünen Blattwerk, eine gelbfarbige Scheinzypresse oder Gehölze mit interessantem Wuchs wie säulenförmige Lebensbäume und eine malerisch wachsende Trauerbuche bildeten den abwechslungsreichen Hintergrund des Gartens. Von der Veranda aus, in der man an sonnigen Tagen gerne seinen Tee einnahm, hat man noch immer einen herrlichen Ausblick auf die prächtige Baumkulisse.

Hinter dem Nordgiebel des Hauses lag früher die Bleiche, heute befindet sich dort die Wäscheleine. Ein langer gerader Weg, links und rechts von schwarzen und roten Johannisbeersträuchern begleitet, führte am großflächigen Gemüseland vorbei und endete am Fischteich. Ein mit Steingrus bedeckter Pfad führte um den Teich herum, eine Trauerbuche ragte mit ihrer Krone weit in den Uferbereich.

Man baute in großen Mengen Gemüse an, wie verschiedene Erbsen und Bohnen, Möhren, Kartoffeln, Kohlsorten und auch Spargel. Auf größeren Höfen wie dem Kaperhof mussten viele Personen am Tisch beköstigt werden. Knechte, Mägde, Mamsell, Großknecht, Großmagd und kurzfristig angeheuerte Arbeitskräfte gehörten zum Personal. Dennoch konnte auch überschüssiges Gemüse nach Varel und Oldenburg verkauft werden.

Anna Kaper beschäftigte sich sehr intensiv mit der Auswahl und dem Anbau bewährter Obstsorten. In diesem Zusammenhang findet sich in ihrem Tagebuch folgender Eintrag für Februar 1891: „Reiser von bewährten Obstsorten geschnitten zum Umpfropfen der schlechten Sorten".

Es gab sowohl eine vierreihige Obstgartenanlage mit etwa 28 Bäumen hinter dem Haus wie auch eine weitere Anpflanzung „im langen Pfad" mit etwa 30 Sorten. Apfel-, Birn-, Pflaumen-, Zwetschgen- und sogar Aprikosenbäume wurden zwischen 1875 und

**Fototermin vor dem alten Gartenhäuschen, um 1930.** *(privat)*

**Nachbau eines Pavillons an der Stelle, wo bereits um 1900 ein Gartenhäuschen stand.** *(WT)*

1908 gepflanzt, entweder als Neupflanzung oder als Ersatz für abgängige Sorten. Einer der ersten im Jahr 1875 von ihr gesetzten Bäume war eine Reneklode, ein Geschenk ihres Vaters. Die Obstbäume stammten ansonsten von Privatpersonen oder Baumschulen wie Böhlje aus Westerstede ('Wintergoldparmäne'), einer Vareler Baumschule, Baumschule Späth aus Berlin (Birne 'Triumpf von Vienne'), Pannemann in Rastede und Abels in Sillenstede ('Gestreifter Herbstsüßapfel').

Dringende Tätigkeiten wie Einsaat, Bodenbearbeitungen oder Erntearbeiten hatten immer Vorrang. Sobald aber Arbeitskapazitäten auf dem Hof frei waren, halfen Mägde und Knechte im Blumengarten wie z. B. beim Aufsetzen des Komposthaufens, beim Wege jäten, Harken, Sand in die Gartenwege fahren, Rasenränder akkurat abstechen, Beete anlegen, Gruppen pflanzen, Hecken scheren, Rasen graben, Laub harken. Die Rhododendren bekamen eine Sondermischung von Kompost plus Dünger, Sand und Moor, und auch Anna Kaper nahm sich ab und an die Zeit, um mal „flott in den Garten" zu gehen. Im Juli 1891 gab es offenbar auch eine technische Unterstützung, denn der damalige Tagebucheintrag lautet: „Magd mäht den Rasen mit der Maschine".

Heutzutage stehen auf dem „alten Obstland" noch ein älterer Walnussbaum und Apfelbäume der Sorten 'Boskoop' und 'Holsteiner Cox', die 1960 angepflanzt wurden.

Die gesandeten Spazierwege im Garten wie auch das runde Schmuckbeet mit dem Felsbeet in der Mitte sind schon lange nicht mehr vorhanden. Die hausnahen Wege sind nun mit Klinkern gepflastert. Aus unterschiedlichen Gründen wie Alter, Sturmgewalt oder Krankheiten muss seit einigen Jahren der Verlust von einigen das Gartenbild prägenden Baumriesen hingenommen werden. Fortlaufende Ersatzpflanzungen, wie bei den neu gepflanzten Tulpenbäumen und einer Trauerbuche im hinteren Parkbereich bereits geschehen, erhalten die Gestaltungsstruktur der alten Parkanlage auch für die nächsten Jahrzehnte. *(ES)*

**Wäscheplatz und Obstbaumreihe, an der früher der Weg zum Wald bis zum dortigen Fischteich entlang führte.** *(ES)*

**Ehemals war die unbefestigte Zuwegung seitlich durch Wassergräben begleitet, und vor dem Wirtschaftsgebäude stand ein schöner Taubenturm, Foto um 1910.** *(privat)*

**Auszug aus dem Übersichtshandriss von 1845 des damaligen Hof Peters.**

# Kulturschatzhof Cramer
Jade

**Luftaufnahme aus den 1970er Jahren. Im Garten liegt eine große freie Rasenfläche, der Nutzgarten hat bereits die heutige Form.** *(privat)*

**Um das Jahr 1925 posierte eine Personengruppe im Garten, im Hintergrund arbeitet ein Mann an einem Busch.** *(privat)*

Knappe zehn Kilometer südlich des Jadebusens, eingebettet in der Weite der Marschenlandschaft, liegt die große Hofanlage von Hajo und Lieselotte Cramer, der ehemalige Hof Peters. Alte Hofarchivalien dokumentieren eine 500-jährige Geschichte der Familie, die heute in siebzehnter Generation den Hof bewirtschaftet und das Anwesen bewohnt. Im Stil des Historismus wurde 1872 das heutige Wohnhaus, im Gelände um einen halben Meter erhöht, von Johann Bernhard Peters erbaut. Zeitgleich entstand auch die Gartenanlage, die sich hinter dem Haus befindet. Der parkähnliche Garten ist von alten Bäumen umgeben, mit Wassergräben umschlossen und hat mit dem anschließenden Waldstück eine Größe von zwei Hektar.

Seit der Vermessung der Hofanlage, im Rahmen der Oldenburgischen Landesvermessung von 1845, hat sich an der äußeren Form kaum etwas verändert. Damals gab es weniger Gebäude auf dem Hof, der Gartenbereich war südlich des Wohnhauses auch von der Wirtschaftsfläche aus begehbar, und die südliche Graft endete in einem Halbrund, das eine kleine Insel umschloss. Das gesamte Grundstück war, bis auf die Hofeinfahrt, mit großen Bäumen (hauptsächlich Buchen und Eichen) umgeben, die das Grundstück vor starken Küstenwinden schützten. Die Zuwegung von Südwesten war fast doppelt so lang, und entlang der südlichen Graft führte ein Weg nach Südosten durch den Wald, über Weiden bis zu den hofeigenen Ackerflächen.

Zu den ersten überlieferten Gartenelementen, die der Urgroßvater des heutigen Besitzers in den 1870er Jahren anlegte, zählt die historische Grotte aus Tuffgestein. Sie befindet sich windgeschützt in der nördlichsten Ecke des Gartens, davor ist eine Bank platziert, von der aus man bis heute einen herrlichen Blick auf den Garten hat. Seit jener Zeit haben sich viele Schneeglöckchen und Märzenbecher in der gesamten Anlage ausgebreitet, die im Frühjahr die Rasenflächen füllen. Johann Bernhard Peters legte auch einen „Liebesweg" an, der durch das östlich anschließende Waldstück führt. In Verlängerung der Hofzufahrt ließ er außerhalb der Graft eine Schneise durch das Gehölz ziehen, die bis heute noch gut erkennbar ist.

Der nächste Hofbesitzer hieß Anton Georg Peters, er erbte den Hof 1898 als junger Mann. In den Jahren 1912 bis 1922, zur Zeit seiner Ausbildung, seines Studiums und der Militärzeit wurde der Hof verpachtet. In dieser Zeit hat sich im Garten viel gewandelt, wichtige Familienunterlagen gingen verloren. Mit seiner Rückkehr folgten noch im selben Jahr Veränderungen in der Anlage. Nördlich, außerhalb der Graft, wurde eine Obstwiese angelegt. Neben einer Vielzahl unterschiedlicher Apfelsorten, von denen heute noch der 'Klarapfel', 'Grahams Jubiläumsapfel' und 'Pannemanns Tafelapfel' bekannt sind, wuchsen auf der Obstwiese Birnen, Pflaumen und Prünellen, die für den Eigenbedarf bestimmt waren. Bis heute haben sich einige Bäume erhalten, eine Baumreihe ist noch deutlich zu erkennen. Allerdings werden keine neuen Bäume mehr nachgepflanzt. Westlich der Grotte, entlang einer alten Eichenreihe, wurden zahlreiche lila blühende Rhododendronbüsche gesetzt.

Ein altes Foto aus den 1920er Jahren gibt Hinweise zur damaligen Gartengestaltung. Ein gerader Sandweg führt durch die Rasenfläche zur Graft, daneben befinden sich junge solitäre Nadelgehölze und ein rundes Blumenbeet, mittig bepflanzt mit einer Palmlilie. Im Hintergrund erkennt man einen Mann in Arbeitskleidung und Gartengerät vor einem kleinen Busch. Der Ziergarten ist durch eine hüfthohe Hecke von dem dahinter liegenden Nutzgarten abgetrennt.

Zu Zeiten der Großelterngeneration lebten neben den Familienmitgliedern auch Groß- und Kleinknechte, Landarbeiter, Mägde und Auszubildende der ländlichen Hauswirtschaft mit auf dem Hof. Ein Lehrlingstagebuch von Lieselotte Heinrichsbauer, die ab August 1931 zwei Jahre lang ihre Lehre auf dem

**Die große Tuffsteingrotte wird auch heute noch als Ruheplatz genutzt.** *(KD)*

**Blick vom Haus zur langen Hofzufahrt im Südwesten.** *(KD)*

Der heutige Gemüsegarten. *(KD)*

1982 legte Familie Cramer einen kleinen Teich im Garten an, einige Jahre später folgte ein Pavillon, der 2004 ausgetauscht wurde. *(WT)*

Nördlich des Gartens liegt die alte Obstwiese aus den 1920er Jahren. *(WT)*

Hof bei Margarete Peters absolvierte, gibt durch eine Zeichnung des Gemüse- und Obstgartens genaue Auskunft über das angebaute Gemüse. Damals wuchsen in den Rabatten: Porree, Wurzeln, Salat, Radieschen, Petersilie, Küchenkräuter, Rote Beete, Spinat, Sellerie, Zwiebeln, Knoblauch, Mangold und Gurken. Die meisten Beete waren jedoch mit Erbsen, Busch- und Stangenbohnen gefüllt. Darüber hinaus gab es zwei Frühkartoffelbeete und ein Beet mit Spätkartoffeln. Im Nutzgarten lagen auch zwei Mistbeete, und der Randbereich war mit Himbeersträuchern und einem Rhabarberbeet bestückt. In den 1960er Jahren wurde der zuvor bereits verkleinerte Gemüsegarten gänzlich aufgegeben. In Hausnähe wurden in den 1950er Jahren zwei neue Apfelbäume der Sorte 'Purpurroter Cousinot', der heute mit der Kletterrose 'Bobby James' stark berankt ist, und ein 'Grahams Jubiläumsapfel' gepflanzt.

Ende der 1960er Jahre übernahmen die heutigen Besitzer Hajo und Lieselotte Cramer den Hof. 1969 begann die Besitzerin damit, ihren Garten zu gestalten. Sie pflanzte neue Bäume, legte Blumen- und Staudenbeete sowie einen neuen Gemüsegarten an, der sich an derselben Stelle bereits in den 1940er Jahren befunden hatte. Bei der Gartenarbeit wurde sie elf Jahre lang hauptsächlich im Gemüsegarten durch Lehrlinge

der ländlichen Hauswirtschaft unterstützt. In den 1970er Jahren pflanzte sie eine Sauerkirsche östlich der Graft. 1982 ließ sie einen Teich mitten im Garten anlegen. In den 1990er Jahren folgte ein Pavillon, der 2004 durch einen neuen ersetzt wurde. Ab 1995 legte sie östlich entlang der Graft eine große Rabatte mit Präriestauden und Gräsern an, die ihren Höhepunkt im August und September hat.

Zur selben Zeit legte Lieselotte Cramer vor dem Wohngiebel – wo ehemals eine alte Blutbuche stand, die 1952 gefällt werden musste – ein großes Rosenparterre an. Die vier Rosenfelder sind mit hohen Buchsbaumhecken gesäumt, mittig steht eine alte Sonnenuhr – ein Erbstück der Familie, das lange Zeit im Keller geschlummert hatte. Die gesamte Anlage liegt hinter einer brusthohen Eibenhecke. Darin sind historische Rosensorten wie 'Duchesse de Montebello', 'Königin von Dänemark', 'Maidens Blush', 'Fantin Latour' und 'Madame Hardy' vorzufinden.

Seit 20 Jahren pflanzt Lieselotte Cramer vor allem solche Gehölze im Garten an, mit denen sie Sichtachsen betont. Neben Ginkgo, Taschentuchbaum (auf dessen üppige Blüte sie besoders stolz ist) und Tulpenbaum sind auch Trompetenbaum, Sumpfzypresse, diverse Cornusarten, Amberbaum, Tupelobaum, Trauerweide, Eiben und verschiedene

Ilexarten vertreten. Die große Gartenfläche hat sie durch geschwungene Blumen- und Staudenbeete gegliedert. Darin wachsen zahlreiche Funkien, Pfingstrosen und Hortensien. Für weitere Farbakzente sorgen Stauden wie Phlox, Taglilien, Tränendes Herz, Geißbart, Geranien, Astilben, Lobelien, Sedum und Katzenminzen.

Der heutige Gemüsegarten ist in vier Felder aufgeteilt und hat eine Größe von knapp 200 m². Er wird durch jeweils vier Buchsbaumkugeln, Rosenbäumchen der Sorte 'Little White Pet', Rundbögen mit Rankgewächsen sowie Blumenpyramiden aufgelockert. Mitten im Wegekreuz steht der Zierapfel 'Red Sentinel'. Seit einigen Jahrzehnten legt die Besitzerin großen Wert darauf, in ihrem Nutzgarten von jedem Gemüse auch diverse Sorten anzubauen. Zum traditionellen Beerenobst und Gemüse gehören hier Erdbeeren, Stachelbeeren, schwarze, rote und weiße Johannisbeeren, Zwiebeln, Möhren, Erbsen, sowie verschiedene Kohl-, Bohnen-, Salat- und Tomatensorten. Das Obst verarbeitet Lieselotte Cramer zu Apfelmus und Konfitüren, während das Gemüse frisch verzehrt oder eingefroren wird. *(KD)*

1995 legte Lieselotte Cramer hinter dem Wohngiebel einen Rosengarten mit historischen Sorten an. *(KD)*

Der lange „Liebesgang" führt über die Graft und durch das gesamte Waldstück. *(KD)*

**Um 1900 waren die Fassaden der Gutsgebäude stark berankt, zwischen den Rasenflächen verliefen breite Sandwege.**
*(Landkreis Leer)*

# Gut Stikelkamp
Hesel

**Die 500-jährige „Königseiche" fiel dem Orkan von 1972 zum Opfer.**
*(Landkreis Leer)*

Knappe 18 Kilometer nordöstlich von Leer liegt das Gut Stikelkamp. Es ist eingebettet in einen 59 Hektar großen Wald im Norden der Gemeinde Hesel, abseits von großen Straßen. Auf einem inselartigen, bis fünf Meter über NN erhobenen Geestrücken liegend, umschließen westlich Moore und im Osten Feuchtgebiete das Gut. Der parkähnlich gestaltete zwei Hektar große Garten ist, mitsamt dem im Norden liegenden Gutsgebäude, von einer breiten Graft umgeben.

Die Geschichte von Stikelkamp reicht bis ins späte Mittelalter zurück, als es als Vorwerk des Johanniterordens gegründet wurde. Nach der Reformation wurde es 1522 zur Erbpacht freigegeben und an den gräflichen Kanzler Wilhelm Ubben verpachtet. In der Folgezeit wurde es bis ins 17. Jahrhundert hinein mehrere Male gegen andere Ländereien eingetauscht und gelangte 1633 in den Besitz von Leonhard Fewen – dem damaligen Bürgermeister der Stadt Emden. Bis ins ausgehende 18. Jahrhunderts war das Gut Stikelkamp überwiegend verpachtet. Auf Arend Jan van Louwerman, der durch Heirat auf das Anwesen kam und von 1730 bis 1752 dort lebte, sind die ersten Schritte zur Forstkultur, nach der Bewirtschaftung durch den Johanniterorden, zurückzuführen. Um 1730 legte er eine Baumschule mit Tausenden von weißen Maulbeer-, Apfel- und anderen Bäumen an und bereitete somit den Weg für eine gezielte Baumzucht auf Stikelkamp vor.

Erst unter dem Gutsbesitzer und Kriegsrat Eger Carl Christian Lantzius-Beninga, der das Gut ab 1784 bewirtschaftete, wurde auch der Lebensmittelpunkt einer Familie auf das Anwesen verlagert. Vor allem seiner Frau Isabella – der eigentlichen Besitzerin des Gutes – lag das Wohl des Anwesens „sehr am Herzen". Unter dem Ehepaar erfolgte 1792 die Erweiterung des alten Steinhauses, das bereits im 13. oder 14. Jahrhundert erbaut wurde, durch ein sich westlich anschließendes Gulfhaus. Die Besonderheit des Gebäudes lag in einem zum Garten gewandten Seitengiebel. Der innerhalb der Graft liegende Garten bestand damals bereits aus zwei Teilen. Am Haus lag nördlich der „Alte Garten", der mit alten Obstbäumen bestanden war, mittig wurden die beiden Teile durch einen breiten Wassergraben voneinander getrennt. Südlich schloss sich nun der „Neue Garten" an. Die sogenannte Franzius-Karte von Gut Stikelkamp von 1788 liefert einige Hinweise zur damaligen Gartengestaltung. Der nördliche Garten enthielt acht unterschiedlich große Felder, durch gerade Wege voneinander getrennt. An der mittleren Graft lag damals noch die alte Burgstelle, die abermals von einer Graft umschlossen war. Im „Neuen Garten", der 1795

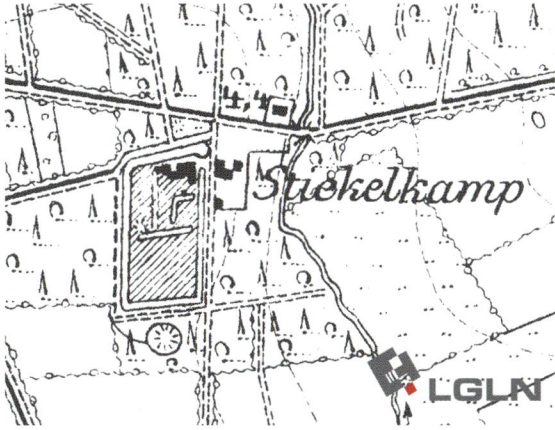

In der Preußischen Landesaufnahme von 1877-1912 wurde die gesamte Fläche innerhalb der Graft mit einer Gartenschraffur versehen, südlich befindet sich der Grabhügel der Familie Lantzius-Beninga.

Verzeichnis der wertvollen Bäume im Garten von Gut Stikelkamp, die sich bis 2002 erhalten haben, aus der Akte Stikelkamp. *(Landkreis Leer)*

1./2. Eibe (Taxus baccata)
3. Tulpenbaum (Liriodendron tulipifera)
4. Japanische Schirmtanne (Sciadopitys verticillata)
5. Roteiche (Quercus rubra)
6. Scheinakazie (Robinia pseudoacacia)
7. Esche (Fraxinus excelsior)
8. Riesen Lebensbaum (Thuja plicata)
9. Stieleiche (Quercus robur)
10. Blutbuche (Fagus sylvatica 'Atropunicea')
11. Oregonzeder (Chamaecyparis lawsoniana)
12. Rhododendron (Rhododendron ponticum)
13. Hiba-Lebensbaum (Thujopsis dolabrota)
14. Walnussbaum (Juglans regia)
15. Azalee (Azalea pontica)
16. Espe, Zitterpappel (Populus tremula)
17. Spitzahorn (Acer platanoides 'Schwedleri')

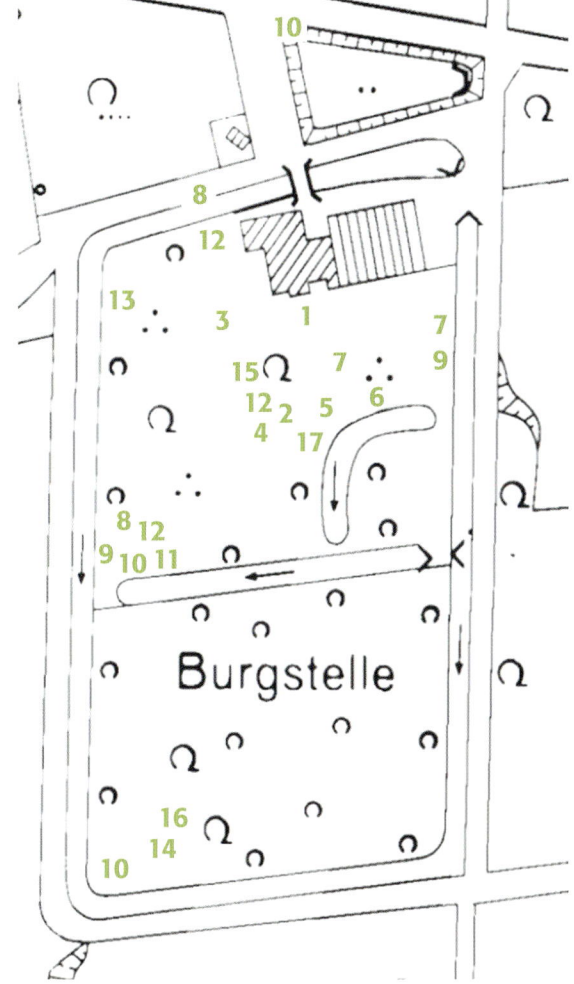

Einige besondere Gehölze, die als Exoten galten, sind über 200 Jahre alt und zieren zwischen geschlungenen Wegen den parkähnlichen Garten. *(KD)*

Auch junge Baumalleen durchziehen die heutigen Waldgebiete von Gut Stikelkamp. *(WT)*

**Blick nach Westen entlang des Gutsgebäudes, daneben steht der alte Tulpenbaum 'Liriodendron tulipifera'.** *(WT)*

**Baumallee entlang der östlichen Graft, die den Garten umschließt, manch alter Baum droht zu kippen.** *(WT)*

angelegt wurde, war das westliche Drittel aufgeforstet, während die restlichen zwei Drittel eine einheitliche Fläche bildeten. Ein alleebestandener Zingel umgab die gesamte Gartenanlage im Außenbereich. Hofakten aus dem Niedersächsischen Landesarchiv Aurich geben Auskünfte über aufgeforstete Waldflächen, die unter der Regie des Kriegsrats entstanden sind. Als Erstes wurde 1782 im Westen der „Große Eichenkamp" besät, 1792 folgte im Norden der „Sneppen Flucht" und 1797 das Areal „Vierkant" im Süden. Zusätzlich ließ der Gutsherr innerhalb des Gehölzes neue Wege und Wälle anlegen.

1798 wurde sein Sohn Bojung Scato Georg Latzius-Beninga Herr des Guts Stikelkamp, von wo aus er Land- und Forstwirtschaft betrieb. Ab 1813 bekleidete er das Amt des Oberförsters und begann, die ostfriesischen Wälder mit modernen Forstmethoden aufzuforsten. Auf Stikelkamp schloss er an die Tätigkeit seines Vaters an, indem er 1811 den „Kösterskamp" und 1835 den „Beekskamp" mit Kiefern aufforsten ließ. Ihm ist das herrschaftliche Aussehen der Anlage im Wesentlichen zu verdanken, denn er war es, der den parkähnlichen Garten anlegte und mit seltenen Gehölzen bepflanzen ließ. Im Archiv des Landkreises Leer ist in der Akte Stikelkamp ein „Verzeichnis der wertvollen Bäume im Garten von Gut Stikelkamp" von 2002 enthalten. Heute noch stehen 17 dieser besonderen Gehölze, die seinerzeit als Exoten galten, innerhalb des Gartens, darunter ein Tulpenbaum 'Liriodendron tulipifera', eine japanische Schirmtanne 'Sciadopitys verticillata', eine Oregonzeder 'Chamaecyparis lawsoniana', ein Hibalebensbaum 'Thujopsis dolabrota' und weitere botanische Raritäten, die zwischen alten Eichen, Buchen, Lärchen und Kiefern wachsen. 1828 legte er im Gehölz auch einen Grabhügel an, der seitdem als Grabstätte für die Familie Lantzius-Beninga fungiert.

Seinem Sohn Eberhard Wilhelm Albrecht Lantzius-Beninga, der von 1861 bis 1902 Gutsherr auf Gut Stikelkamp war, folgte Bojung Scato Lantzius-Beninga – nach dem Großvater benannt – in den Jahren von 1902 bis 1930. Er sorgte dafür, dass das Gut um 1900 an die Kleinbahntrasse angeschlossen wurde, ferner verlängerte er das Gulfhaus um fünf Meter. Unter seiner Leitung erlebte das Gut vor dem Ersten Weltkrieg eine neue Blütezeit. Nach seinem Tod im Jahr 1930 übernahmen seine Söhne Folkmar – der als Direktor einer Kaffeeplantage in Sumatra lebte – und Eberhard Lanzius-Beninga, der das Anwesen jedoch mit unzureichender Motivation bewirtschaftete. 1954 schließlich wurde das Gut an den Landwirt Anton-Günther Hullmann verpachtet. Wenige Jahre später starben beide Brüder kinderlos. Nach dem Tod Eberhards überschrieb seine Witwe ihren Anteil auf den Pächter. Maria Lantzius-Beninga, die Witwe Folkmars, war somit die letzte Besitzerin und verhandelte noch zu Lebzeiten über den Verkauf des Gutes an den Landkreis Leer. Sie verstarb jedoch, ehe eine endgültige Einigung erzielt werden konnte.

Schließlich erwarb der Landkreis 1971 das Gut Stikelkamp mit den umliegenden Waldflächen von der Erbengemeinschaft. Er ließ Gebäude und Inventar aufwendig restaurieren und die Waldgebiete frisch aufforsten. Ein gepflegtes Erscheinungsbild wurde wieder hergestellt. Einen Rückschlag erfuhr Stikelkamp am 13.11.1972, als ein verheerender Orkan übers Land fegte und 75 % des Baumbestandes vernichtete. Die Ostfriesen-Zeitung berichtete damals: „Im Stikelkamper Busch wurden kostbare Eichen und Buchen sowie exotische Hölzer, zum Teil einmalig in Ostfriesland, wie Streichhölzer umgeknickt." Ein besonderes Opfer dieses Sturmes war eine mächtige, etwa 500 Jahre alte Eiche, womit ein herausragendes Naturdenkmal unwiederbringlich verloren gegangen ist.

Auch heute noch ist das Gut Stikelkamp umgeben von uralten Eichen und Buchen. Im parkartigen Garten stehen weitere seltene Gehölze, die ehemals von Bojung Scato Georg Lantzius-Beninga gepflanzt wurden. Auch das alte Wegesystem ist zum Teil noch vorhanden. Die historischen Sandwege werden immer noch an den Graskanten abgestochen und verlaufen etwas vertieft zwischen den weiten Rasenflächen. Zwischen den alten Bäumen liegen große, alte und meistens lila blühende Rhododendrongruppen. Nach Terminabsprache ist das Gut heute auch für die Öffentlichkeit zugänglich und bietet ein bedeutendes Zeugnis ostfriesischer Familiengeschichte mit einem umfangreichen Hausinventar, das einem gehobenen bäuerlichen Wohnstil entsprach. Die umliegenden Waldflächen sind Landschaftsschutzgebiet, Naherholungszentrum und beliebtes Ausflugsziel zugleich.

*(KD)*

**Heute noch werden die beiden Gartenteile durch einen Wassergraben voneinander getrennt.** *(WT)*

**1828 wurde südlich des Gartens ein Grabhügel für die Familie Latzius-Beninga angelegt.** *(WT)*

*Auf der Luftaufnahme von 1980 erkennt man die verschieden farbigen Laubgehölze. (privat)*

*Im Hintergrund steht die 174-jährige Blutbuche. (KD)*

# Claas Engbers Hof
## Bunde-Landschaftspolder

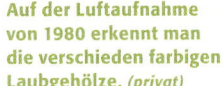

*Die historische Landesaufnahme zeigt die um den Hof verlaufende Graftanlage in den Jahren 1877-1912.*

**Abb. rechte Seite:**

**Blauer Blütenteppich aus Blausternen, die sich über ein Jahrhundert hinweg großflächig verbreitet haben.** *(WT)*

**Ein Blick über die Graft hinweg in den weitläufigen Garten.** *(WT)*

15 Kilometer westlich von Leer liegt im Landschaftspolder der Claas Engbers Hof der Familie Steenblock. 1752 wurde der Landschaftspolder durch Friedrich II. von Preußen eingedeicht. Das neu gewonnene Areal wurde auf 24 Höfe aufgeteilt. Heute teilen sich sechs Familien die 1.195 Hektar große Fläche. In ihrem Besitz haben sie stattliche Höfe mit weitläufigen Gärten.

1844 wurde das ansehnliche Gulfhaus des zukünftigen Claas Engbers Hofes gebaut. Eine Graft, die das Grundstück bis heute weitestgehend umgibt, wurde beim Bau direkt mit ausgehoben. Zum einen diente sie zur Entwässerung des Landes und zum anderen als Gestaltungselement und Eingrenzung des privaten Gartens. Den anfallenden Aushub verteilte man auf der Gartenfläche und modellierte damit einen englischen Landschaftsgarten, durchzogen mit geschwungenen Wegen zwischen neu angepflanzten und zum Teil veredelten Bäumen. Ein großes Rondell, umgeben von einem Kiesweg, wurde vor dem prachtvollen Klinkersteingiebel angelegt, das über eine weiße Holzbrücke erreicht wird und den Gästen von damals eine vornehme Vorfahrt ermöglichte. Mitten im Rondell pflanzten die Besitzer eine Blutbuche, die heute mit ihren 174 Jahren zu einem imposanten Exemplar herangewachsen ist und den Eingangsbereich als Hausbaum dominiert. So geartete Gestaltungselemente sind auch auf vielen anderen Höfen des Rheiderlandes zu finden.

Claas Engbers, der Großonkel des heutigen Besitzers, pachtete den Hof zunächst 1906, bis er ihn schließlich 1918 kaufte. Während des Ersten Weltkrieges von 1914 bis 1918 übernahmen seine Schwestern Margarete und Heike, die mit im Haus lebten, die Bewirtschaftung des Hofes. Nach seiner Kriegsheimkehr widmete sich Claas Engbers der Anlage mit großer Leidenschaft, führte seine Besucher Geschichten erzählend durch seinen Landschaftsgarten und informierte interessierte Zuhörer über die einzelnen Gehölze. Nach seinem Tod erbte die Familie Steenblock das Gehöft, das sie seit 1953 bewirtschaftet.

Der Garten des Hofes, unterteilt in Obstwiese, Zier- und Nutzgarten, hat eine Gesamtfläche von 6.200 m² und ist im Wesentlichen unverändert. Östlich liegt der repräsentative Ziergarten, der ursprünglich als Landschaftsgarten angelegt wurde. Ein alter Baumbestand schmückt die weitläufige Rasenfläche. Von der Straße aus ist der Garten über die Graft hinweg gut einsehbar. Dahinter befinden sich ein Gemüsegarten und Reste der alten Obstwiese. Beides ist durch Bäume, zahlreiche Schneebeerenbüsche, Sträucher und unterschiedliche Bodendecker vom Ziergarten abgegrenzt.

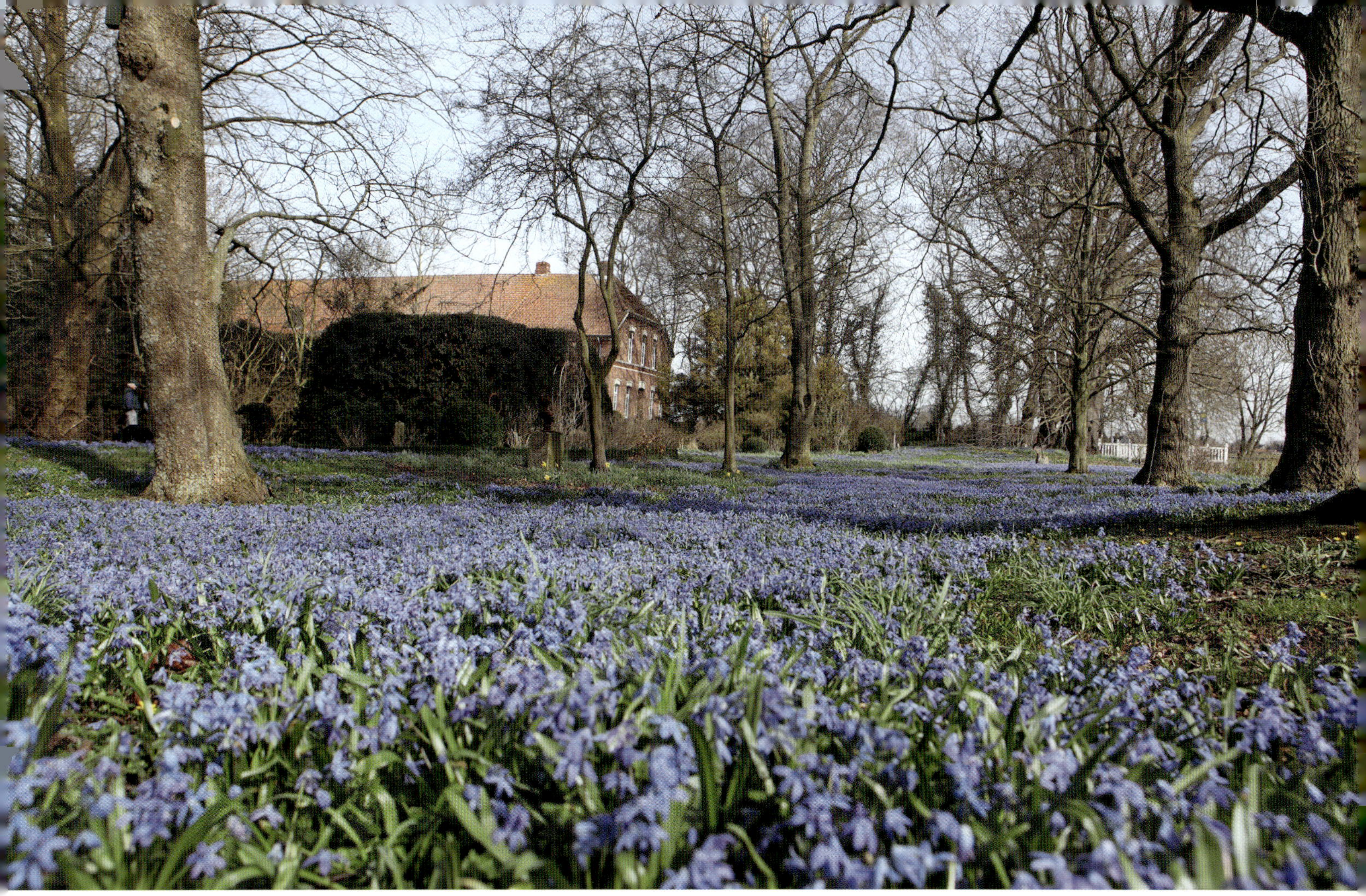

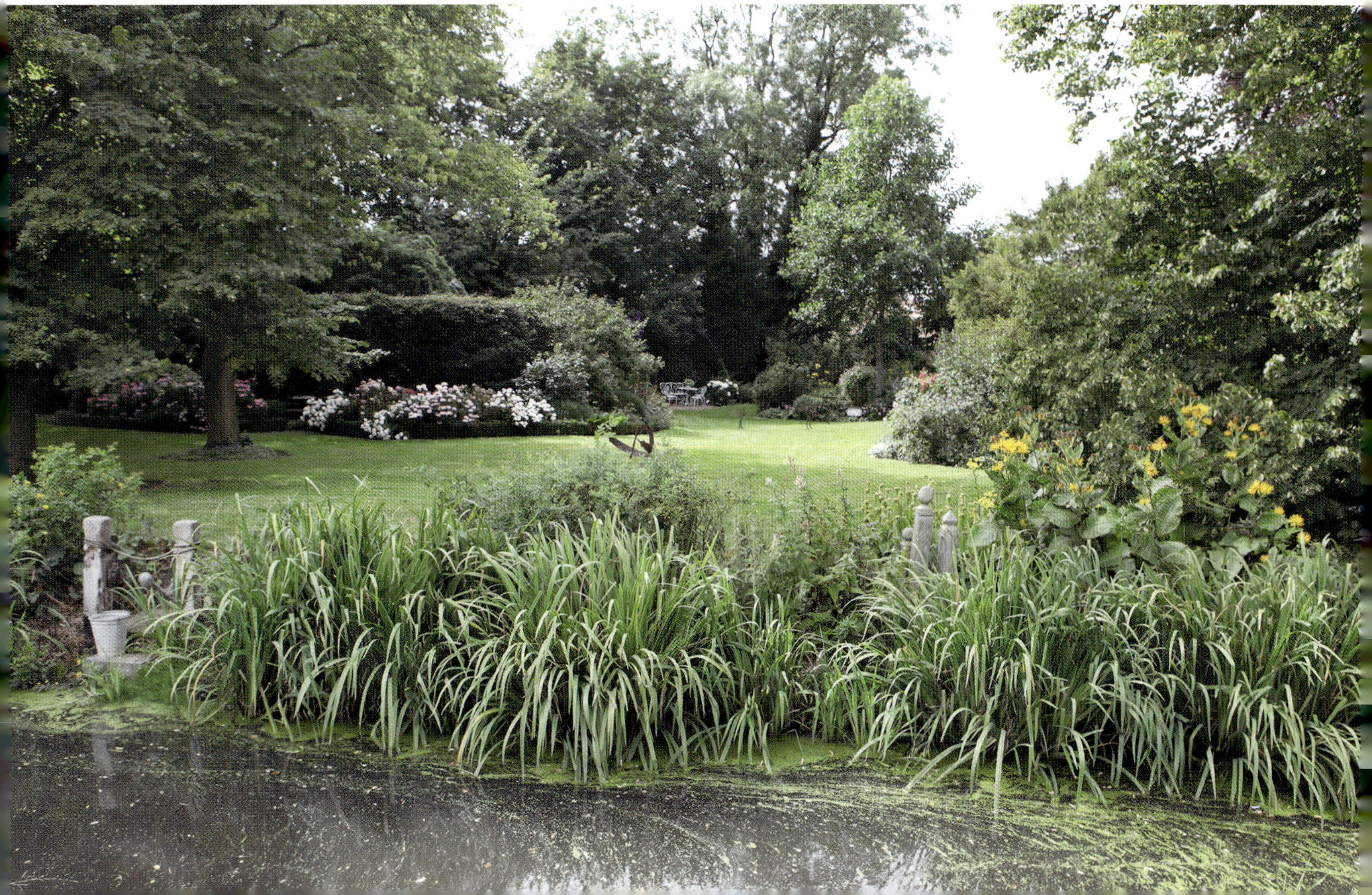

**400 Meter lange Sandwege durchzogen den Claas Engbers Hof bis in die 1960er Jahre.** *(privat)*

**In der weitläufigen Rasenfläche wachsen besondere Gehölze in Rundbeeten.** *(WT)*

**Auf der Obstwiese hat sich ein alter noch gut tragender Birnbaum erhalten.** *(KD)*

Nach Aussage von Alwine Steenblock wachsen in ihrem Ziergarten robuste Bäume und Pflanzen, die zum Boden passen müssen. Während Geranien und Rosenstöcke üppig die Beete schmücken, wird auf Rhododendronkulturen und Eichen verzichtet, weil diese auf dem kalkhaltigen Kleiboden schlecht gedeihen. Dafür wachsen Eschen, Kastanien, Buchen, Linden, Akazien und Ahorne hervorragend. Besondere Gehölze des Gartens sind: eine Sommerlinde, eine Stieleiche, eine kanadische Eiche, eine Schmalblättrige Esche, eine veredelte Farnbuche, ein buntblättriger Ahorn und ein Spitzahorn. Eine Platane ersetzte in den 1970er Jahren eine alte Linde, die gefällt werden musste. Zudem mussten in den 1980er Jahren auch drei Ulmen gefällt werden, die man durch andere Bäume am gleichen Standort ersetzte. In der südöstlichen Ecke des Gartens liegt eine kleine Geländeerhöhung, von der man einen weiten Blick auf das flache Polderland hat. Neben den alten Bäumen gibt es drei große Rundbeete im mittleren Bereich des Gartens. Ein Beet liegt in direkter Nachbarschaft zur Blutbuche, bestückt mit einer großen, alten Eibe. Ein weiteres befindet sich mitten in der Rasenfläche; früher mit Lebensbäumen bepflanzt, wachsen hier heutzutage Eiben. Vor dem Beet befand sich einst ein Steinhaufen aus Vulkangestein mit einem Durchmesser von zwei Metern, den die Familie als „Grotte" bezeichnete. Diese Grotte war ein reines Schmuckelement und diente nicht als Ruheplatz. Ein Gärtner erneuerte sie in den 1960er Jahren. Heute erinnern nur noch drei bemooste Steine an den Platz. Familie Steenblock legte in den 1980er Jahren eine neue Steingrotte an, diesmal mit weißen Gartenmöbeln ausstaffiert. Im Zentrum des dritten hausnahen Beetes wächst ein Tulpenbaum, der den alten Kirschbaum ersetzte, der um das Jahr 2000 gefällt werden musste.

Claas Steenblock, der mit acht Jahren auf den Hof kam, kann sich noch gut an die vielen Sandwege erinnern, mit denen der Ziergarten durchzogen war. Bis in die 1960er Jahre wurden diese penibel gepflegt. Jeden Samstag harkten Mägde die geschlungenen, insgesamt 400 Meter langen Pfade und befreiten diese von Unkraut, damit der Sonntagsbesuch durch den gepflegten Garten spazieren konnte. Heute sind die Wege unter der Grasnarbe verschwunden, kleine Erhöhungen in der Rasenfläche lassen ihren Verlauf aber noch erahnen. Der ehemalige englische Landschaftsgarten hat sich mit der Zeit zu einem naturnahen Garten gewandelt.

Eine Besonderheit des Ziergartens ist die außerordentliche Blüte der Frühblüher. Von Ende Februar

*In den 1950er Jahren war die Veranda noch nicht geschlossen. (privat)*

*Die Veranda ist heute zu einem Wintergarten ausgebaut. (WT)*

*Ein kleiner Nutzgarten dient den Enkelkindern heute als Lehrgarten. (KD)*

*Durch den Bau der Stallungen wurde der Nutzgarten erheblich verkleinert. (privat)*

bis Anfang März ist die gesamte Rasenfläche mit Schneeglöckchen überzogen, daran anschließend sprießen Tausende Blausterne (Scilla siberica) aus dem Boden und verwandeln die weitläufige Fläche in einen blauen Blütenteppich. Alwine Steenblock vermutet, dass die Blumenzwiebeln bereits vor 100 Jahren in dem Rondell unter der Blutbuche angepflanzt wurden und sich von dort aus im ganzen Garten ausgebreitet haben. Aufmerksam achtet sie darauf, dass der Platz im Rondell den Blausternen vorbehalten bleibt, und gräbt daher sich dort ansiedelnde Schneeglöckchen aus.

Die Ausmaße des früheren Nutzgartens sind nicht mehr greifbar, da in den 1980er Jahren, westlich an das Wohnhaus anschließend, die Milchviehstallungen gebaut wurden. Dafür wurde die westliche Graft zugeschüttet. Erhalten hat sich nur ein kleiner Rest, der nun im Zentrum des kleinen Nutzgartens liegt. Im Gemüsegarten wuchs alles, was man zur Beköstigung der Herrschaften brauchte: Kohl, Kartoffeln und Allerlei zum Einmachen für die Wintermonate. Der heutige Garten dient als Lehrgarten für die Enkelkinder, in dem sie Kartoffeln, Zwiebeln, Kohlrabi, Kräutern und anderem Gemüse beim Wachsen zuschauen können. Vor den Küchenfenstern stehen noch drei Kopflinden, die ursprünglich als Schattenspender und zu Zwecken der natürlichen Drainage gepflanzt wurden, allerdings seit 60 Jahren hohl sind.

Auf der Obstwiese, innerhalb der Graft im südlichen hinteren Garten, standen zwei Reihen Obstbäume, welche die Besitzer mit Früchten versorgten. Darunter gab es Äpfel, Birnen, Kirschen und Zwetschen. Erhalten haben sich nur drei von ursprünglich 15 bis 20 Obstbäumen: ein Apfelbaum der Sorte 'Boskoop', ein Kirschbaum und ein alter Birnbaum, der kleine, gelbe, süße Früchte trägt. In den letzten Jahren hat Familie Steenblock wieder neue Obstbäume angepflanzt.

An der südlichen Hauswand gab es früher eine halboffene Veranda, die man allerdings nur von außen betreten konnte. Sie wurde im Jahr 1953, als das Wirtschaftsgebäude bis zur Brandmauer abbrannte, zerstört. Erst 2013 ließ Familie Steenblock die Veranda nach alten Plänen wieder errichten und stellte die ursprüngliche Fensterordnung wieder her. Heute sind beide Anbauseiten geschlossen und können auch vom Haus aus betreten werden.

*(KD)*

**Luftbildaufnahme, um 1970:** Unten links der Gemüsegarten und oberhalb des Herrenhauses die lange Kastanienallee. *(privat)*

**Kastanienallee heute, Zufahrt zum Herrenhaus.** *(WT)*

# Gut Horn
## Wiefelstede-Gristede

**Inschrift auf Glas über der Eingangstür des Herrenhauses.** *(WT)*

**Reetgedeckter Rundpavillon vor dem Herrenhaus mit „eleganten Seiten-Konsolen für Blumentöpfe", ca. 1920.** *(privat)*

Im Jahre 1792 erwarb der Landmann und Forstwirt Johann Diedrich Ovie aus Gristede das Gut Horn und dessen landwirtschaftliche Flächen. Bei den Ländereien handelte es sich um sumpfige Niederungsflächen, die das Flüsschen Aue durchquert. Erst sein Enkel Gerd Ovie entschloss sich etwa 60 Jahre später, dort auch mit seiner Familie zu wohnen. Er ließ 1858 ein Herrenhaus im klassizistischen Stil errichten, das zunächst nur einstöckig war.

Der ursprüngliche, auf das alte Hofgebäude zuführende Weg wurde im Laufe der Bautätigkeiten parallel um einige Meter weiter nach Osten in Ausrichtung auf das neue Wohnhaus verlegt. Mit jungen Kastanienbaumreihen bepflanzt, ergab sich nun eine neue und repräsentative 150 Meter lange Zufahrtsallee. Ihre Sichtachse setzt sich über das Herrenhaus bis zu zwei um 1858 gepflanzte Linden im hinteren Gartenbereich fort. Vom historischen Burggelände, dessen Geschichte bis in die zweite Hälfte des 13. Jahrhunderts zurückreicht, ist noch bis heute ein Teil des äußeren Wallgrabens erhalten.

1914 wurde nach Einzug der nächsten Generation, der Familie von Hermann Diedrich und Elisabeth Ovie, das Herrenhaus aufgestockt. Zudem wurde neben einem Säulenportal auch ein Balkon in Richtung Osten zur Hofauffahrt mit der Allee und ein Balkon in südlicher Richtung zum Garten und mit Blick auf die Graft erbaut. Überliefert ist, dass Elisabeth Ovie (Elli) auf dem Dachboden eine Dunkelkammer besaß. Sie fotografierte gerne und bevorzugte dabei Gartenmotive.

Auch moderne Elemente der Gartengestaltung hielten nun auf Initiative von Elli Ovie Einzug. Auf eine schlichte Mauer, die den Blick zwischen der dem Garten zugewandten Hausseite und dem Arbeitsbereich vor dem benachbarten Waschhaus unterbrach, setzte man als oberen Abschluss eine weiß gestrichene, mit Rosen bewachsene Holzkonstruktion.

In der Zeit um 1910 wurden zur Ausschmückung des Außenraumes ein runder reetbedeckter Gartenpavillon vor dem Herrenhaus seitlich zur Graft und ein grün gestrichenes Holzgartenhaus direkt an der nach Südwesten ausgerichteten Hausseite, nun wiederum mit Blick auf den alten Burggraben, errichtet.

Aus der Bepflanzung um 1900 stammen auch die stattlichen Koniferen im Eingangsbereich des Wohnhauses. Eibe, Hibalebensbaum und Lebensbaum wachsen in Nachbarschaft zu rot und weiß blühenden Rhododendren. Auf einigen alten Fotografien sind in Hausnähe eine Vielzahl hoch gewachsener Nadelgehölze wie Lebensbäume, Fichten und Tannen zu erkennen, die es heute überwiegend nicht mehr gibt.

Diese gärtnerische Vorliebe für Nadelgehölze war auf Grund ihrer Ganzjahreswirkung besonders ab der zweiten Hälfte des 19. Jahrhunderts allgemein sehr groß. Viele in unseren Breiten bislang unbekannte Nadelgehölze wurden in dieser Zeitspanne aus Regionen Südeuropas, Vorder- und Ostasiens oder Nordamerikas als Neuheiten eingeführt.

Ein Großteil der Ländereien des Hofes bestand aus aufgeforstetem Wald; die Forstwirtschaft spielte auf Gut Horn traditionell eine größere Rolle als die Landwirtschaft. Schon 1818 erhielt Johann Diedrich Ovie als Erster überhaupt die Goldene Ehrenmedaille der Oldenburgischen Landwirtschaftsgesellschaft. Sie wurde ihm für seine Verdienste als Vorkämpfer für Reformen in der Forstwirtschaft verliehen. Er hatte auf Heide und Ödlandflächen neben Fichten und Kiefern auch japanische Lärchen und Douglasien angepflanzt, die bis dahin im Ammerland unbekannt waren.

Im Bereich der ehemaligen inneren Burggraft verlief ein mit Eisenkanten begrenzter gesandeter Rundweg um ein großes Rasenoval, in deren Mitte sich ein mit künstlichen Blattornamenten eingefasstes Blumenrondell befand. Eine gut 30 m hohe Omorikafichte und die in Hausnähe stehende, über 150 Jahre alte knorrige Linde mit ihrem auffallend süßlichen Blütenduft sind grüne Zeitzeugen vergangener Tage.

**Gartenmauer mit Rosen berankter Holzkonstruktion.** *(WT)*

**Familie Ovie vor Rhododendren, rechts eine Kübelpflanze, im Vordergrund Umrandung des Blumenbeetes mit Beetsteckern in Blattform, 1910.** *(privat)*

**Zuwegung zur alten Burggraft seitlich vor dem Herrenhaus.** *(WT)*

**Brücke über alte Burggraft.** *(WT)*

**Hausangestellte nach der Gartenarbeit, Juni 1907.** *(privat)*

Eine weiße Brücke führt auch heutzutage über die äußere Graft. Im Hintergrund wachsen stattliche Rotbuchen, Eichen und Linden. Imposant ragt eine 30 Meter hohe Kanadische Pappel (Populus x canadensis ‚Robusta') in die Höhe. Im Unterholz der Baumkronen, in den Flächen zwischen Graft und Auebach, blühen im Frühling dichte Teppiche von Schneeglöckchen, Buschwindröschen und Scharbockskraut. In diesem waldartigen Parkteil schreitet man über eine weitere, den Auebach überspannende Holzbrücke, um anschließend zum 1936 erbauten Mausoleum der Familie Ovie zu gelangen.

Auf der nach Süden ausgerichteten offenen Wiesenfläche hinter der Graft befand sich bis Anfang der 70er Jahre eine Obstgartenanlage. Ein im Herbst 1972 tobender Orkan riss jedoch etliche der alten Apfelbäume um. Über eine weitere, nicht mehr vorhandene schmale Brücke führte der Gartenweg etwas weiter westlich zu den drei Hühnerhäusern in der Nähe der Feldscheune und zu einem großflächigen Gemüsegarten mit Spargelfeldern. Einige Johannisbeer- und Stachelbeersträucher wuchsen am Rande der anschließenden Bleiche. Überschüssiges Obst wie zum Beispiel Quitten wurden in den 50er Jahren an den Obsthändler Kache in Oldenburg verkauft.

Die Brüder Harm und Frerk Ovie übernahmen 1972 den Gutshof von ihrem Vater Dr. Hans Diedrich Ovie, der ihn ab 1936 bewirtschaftet hatte, und gründeten eine Baumschule. Aus dieser Zeit stammen innerhalb der Gartenanlage zahlreiche Anpflanzungen von neu eingeführten Sorten aus der Gruppe der Rhododendron Yakushimanum-Hybriden, die mit Staudenbeeten als farbenfrohe Blickfänger ergänzt wurden.

Die heutigen Besitzer Renate Franz und Hans-Georg Frers erhalten die etwa 1,5 ha große Parkanlage im Sinne der alten Strukturen. Aus alter Tradition wurde vor einigen Jahren im Bereich des ehemaligen Gemüselandes ein neuer Obstgarten angelegt, den nun eine Mauer aus historischen Steinen des Hofes einfriedet und die mit Spalierobst wie Birne und Pfirsich bepflanzt wurde. Von der weißen Burggrabenbrücke führt ein wiederhergestellter Waldweg zum Mausoleum und von dort spaziert man über eine weitere Brücke über die Aue in neu angelegte Gartenbereiche, in denen im Sommer vor allem Ramblerrosen und Rhododendren prächtig blühen.

*(ES)*

**Auf der Rasenfläche hinter dem Haus die in der 2. Hälfte des 19. Jahrhunderts gepflanzte Linde und eine schmalwüchsige Omorikafichte vor den blühenden Rhododendren.** *(WT)*

**Grottenmaterial Kalktuffstein, Garten Kahmann in Badbergen.** *(ES)*

**Anzeige „Thüringer Grottensteine" aus: Neubert's Garten-Magazin, Jg.46, 1893, S. 112 (Beiblatt).**

# Grottenfieber

**Mariengrotte aus Tuffstein in Elisabethfehn.** *(Museumsdorf Cloppenburg)*

Fast jeder der von uns besichtigten Blumengärten hatte eine solche und besitzt sie zum Teil noch bis heute: die Grotte.

Gegen Ende des 19. Jahrhunderts spricht man sogar von einem „Grottenfieber". Neben Gartenhäuschen, Lauben, Wintergärten oder Veranden waren sie beliebte Ruheplätze und wurden gerne in der Nähe des Wohnteils des Hofgebäudes oder im hinteren Gartenbereich als Abschluss vor einer waldartigen Gehölzpartie errichtet. Die geräumige, halbkreisförmig angelegte Fläche wurde in der Regel von größeren aufeinander gelegten Steinen umrandet und gerne mit Farnen, Efeu, Steinbrechgewächsen, Funkien oder Purpurglöckchen bepflanzt.

Aber auch andere Materialien wie Torfsoden, Sand-, Ziegel- oder Tuffsteine wurden zur Errichtung einer Grotte verwendet.

Im Handwörterbuch über die bürgerliche Baukunst und schöne Gartenkunst von 1804 findet man unter dem Begriff Grotte folgenden Eintrag: „ein aus der Nachahmung natürlicher Höhlen entstandenes Werk, das man bisweilen in Gärten anbringt."

In einem im Landschaftsstil gestalteten Garten wurden gerne Landschaftsbilder nachgeahmt, die möglichst natürlich wirken sollten, „wie von der milden Hand selbst geordnet und geleitet".

In einer, im Park inszenierten bergigen und felsigen Landschaft als „natürliche Heimat der Grotte" wurde eine Aushöhlung eingearbeitet, möglichst in Verbindung mit schroffen Klippen, Wassergüssen oder zufällig herab träufelndem Wasser. Die Umgebung sollte verwildert wirken und der Zugang zur Höhle leicht versteckt sein. Um den Charakter der „höchst einfach" wirkenden Höhle zu verstärken, sollte man sie beispielsweise einer Nymphe oder einem Heiligen des Landes widmen.

Gegen Ende des 19. Jahrhunderts erfreuen sich auch aufwendige Beete, als Felspartie gestaltet, großer Beliebtheit. Als Baumaterial nutzte man dafür gerne Thüringer Grottensteine, ein Kalktuffstein mit meist hellgelblicher Färbung. Diese wurden auch bei der Anlage von Grotten im Sinne einer Höhle oder Einsiedelei, für Wintergärten, Ruinen, Felspartien und eben auch für die beliebten Ruheplätze, den Grotten der Gärten Nordwestdeutschlands, verwendet. *(ES)*

*Abb. rechte Seite:*

**Tuffsteingrotte im Hausgarten des Kulturschatzhofes Cramer in Jade, um 1870 angelegt.** *(WT)*

**Muschel und farbige Steine: Grotte des Gartens Meyer-Nutteln.** *(WT)*

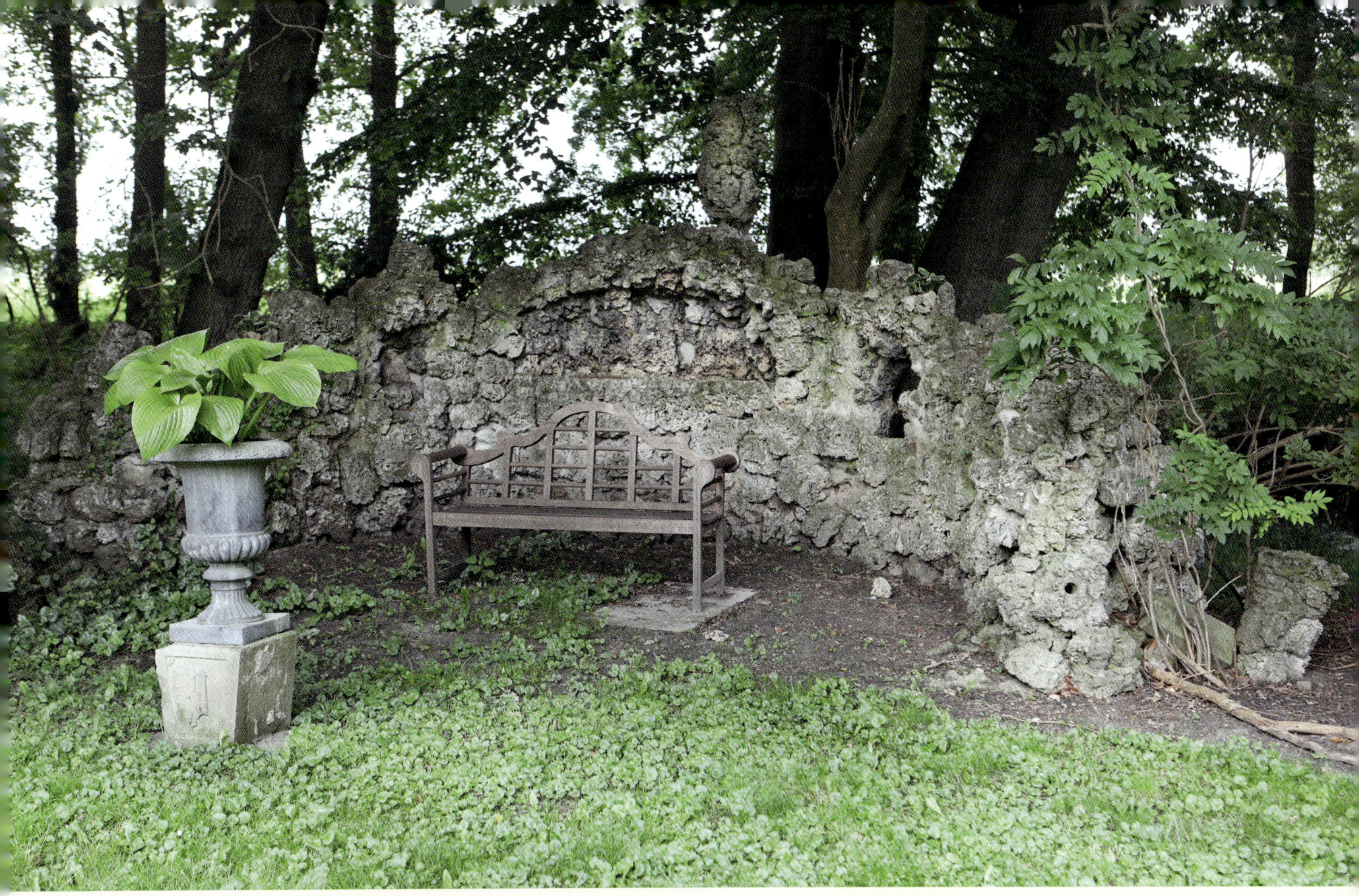

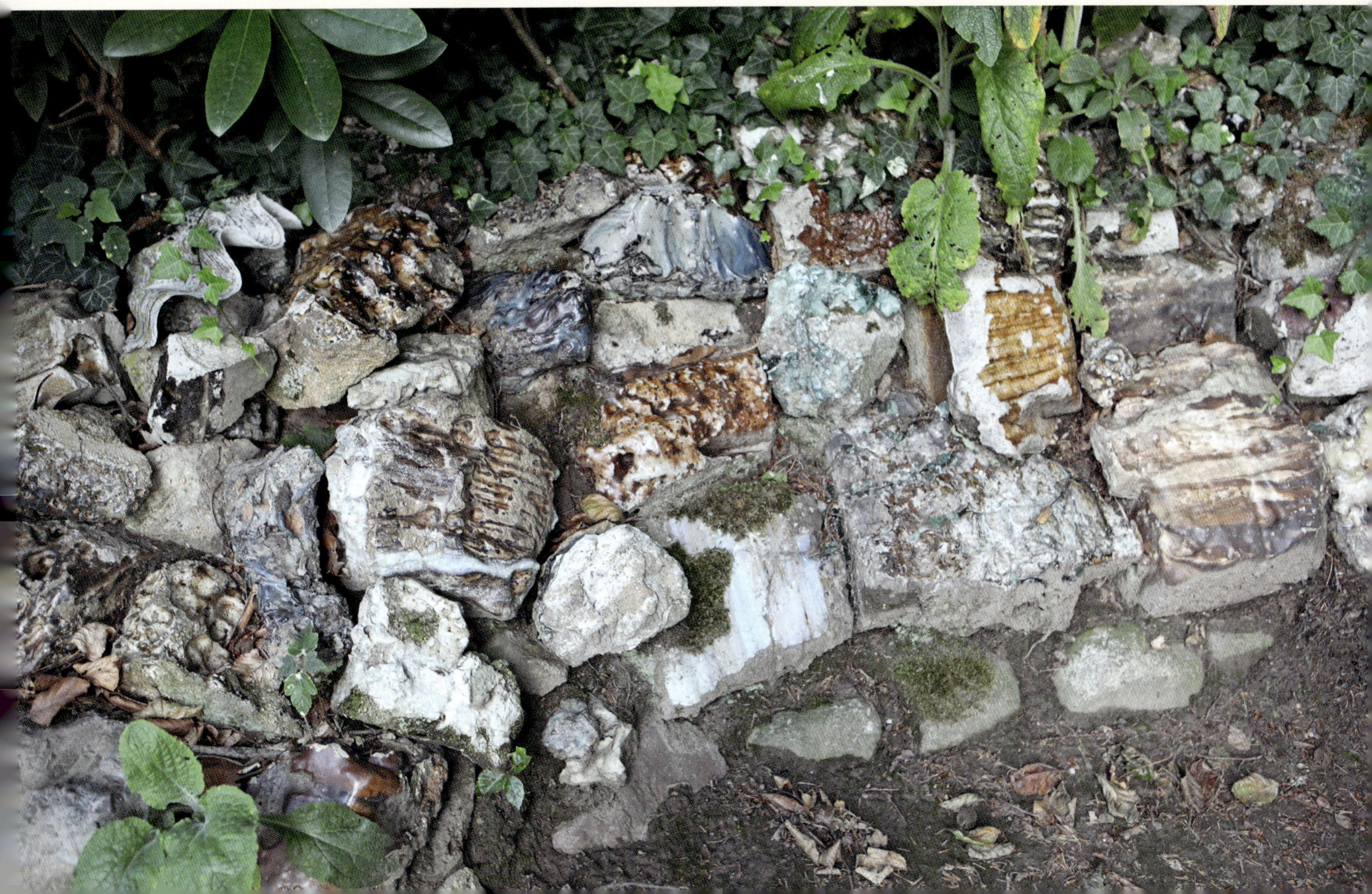

**Alte Wegeführung entlang der Villa mit jung angepflanzter Edel-Tanne.** *(privat)*

# Gut Wahnbek
Rastede-Wahnbek

**Blumensäule mit Schale als Dekorationselement des Parks um 1900.** *(WT)*

Nur wenige Kilometer nördlich von Oldenburgs Stadtmitte, in der Rasteder Bauerschaft Wahnbek, befindet sich die Parkanlage des Gutes Wahnbek. Die Hofstelle liegt geografisch auf dem oldenburgisch-ostfriesischen Geestrücken; in östlicher Richtung fällt das Gelände in die Niederungen des Ipweger Moores ab.

1905 ließen Johann Hullmann und seine Frau Ida von einem Bremer Architekten das bereits zweigeschossige Wohnhaus zu einem zweieinhalb geschossigen, landschlossartigen Gebäude als weißen Putzbau errichten. Kurze Zeit später erhielt die Villa noch einen Wintergartenanbau im neobarocken Stil. Sowohl das Wohnhaus mit Eckturm, Altanen und aufwendigen Verzierungen wie auch die umgebende landschaftlich gestaltete Parkanlage sind als Bau- und Gartendenkmal ausgewiesen.

Die Grundstrukturen der Parkgestaltung von damals sind bis heute nachzuvollziehen. Wichtige architektonische Elemente wie die Gartenpergola am Hausteich, eine steinerne Rundbank, zierende Blumensäulen sowie zwei über den Gartenteich führende geschwungene Brücken sind im Originalzustand erhalten.

Mehrere Baumriesen, wie zum Beispiel eine knorrige etwa 30 Meter hohe blaue Edel-Tanne, zwei alte Eichenbäume in der Nähe des Wohnhauses und eine mächtige Platane, stammen aus der Zeit der Bepflanzung Ende des 19. Jahrhunderts. Auf um 1920 entstandenen Fotos ist zu erkennen, dass zumindest der hausnahe Gartenraum von einem an Betonpfählen befestigten Maschendrahtzaun umschlossen war.

Innerhalb der stets sorgfältig kurz geschorenen Rasenfläche, an Weggabelungen und innerhalb der Kiesflächen nahe des Hauses befanden sich größere und kleinere Schmuckbeete mit Hochstammrosen, Blumen oder Koniferen bestückt. Die Bepflanzung mit den heutzutage besonders im Mai üppig blühenden Rhododendren erfolgte erst in den fünfziger Jahren.

Die für einen Landschaftsgarten typischen Wegeführungen sind nur noch in Hausnähe erhalten. Ein noch weiter verzweigtes Wegesystem durchquerte früher den hausnahen Rasenbereich und führte zu abseits liegenden Parkbereichen. So konnte man auf gekiesten Wegen vom Hausteich zum Waldteich spazieren. Unmittelbar hinter diesem befand sich auf einem kleinen Aussichtshügel ein Holzpavillon mit Gartenmöbeln, ein besonders beliebter Ort zur Teestunde im Sommer. An der dem Haus zugewandten Seite war das Erdreich des Hügels durch aufgeschichtete Feldsteine befestigt. In dieser halbrundförmigen Steingrotte bot sich eine weiß gestrichene, der Rundung angepasste Gartenbank als weiterer Ruhesitz an.

Pergola mit Treppenstufen hinunter zum Hausteich, beiderseits von Bogenbrücken begleitet. *(ES)*

Rudertour mit Boot „Iphigenie" auf dem Hausteich, Pergola mit schlichten weißen Pflanzgefäßen und Gartenbank, um 1905. *(privat)*

**Stieleiche, Edel-Tanne und eine mittlerweile 140-jährige Platane sind bis heute markante Parkelemente.** *(ES)*

**Blick vom Treppenlauf des Wintergartens hinüber zum Gartenteich.** *(ES)*

**Wohnhaus des Gutes vor dem Umbau um 1900: Waldteich mit Knüppelholzbrücke, im Hintergrund sieht man die noch junge Bepflanzung und neu angelegte Spazierwege.** *(privat)*

Von der kleinen Anhöhe ging es über Stufen wieder hinunter und nach Überquerung eines Feldweges erneut hinauf zu einem weitläufigen Waldparkbereich, der ebenfalls mit einem Ruheplatz ausgestattet war. Spaziert man den Feldweg weiter, erreicht man früher wie heute nach wenigen Minuten den mitten im Grünen gelegenen Privat-Friedhof der Familie.

Seitlich des Hausteiches gelangte man nach Durchschreiten eines weiß gestrichenen Gartenportals mit Pforte und nach Überqueren des Feldweges zu den großflächigen Gemüsefeldern des Hofes, an deren Rändern sich Mistbeete zur Anzucht von Kohlpflanzen und Salat und auch ein Gewächshaus befanden. Westlich davon waren ein großer Kükenstall sowie eine Obstgartenanlage, die Ende der 1960er Jahre gerodet wurde. Die Früchte dienten nicht immer nur zur Eigenversorgung. In den dreißiger Jahren hatte man so viel Überschuss, dass ein Teil der Apfelernte nach Oldenburg und auch nach Berlin verkauft werden konnte. Für den Transport wurde das Obst sorgfältig in große Kartons versandfertig verpackt und von der hofnahen Haltestelle Ipwege per Bahn verschickt.

Die Pflege der mit rotem Kies bedeckten Wege war Arbeit der Kinder, es wurde dabei fleißig Unkraut gehackt und anschließend geharkt. Nach dem Zweiten Weltkrieg begann man die sehr pflegeintensiven Wege einzuebnen und in die Rasenfläche zu integrieren.

Schmuckstück des Gartens war und ist auch heutzutage immer noch die steinerne Gartenpergola, die sowohl von links wie rechts von jeweils einer bogenförmigen, den Hausteich überspannenden Brücke flankiert ist.

Auch an kalten Wintertagen kann vom Wintergarten des Wohnhauses dieser malerische Ausblick in den denkmalgeschützten Garten genossen werden.

*(ES)*

**Sommerliches Wasservergnügen um 1907 am Springbrunnen des Parks.** *(privat)*

**Denkmal-Inschrift „Das Edle und das Schöne", Grabstätte des im Wald gelegenen Privat-Friedhofes.** *(ES)*

**Vorderansicht des Gutsgebäudes, erbaut im Jahr 1678.** *(ES)*

**Historisches Hofpflaster.** *(ES)*

# Gut Neuenhuntorf
Berne-Neuenhuntorf

**Imposante Blutbuche im Einfahrtsbereich vor dem Gutsgebäude.** *(ES)*

Im südlichen Teil der Wesermarsch, in der Gemeinde Berne, befindet sich der etwa 1,2 ha große Garten des Gutes Neuenhuntorf. Das Grundstück ist in eine weiträumige Wiesenlandschaft eingebettet, in der Ferne erahnt man den Deich der Hunte.

Das war nicht immer so: Auf den historischen Karten aus dem Hausbuch der Familie Münnich erkennt man, dass das Gutsgebäude und sein Garten in der zweiten Hälfte des 18. Jahrhunderts direkt am Deich, an einem Bogen der Hunte lag und auch über einen eigenen Anleger verfügte.

Das Wohnhaus wurde 1678, diesen Hinweis gibt der eingemauerte Stein über dem Eingang, im Auftrag von Anton Günther Münnich auf einer Warft erbaut. Schon Jahre zuvor konnte die aus der bäuerlichen Vogtei Wüstenland stammende Familie Mönnich, die später in den Adelsstand versetzt wurde und sich ab dann von Münnich nennt, die umliegenden Gutsländereien samt zwei Vorwerksgebäuden erwerben. Nach der Fertigstellung des Gutshauses wird wahrscheinlich auch der in den Plänen des Hausbuchs dokumentierte Garten des Gutes entstanden sein. Die herrschaftlich barocke Gartenanlage bestand aus einem oberen und unteren Gartenbereich. Zwischen den beiden Gartenbereichen verlief der Weg von Oldenburg über Huntebrück nach Berne, von dem aus eine Zugbrücke über die Graft zum Hof führte.

Mehrere Generationen der Familie von Münnich haben sich mit dem überlebenswichtigen Thema des Deichbaus beschäftigt. Anton Günther von Münnich wurde zum ersten General-Deichgrafen der Grafschaften Oldenburg und Delmenhorst ernannt. Im erst 1767 gedruckten Werk „Oldenburger Deichband" fasste er seine umfangreichen und wertvollen Erfahrungen für die Nachwelt als Leitfaden zusammen.

Nach seinem Tod ließ sein Sohn Graf Burchard Christoph von Münnich das Gut Neuenhuntorf während seiner Tätigkeit am russischen Hof mehrere Jahrzehnte verwalten. Das bereits erwähnte und aus dieser Zeit stammende Hausbuch zeigt in seinen Plänen weitere Einzelheiten der Parkgestaltung.

Als eine Besonderheit des Gutsgartens galt ein aufwendiges Rohrleitungssystem mit Verbindung zur Hunte, das die Graft des oberen Gartens bis zu den Fischteichen im unteren Garten miteinander verband. Ebbe und Flut sorgten über Holzröhren für die stetige Beförderung von frischem Wasser aus der Hunte, welches nebenbei ein „angenehmes Geräusch" verursachte. Ein in der Nähe eines Blumenquartiers und relativ nahe zur Hunte liegendes Wasserbecken hatte sogar eine kleine Überraschung für die Gäste des Gartens: Durch ein im Querschnitt verengtes Rohr drang bei auflaufender Flut das Wasser der Hunte und ließ eine emporsteigende Fontäne entstehen.

Die ehemalige, entlang der Graft verlaufende Hainbuchenhecke ist mittlerweile zu 15 Meter hohen Bäumen durchgewachsen. *(ES)*

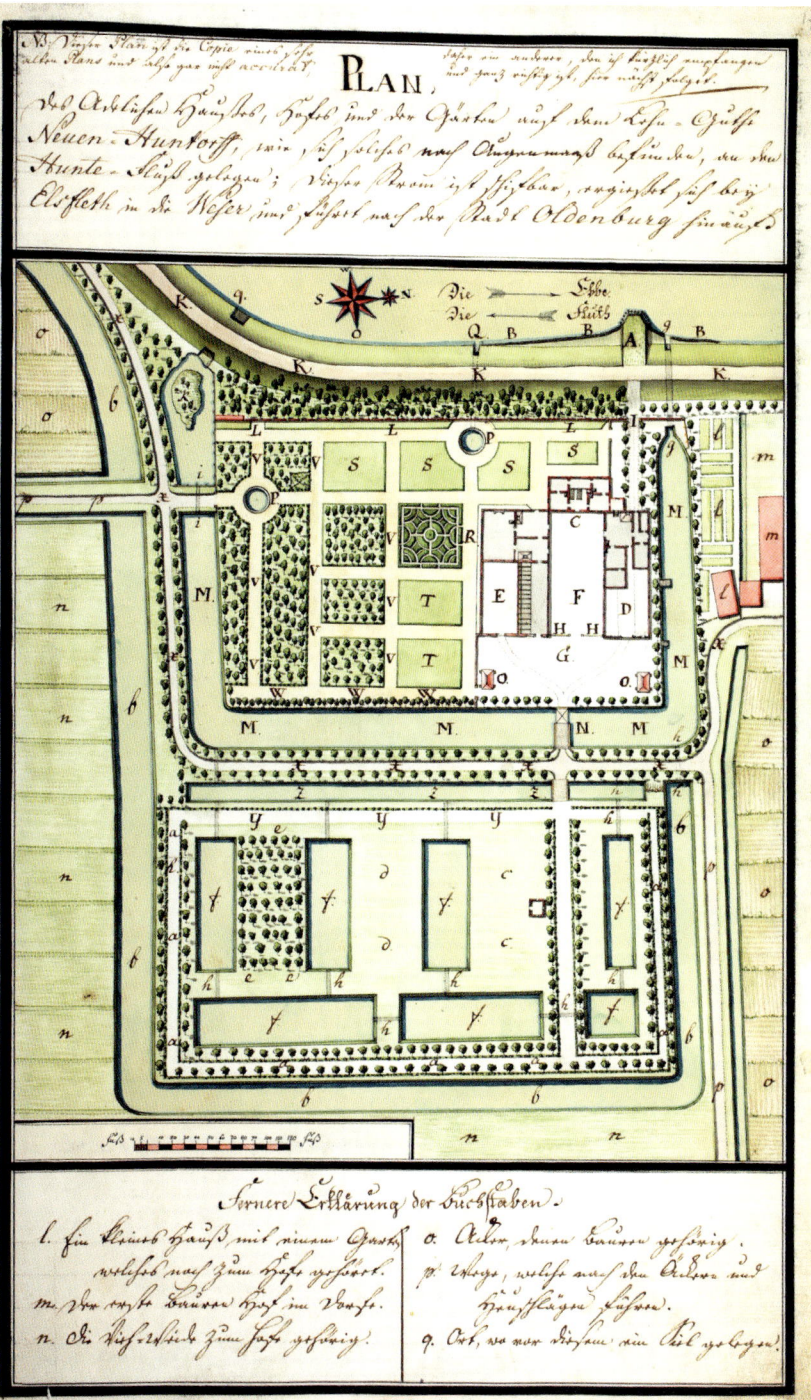

**Gartenplan des Gutes Neuenhuntorf, um 1764.**
*(Niedersächsisches Landesarchiv – Standort Oldenburg)*

Im oberen Garten befanden sich neben den insgesamt zwei runden Wasserbecken auch rechteckig angelegte Quartiere für Blumen, Kräuter, Gemüse sowie eine großzügige Obstgartenanlage. Über deren Sortenauswahl gibt eine weitere Liste aus dem Jahr 1764 Auskunft: In den von Wegen begleiteten Quartieren wuchsen hochstämmige Apfel- und Birnbäume und hoch-, halb- und niederstämmige Kirschbäume. Apfel- und Birnenzwergbäume standen wiederum in schmalen Rabatten. Die warme und windgeschützte Mauer des Süder-Vorwerks war ideal für Spalierobst; dort gediehen Kirsch-, Pfirsich-, Pflaumen- und Aprikosenbäumchen. Auch Mispeln und Birnenquitten sind in der Liste aufgeführt. Das Süder-Vorwerk wurde um 1800 abgerissen.

Innerhalb der Allee im unteren Garten wuchsen Haselnuss-Sträucher. Dieser ähnlich große Gartenbereich war ebenfalls von einem Graben umgeben und nur über eine Zugbrücke zu erreichen. Im Jahr 1765 wurde auch hier ein Obstgarten angelegt. Im Hausbuch wird vom Gutsverwalter eine mögliche Herkunft der Pflanzen genannt: Sie wurden bei einem Gärtner Otto in Bremen und einem Gärtner Wohlers in Altona gekauft, die beide mit Obstbäumen handelten.

Einer Liste zufolge wuchsen mehr als 50 verschiedene Sorten und mehr als 200 Obstbäume im geo-

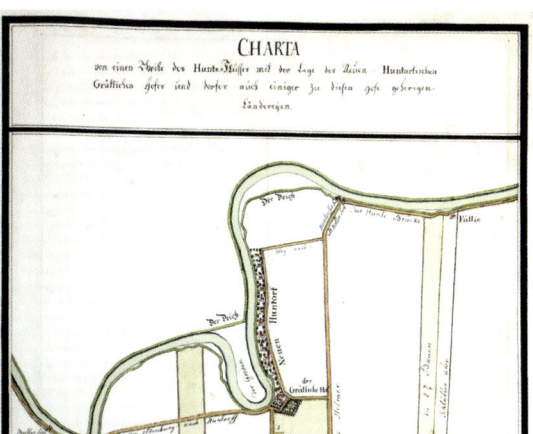

**Lage des gräflichen Hofes zur Hunte, Kartendetail.**
*(Niedersächsisches Landesarchiv – Standort Oldenburg)*

**Seitlich des Südgiebels befindet sich ein von den jetzigen Besitzern aufgemauerter Brunnen, an ähnlicher Stelle befand sich laut Plan von 1764 eines von zwei runden Wasserbecken mit Fontäne.** *(WT)*

**Verzeichnis der Obstbäume in dem Huntorfer Garten von 1764, mit Sorten von hochstämmigen Apfel- und Birnbäumen, Zwergbäumen, Kirschbäumen, Mispeln und Quitten.** *(Niedersächsisches Landesarchiv, Standort Oldenburg)*

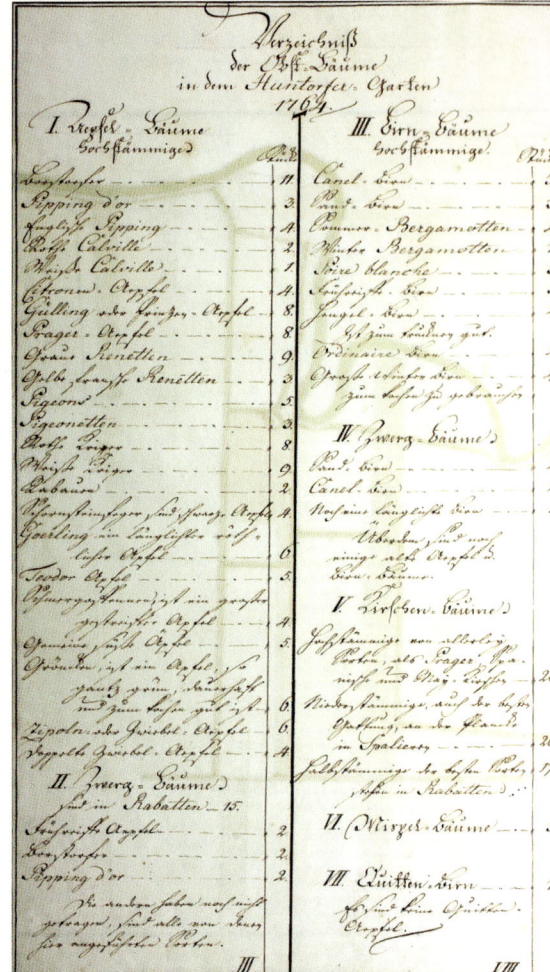

**Ein etwa 100 Jahre altes Birnenspalier am Mauerwerk des Norder-Vorwerks.** *(ES)*

metrisch angelegten Gutsgarten. Zum Vergleich: Knapp 100 Jahre später, im Jahr 1850, erwähnt der Oldenburger Hofgärtner Julius Bosse, dass etwa 116 Sorten Obstbäume im großherzoglichen Küchengarten des Schlossgartens angepflanzt seien.

Die Graft des oberen Gartens umschloss fast den gesamten Hofraum. Nur nach Westen zur Hunte schottete eine Mauer den Garten- und Hofraum zum Huntedeich ab. Die Gräfte wurden von Baumreihen, hauptsächlich Linden, begleitet. Ein Teil der Graft des oberen Gartens ist bis heute erhalten geblieben. Dort wachsen im Bereich einer Reihe knorriger Hainbuchen an der langen Ostseite zur Straße und unter einer sehr alten Linde in der äußersten südwestlichen Gartenecke im Frühjahr zunächst Schneeglöckchen und etwas später ein dichter Teppich aus weiß und rosa blühenden Buschwindröschen.

1871 wurde das Gut der von Münnichs verkauft. Eine imposante, rundum gleichmäßig entwickelte Blutbuche schmückt heutzutage die Rasenfläche gegenüber dem Norder-Vorwerksgebäude. Sie könnte aus der Zeit des Gutsverkaufes an die Familie Oetken stammen. Ab 1915 wurde der Hof immer wieder neu verpachtet und schließlich 1982 an die Familie Logemann verkauft. An dem Mauerwerk des verbliebenen nördlichen Vorwerksgebäudes wächst nun ein vom heutigen Besitzer gepflanzter Echter Wein. Ein seitlich davon gezogenes, schon etwas knorriges Birnenspalier könnte vom Vorbesitzer stammen. Eine alte schon mehrfach wieder ausgeschlagene Linde, nahe des Standortes der alten Zugbrücke, ist einziges Überbleibsel des unteren Gartens, dessen Fläche heute landwirtschaftlich genutzt wird. Im ehemaligen geometrisch angeordneten Obstquartier des oberen Gartens blühen Ende April inmitten einer Wiese ein Dutzend etwa 70 Jahre alte Apfelbäume.

*(ES)*

**Blick von der Obstwiese zum Gutsgebäude, die lange Buchsbaumhecke wurde um 1900 gepflanzt.** *(ES)*

**Rosenblüte am Mauerwerk des denkmalgeschützten Gutsgebäudes.** *(WT)*

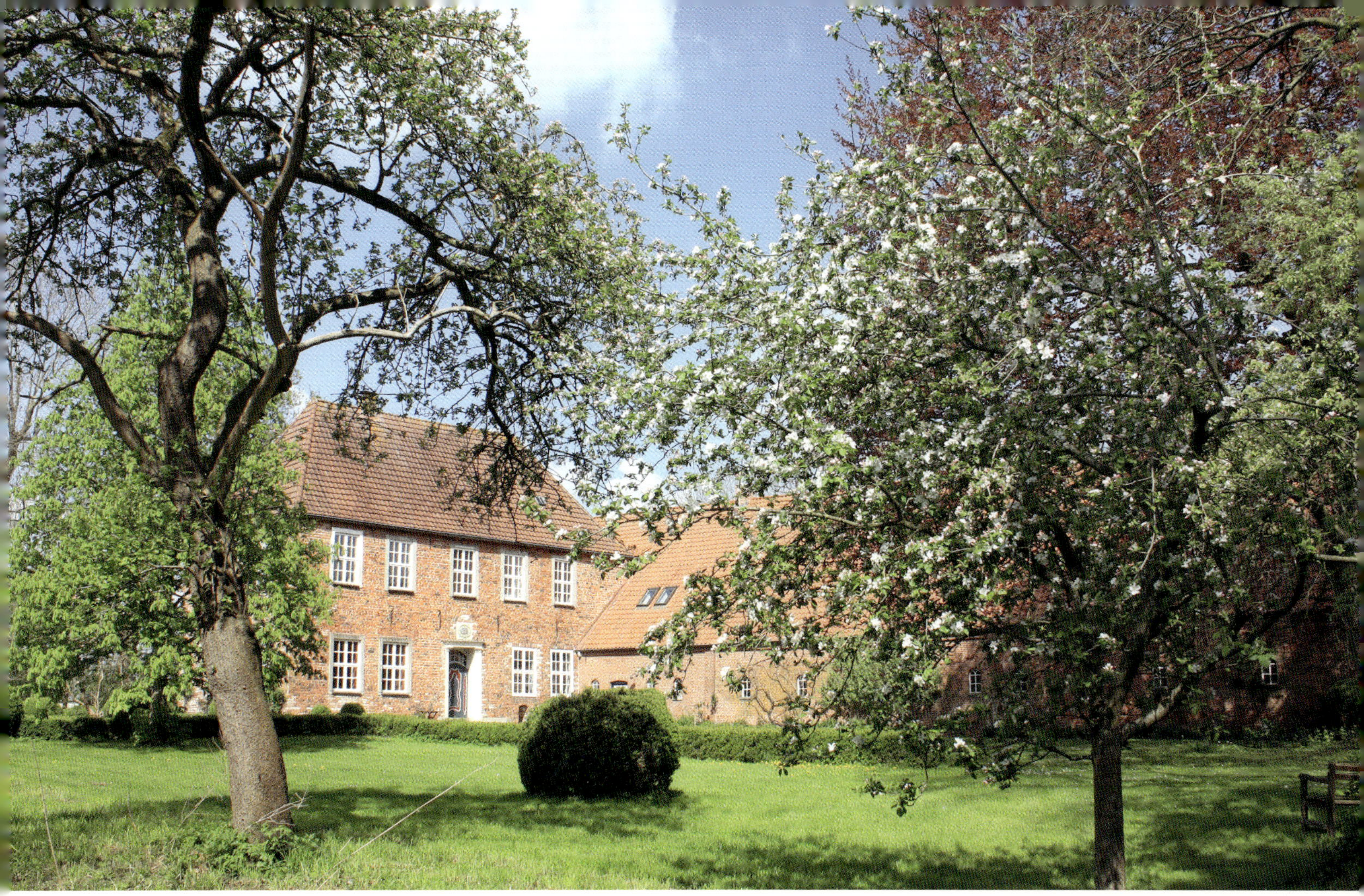

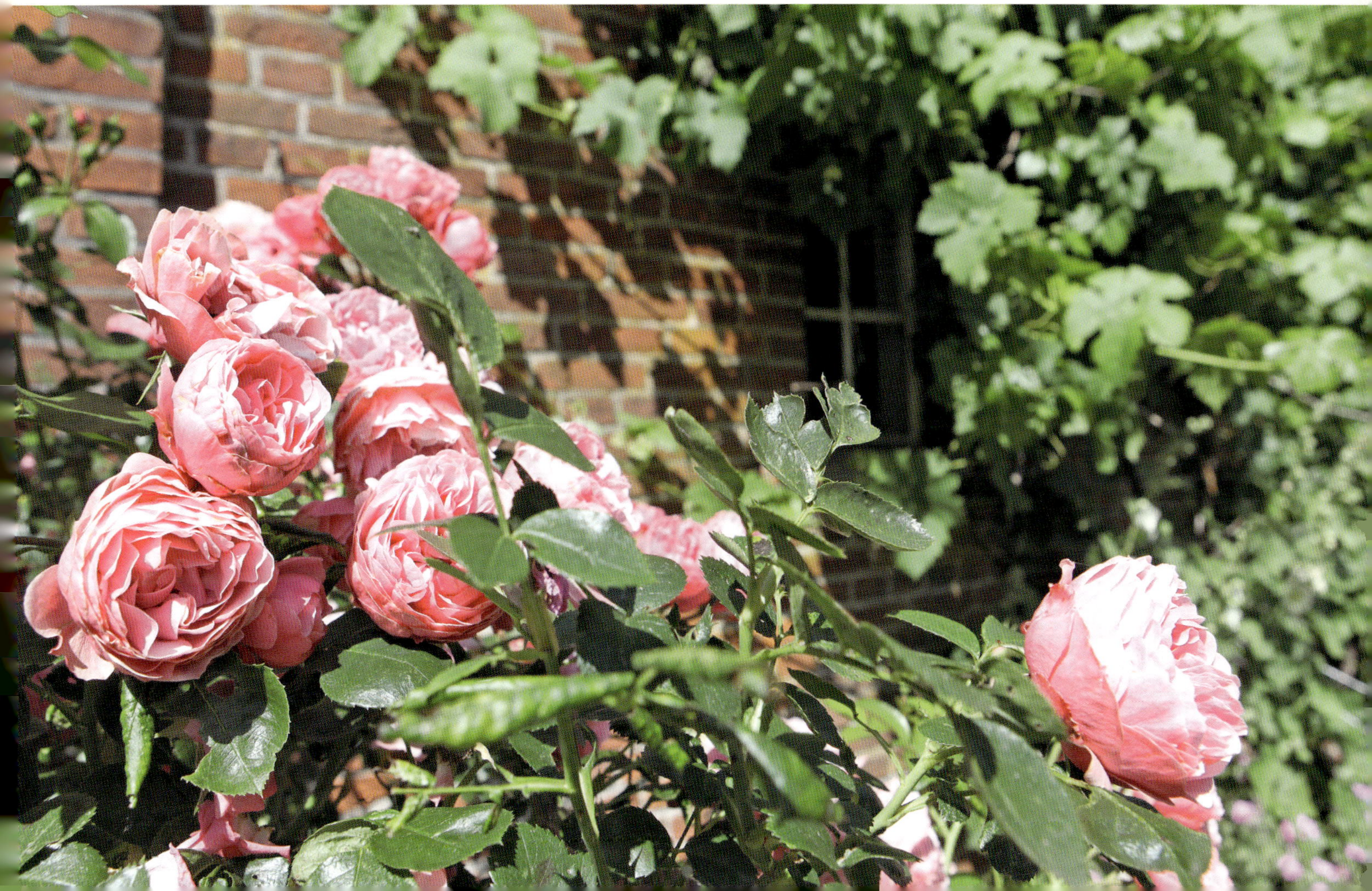

**Gewächshäuser zu beiden Seiten des Teehauses mit Treppenanlage und abwechslungsreich bepflanztem Staudenbeet sowie Tulpen und Stammrosen im Hintergrund, 1914.** *(privat)*

**Über 150 Jahre alte geschnittene Linden entlang der Mauerseite des „Kleinen Gartens".** *(privat)*

**Üppige Blumenpracht im sorgfältig gepflegten „Kleinen Garten", Sommer 1957.** *(privat)*

# Anwesen Hesse - Conring - Jhering
Weener

Die ostfriesische Kleinstadt Weener liegt im südöstlichen Bereich des Rheiderlandes nahe des Westufers der Ems und der niederländischen Grenze. In der historischen Altstadt zeugen zahlreiche denkmalgeschützte Gebäude, von denen etliche im 18. und 19. Jahrhundert errichtet wurden, vom Reichtum ihrer Erbauer. Die fruchtbaren Kleiböden der umgebenden Äcker garantierten profitable Erlöse aus der Landwirtschaft. Insbesondere der rege Pferdehandel sorgte seit Anfang des 18. Jahrhunderts für gute Geschäfte. Die Rheiderländer Kutsch- und Reitpferde wurden vorwiegend an Heere und Herrscherhöfe verkauft, nicht selten bis nach Italien und Frankreich.

Auch der Weeneraner Jan Hesse (1778-1862) profitierte vom gewinnbringenden Pferdehandel und wohnte mit seiner Familie in einem „ansehnlichen" Wohnhaus, das 1850 nach einem Brand in zweigeschossiger Ziegelbauweise ähnlich einem Gulfhaus größtenteils neu errichtet werden musste. Auch die Gulfscheune wurde in diesem Jahr neu aufgemauert, wie der mit einer Jahreszahl geschmückte Maueranker in der Giebelspitze verkündet.

Die nach Osten ausgerichtete rechteckige Gartenfläche ist von einer Mauer umschlossen, die bis zu den jeweiligen Gebäudeecken der Scheune reicht. Anfang des 19. Jahrhunderts befanden sich an der langen Nordseite des Grundstücks, von der Scheune beginnend, ein etwa sieben Meter langes Gewächshaus, direkt anschließend ein aus der Flucht leicht hervorstehendes Teehaus und zum Schluss ein zweites ähnlich großes Gewächshaus, das bis an die hinterste Gartenmauer heranreichte. Auf den zur Südseite ausgerichteten Dachflächen der Gewächshäuser lagen aufgerollte Rohrmatten, die gegebenenfalls dem Schattieren der Glashäuser dienten.

Das im Jahr 1910 errichtete Teehaus hatte in der dreieckigen Giebelfläche oberhalb des mit Schiebetüren versehenen Einganges einen dekorativen ellipsenförmigen Glasausschnitt. Im Gegensatz zu den beiden 1992 abgetragenen Gewächshäusern ist das Teehaus bis heute erhalten und besticht durch seine schlichte, schnörkellose Architektur. Etwa sieben Meter vom Teehaus entfernt befand sich vis-à-vis ein weiteres kleines Gebäude mit aufgesetztem Schornstein: ein Pflanzenhaus mit Heizungsanlage zur Überwinterung frostempfindlicher Gewächse.

Trat man nach Durchqueren der Gulfscheune in den Garten ein, öffnete sich der Blick auf einen architektonisch angelegten Gartenraum, der das Nützliche mit dem Schönen verband. Nach wenigen Schritten gelangte man über zwei Stufen aufwärts auf einen Kiesweg, der jeweils links und rechts von Stauden-

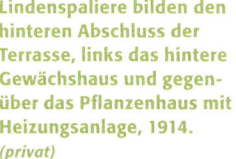

Blick aus der kleinen Tür der Gulfscheune in den Gartenraum, 1914. (privat)

Lindenspaliere bilden den hinteren Abschluss der Terrasse, links das hintere Gewächshaus und gegenüber das Pflanzenhaus mit Heizungsanlage, 1914. *(privat)*

Links der Giebel des Gulfhauses, rechts das 1910 erbaute Teehaus, heute ohne seitliche Gewächshäuser. *(ES)*

rabatten eingerahmt wurde. Der geradlinige Weg führte exakt auf ein rechteckiges Beet zu, um das herum der Kiesweg verlief. Über eine zweite zweistufige schmale Treppe, die innerhalb einer quer verlaufenden niedrigen Feldsteinmauer eingepasst worden war, erreichte man eine weitere, wiederum erhöht liegende Gartenfläche, die zur Linken durch das hintere Gewächshaus und zur Rechten durch eine niedrige Buchsbaumhecke begrenzt war. Wandartig geschnittene Lindenspaliere bildeten den hinteren Abschluss des Gartenraumes. Auf der mit feinkörnigem Kies bedeckten Fläche standen gusseiserne Gartenstühle zum Verweilen.

Überliefert ist, dass sowohl die Hausherrin Wilhelmine Margarethe Hesse (1827-1915), wie auch ihre im Besitz nachfolgende Tochter Alma Beck (1861-1938) ein hohes Interesse an der Gartenkultur besaßen. In den ringsum angelegten Beeten wuchsen natürlich wirkende Pflanzenkombinationen mit Blumenzwiebeln, flächig wachsende Polsterstauden und einzeln platzierte Zwerggehölze. Die architektonische Struktur des Raumes wurde durch die flächige Bepflanzung aufgelockert. Es handelte sich um eine der modernen Gartengestaltungen zu Beginn des 20. Jahrhunderts, in der der Garten nicht mehr Raum für dekorative Elemente ist, sondern zum Wohnraum im Freien wird.

**Das „Tempelchen" – immer noch Schmuckstück des „Großen Gartens".** *(privat)*

**Wilhelmine Hesse, fotografiert vor dem „Tempelchen" im Jahr 1907.** *(privat)*

Einige der über 150 Jahre alten, als Spalierbäume gezogenen Linden wachsen auch heutzutage noch entlang der den Garten umgrenzenden hohen Mauer. Parallel zur Südseite verläuft der alte gesandete Weg, der zur am Ende des Gartens in der Mauer eingelassenen Gartentür führt.

Etwa 1947 konnte ein sieben bis acht Meter schmales, aber längliches Grundstück eines ehemaligen Geschäftshauses entlang der nördlich verlaufenden Grundstücksgrenze erworben und mit Obstbäumen bepflanzt werden. Nach der Übernahme des Hauses im Jahr 2010 durch die jetzige Generation, Familie Jhering, wurde dort ein gepflasterter Sitzplatz angelegt, der an zwei Seiten von Lindenspalieren eingerahmt wird – als Wiederholung eines historischen Gestaltungselements.

Nach Verlassen des „kleinen" Gartens durch die hintere Gartentür befindet man sich auf der schmalen Burgstraße. Entlang der gegenüberliegenden Straßenseite verläuft ebenfalls eine langgezogene, etwa drei Meter hohe Steinmauer. Durch eine dort eingelassene Toröffnung gelangt man in den inzwischen auf etwas über ein Hektar vergrößerten, vermutlich seit Anfang des 19. Jahrhunderts angelegten „Großen Garten".

Der mit Klinkern eingefasste Spazierweg verläuft entlang der äußeren Peripherie des weiträumigen Parkbereiches. Weitere quer verlaufende und abzweigende Wege des Landschaftsgartens sind nicht mehr vorhanden. Ein über hundert Jahre alter schief gewachsener Birnbaum und einige alte Apfelbäume im vorderen Parkbereich sind letzte Exemplare einer größeren Obstgartenanlage, in deren Nähe sich auch bis in die 1980er Jahre Gemüsebeete befunden haben. Innerhalb der großen Rasenfläche und seitlich des Hauptweges befinden sich ab und an Gehölzgruppen mit Azaleen, Schneebeerensträuchern, Rhododendren, Stechpalmen, Lebensbäumen und Eiben. Auch verschiedene Parkbäume sind beim Promenieren anzutreffen wie Urweltmammutbaum, Flügelnuss, Tulpenbaum, Rot-Ahorn, Zierkirsche, Linde, Kastanie, Stiel- und Traubeneiche, Ginkgobaum, Omorika- und Mähnenfichte. Mit hoher Wahrscheinlichkeit stammten die Gartenpflanzen ab den 1880er Jahren aus der in Weener ansässigen Baumschule Hermann A. Hesse (gegründet 1879).

Gleich mehrere Blutbuchen wurden im Park gepflanzt. Drei dieser prächtig dunkelrot belaubten Baumriesen befinden sich im vorderen und mittleren Bereich des Landschaftsgartens, eine weitere über 150 Jahre alte Blutbuche mit einem Durchmesser von etwa 1,50 Metern am hinteren Ende des Parks, am Fuße des Aussichtshügels. In den 1970er Jahren

Altes Gestaltungselement in heutiger Anlage: 2016 gepflanzte Lindenspaliere rahmen einen neuen Sitzplatz ein. *(ES)*

Schief gewachsener alter Birnbaum neben imposanter Blutbuche in der oberen Partie des „Großen Gartens". *(ES)*

Schöner Durchblick vom Aussichtshügel über den Teich in den Park, mit üppiger Schneeglöckchenblüte, 1990er Jahre. *(privat)*

konnte das südlich benachbarte Gartengelände zugekauft werden, in dem etliche alte Apfelbaumsorten anzutreffen sind. Mehrere Nach- und Neupflanzungen im Park erfolgten nochmals ab 1990 durch Rembert Conring (1930–2006), der sehr an den Themen Gartenkultur und Gartengeschichte interessiert war.

Im zweiten Drittel der Parkfläche befindet sich das sogenannte „Tempelchen". Das dekorative, von Rhododendren umgebende Gartenhaus wurde um 1870 auf einer kleinen Anhöhe errichtet. Von hier fällt das Gelände nach Osten sanft bis zu einer größeren Teichanlage ab und steigt im Anschluss wieder zu einem Aussichtshügel an. Von diesem Standort aus hat man einen schönen Blick zurück auf das Tempelchen und kann die Weiträumigkeit des Parks genießen. Ein schmaler Pfad führt wieder hinab und um den Hügel herum. In seinem rückwärtigen Bereich bietet eine mit Feldsteinen modellierte Grotte einen geschützten Sitzplatz mitten im Grünen an. Anfang des 20. Jahrhunderts hatte man von hier noch einen unverbauten Blick über das breite Sieltief sowie über den Emsdeich hinweg zu den auf den Weiden grasenden Kühen.

Auch wenn es diesen weitläufigen Ausblick heutzutage nicht mehr gibt, so führt der Spazierweg vom Wohnhaus durch die aufeinander folgenden Gärten immer noch bis an das Sieltief. *(ES)*

**Perspektive 1915:** Blick von der Terrasse auf das Wasserbecken mit der Skulptur „Sitzende Frau mit Kind", im Hintergrund wieder die Blutbuche. *(privat)*

**Bis heute erhalten:** Wasserbeckenanlage mit sitzender Frau und Kind und der Blutbuche im Hintergrund. *(ES)*

# Gut Hullmann
## Oldenburg-Etzhorn

**Jugendstil-Villa 1907:** Neu errichtet mit frischem Anstrich, vor der Treppenanlage befindet sich noch ein Springbrunnen. *(privat)*

**Blumenschale auf einem Sockel oberhalb des Treppenlaufes.** *(ES)*

Im Jahr 1807 gründete der Etzhorner Bauer Gerd Hullmann auf seiner Hoffläche eine Brennerei. Ab Mitte des 19. Jahrhunderts setzte ein enormer wirtschaftlicher Aufschwung für den Hullmannhof ein, der sich in regelmäßigen Ankäufen von Ländereien und später auch von ganzen Höfen widerspiegelte. Moorländereien konnten mit Hilfe von zugekauften Maschinen drainiert, übersandet und bearbeitet werden. Gewinnbringend war auch der Verkauf von Schlachtvieh, wie Ochsen und Schweinen, die ergänzend zum Rauhfutter mit der Schlempe, einem nach Beendigung der Destillation zurückbleibenden Getreidebrei, zugefüttert wurden.

1906 ließen Gustav und Anna Hullmann eine schlossartige und mit Jugendstil-Elementen versehene Villa erbauen. Rund um das Wohnhaus entstand ein neuzeitlicher Park mit ausgiebigen Spazierwegen und schmückenden Elementen.

Von der großzügigen, mit Balustraden eingerahmten Terrasse, die jeweils links und rechts von einem Wintergarten flankiert wird, führen einige Stufen zum Garten hinunter. Balustraden rahmen auch die Treppenanlage zu beiden Seiten ein. Oberhalb des Treppenlaufs beginnt das Geländer mit jeweils einem Sockel, auf dem mit Blumenornamenten verzierte Pflanzschalen aus Betonwerkstein, platziert sind.

Unterhalb und nur wenige Meter gegenüber der Außentreppe befindet sich eine halbkreisförmige Wasserbeckenanlage, die exakt gegenüber der Treppenanlage positioniert ist. Der Blick des Betrachters fällt sofort auf die Skulptur in der Mitte des Beckenrandes, eine sitzende Frau mit Kind. Unterhalb dieser Figur ragt aus einem Froschmaul ein kurzes Rohr, aus dem früher das Wasser ins Becken sprudelte.

Zwischen Wasserspiel und Treppe befand sich ehedem ein Weg, der weiträumig im Oval um das längliche Wasserbecken führte und im weiteren Verlauf an ein zweites Kieswege-Oval anschloss. Von diesem zweigten weitere Seitenwege ab, um auch Bereiche des Parks auf der gegenüberliegenden Seite der repräsentativen Gutszufahrt zu erschließen. Dieses pflegeintensive Wegenetz bestand bis zum Ende des zweiten Weltkrieges. Zwischen 1947 bis 1962 diente die Villa als Klinik des Deutschen Roten Kreuzes für an Tuberkulose erkrankte Kinder und der Park als Erholungsraum für die jungen Patienten.

Aus der Mitte der vom zweiten Rundweg umschlossenen Rasenfläche ragte ein aufwendig angelegtes Teppichbeet empor. Das zum Zentrum gewölbte Schmuckbeet war von weißen Kieselsteinen rundum eingefasst. Ringsum wuchsen Agaven und auf dem höchsten Punkt des Beetes eine Fächerpalme.

Linienartig verlegte weiße Steinchen ergaben Konturen und Muster, verschiedenfarbige Blüten- und Blattschmuckgewächse ließen gewünschte Farbkontraste entstehen. Eine besondere Zierde des Gartens war auch eine am Rande des Spazierweges stehende viereckige hohe Stele mit breiter bepflanzter Schale und zwei Henkeln, die noch erhalten ist.

Wiederum einige Meter weiter vom Villengebäude entfernt wächst auch heutzutage noch eine prächtige Blutbuche, bewusst in der zentralen Längsausrichtung zum Haus und zur repräsentativen Treppenanlage gepflanzt. Einige Schritte westlich der Blutbuche erkennt man eine kleine Bodenerhebung. Innerhalb des sanften Hügels befand sich früher ein halbkreisförmiger Sitzplatz, die Grotte. Diese war über einen gewundenen Weg, den Schneckengang, zu erreichen. Von hier aus hatte man auch einen malerischen Blick auf die gegenüber der langen Gutszufahrt liegenden Pflanzungen und ein weiteres schmückendes Element des Parks: den Tempel.

Dieser Monopteros, ein beliebtes Staffage-Bauwerk des englischen Landschaftsstils, war wahrscheinlich ein Geburtstagsgeschenk für Anna Hullmann gewesen und dem bekannten Erdbeertempel im Kurpark in Bad Pyrmont nachempfunden.

Noch heute hat man von dort einen schönen Ausblick auf den Schwanenteich. In den Anfangsjahren der Parkgestaltung führte noch eine weiße Brücke zur kleinen Insel mit dem Schwanenhaus, das wiederum über eine Holztreppe für die Wasservögel zum „Wassergang" verfügte. Die Schwäne überwinterten immer im Pferdestall.

**Mitten im Grünen: Der Tempel im hinteren Bereich des Parks.** *(ES)*

**Blick auf den Schwanenteich, 1915.** *(privat)*

**Heutiger Blick auf den Teich mit Schwanenhaus und Wasserfontaine.** *(ES)*

**Kunstvoll angelegtes Teppichbeet, eingefasst mit weißen Kieselsteinen und einer Palme als Mittelpunkt, 1915.** *(privat)*

**Dekorationselement um 1900 und auch heute noch eine Zierde des Gartens: Stele mit Schale.** *(ES)*

*Abb. rechte Seite:*

**Einfassung der Wegekante mit dekorativen Gehäusen der Helmschnecke. Blick zurück zur Terrasse, im Hintergrund links die Stele mit oben aufgesetzter Schale.** *(privat)*

**Blick in den Park, seitlich vor der Villa Hullmann.** *(ES)*

Den Bereich des Villeneingangs schmückte ein rundes Blumenbeet mitten in der gegenüberliegenden Rasenfläche. Von dort führten Wege vorbei an Gehölzpartien mit Azaleen und Rhododendren zu weiteren Bereichen des Parks. Bis heute ist die Gutszufahrt mit gleichmäßig verlegten, weiß angestrichenen Findlingen markiert.

In den Anfangsjahren der Gartengestaltung wuchsen wesentlich mehr Nadelgehölze im Park. Eibensäulen, Lebensbaumkegel, Wacholder oder Chilenische Schmucktanne standen bevorzugt an Wegeverzweigungen oder als Solitär in Rasenflächen. Tannen und Fichten ordnete man in kleinen Gruppen am Wegesrand. Die Wege wurden mit dekorativen Gehäusen der Helmschnecke, die Schmuckbeete mit weißen Kieselsteinen oder gebogenen Weidezweigen eingefasst. Den Park und auch den Schwanenteich umschloss ein geschwungener Metallzaun mit Maschendrahtfüllung.

Viele der um 1906 gepflanzten Nadelgehölze und Laubbäume, so auch die Trauerweide und Magnolie am Schwanenteich, blieben nicht erhalten. Im Parkbereich hinter dem Wasserbecken stehen aus der Anpflanzung um 1900 eine Magnolie, drei Blutbuchen, hohe Eichen, Ahornbäume, Linden und zwei etwa 30 Meter hohe Blautannen sowie einige Rhododendren. In der Umgebung des Tempels wachsen noch gelbblühende Azaleen, Rhododendren, eine Magnolie, eine stattliche rotblühende Kastanie und einige mehr als hundert Jahre alte Eichen.

Auf Fotos ist zu erkennen, dass damals sehr viele Kletterpflanzen am Hause wuchsen, entweder girlandenartig an den Säulen der Wintergärten hochrankend oder flächig mit Hilfe einer Lattenkonstruktion an der Hauswand.

*(ES)*

**Üppige Rhododendronblüte im Mai.** *(ES)*

120    Gut Hullmann

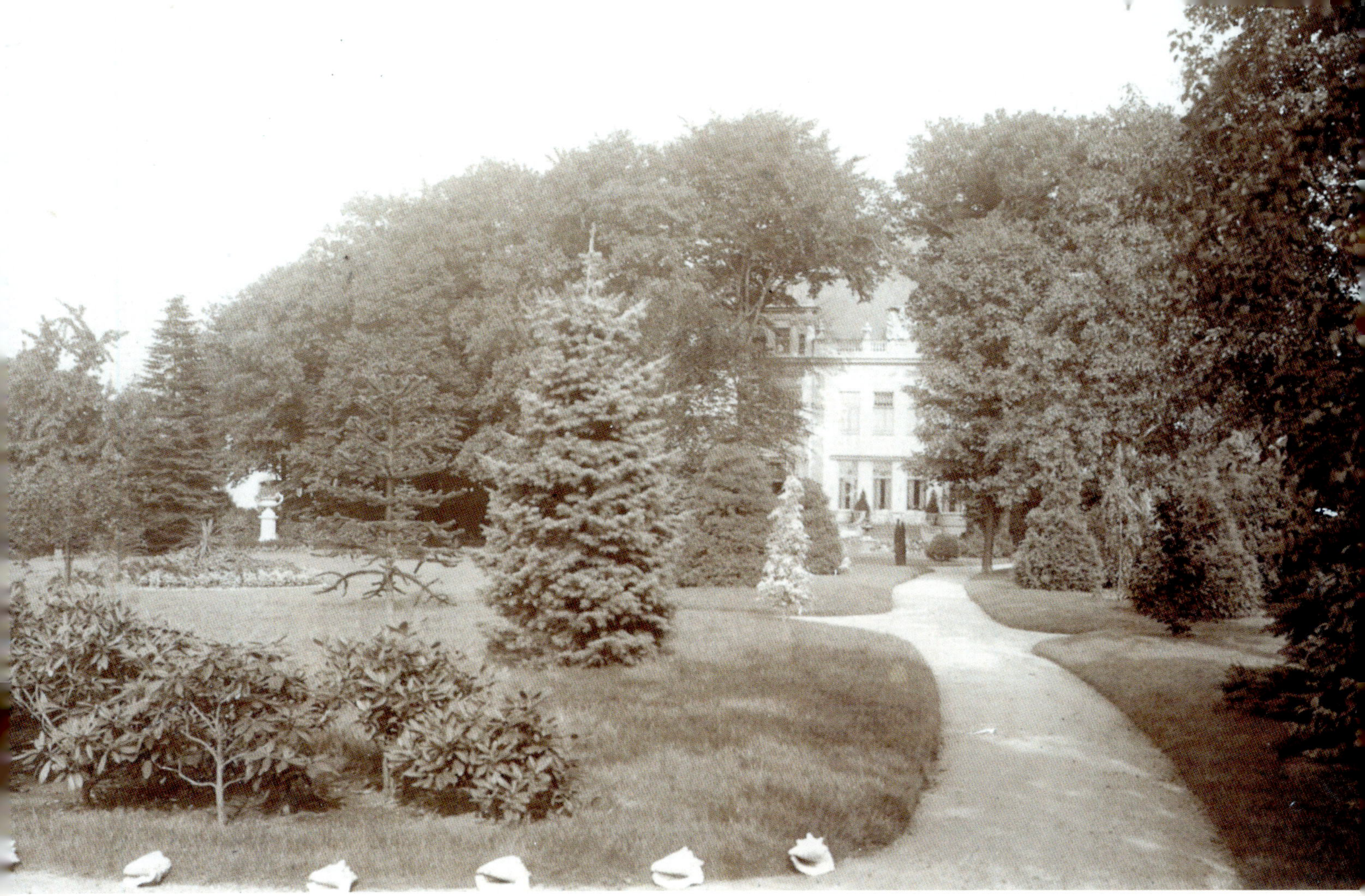

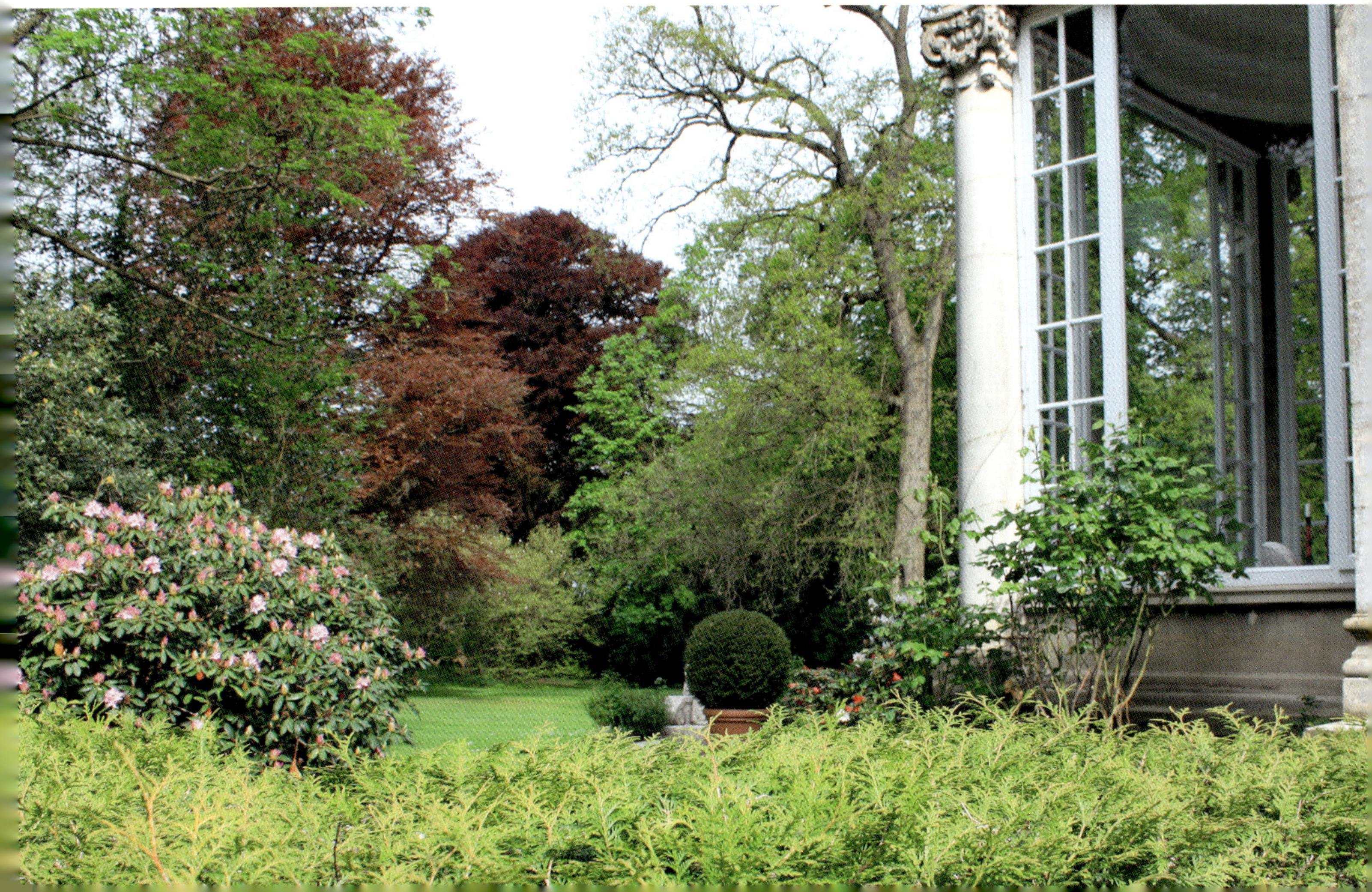

**Üppige Buschwindröschenblüte im März in der Rasenfläche vor dem Wohnhau.** (WT)

**Blühende Kastanienallee im Mai: Repräsentative Zufahrt zum Wohnhaus und dem historischen Brennereigelände.** (ES)

# Hof Hilbers
## Oldenburg-Etzhorn

**Frisch geharkte Parkwege – im Hintergrund das Schmuckbeet, 1920.** (privat)

Im Jahr 1848 entschied sich der Etzhorner Hofbesitzer Hilbers, eine kleine Brennerei als zweites Standbein neben seiner Landwirtschaft mit Milchvieh, Ackerbau und Grünland zu errichten. Die Geschäftsidee war so erfolgreich, dass schon 1885 unter Johann Gerhard Oltmann Hilbers eine weitere, wesentlich größere Brennerei-Anlage entstand. Auch die Landwirtschaft profitierte davon: Die beim Brennprozess als Abfallprodukt entstehende nahrhafte Schlempe wurde an das Mastvieh verfüttert. Modernisierungsmaßnahmen betrafen auch das Wohngebäude. Nach Abriss des alten Bauernhauses wurde dieses 1887 durch ein neues, ausschließlich zu Wohnzwecken geplantes Gebäude ersetzt. Entlang der langgestreckten Hof- und Brennereizufahrt pflanzte man 1905 beidseitig junge Kastanienbäume. Bis heute sind die Allee sowie das großzügige Rasenrondell als Umfahrt vor dem Eingang des Wohnhauses erhalten.

Um 1914 konnte die Familie das benachbarte Gut Etzhorn mit seinen Weideflächen aufkaufen. Im alten Grenzverlauf zwischen den beiden Höfen stehen noch heute einzelne Baumveteranen wie Buchen und Eichen. Eine mächtige 350 Jahre alte Eiche mit starken knorrigen Ästen befindet sich in unmittelbarer Nähe zum Gutsgebäude.

Der rund um das Hilbersche Haus angelegte Park konnte durch die neu erworbenen Flächen insbesondere nach Süden erweitert werden. An der Ostseite des Hauses wurde ein rechteckiger, gemauerter Schwimmteich von 20 x 10 Metern angelegt, der ursprünglich als Löschteich geplant war. Mit dem Erdaushub schuf man eine Erhöhung als Barriere zwischen Fabrikgelände und Gartenbereich. Des Weiteren modellierte man einen langgestreckten Hügel als Sichtschutz zum benachbarten Etzhorner Bahnhof.

Über gepflegte Kieswege gelangte man zu verschiedenen Gartenbereichen, wahlweise über einen außen verlaufenden Rundweg oder über einige davon abzweigende Querwege. Kurz vor dem neu angelegten Hügel erreichte man seitlich ein weiß gestrichenes Gartentor, das aus dem Grundstück und dann über einige Stufen hinunter zur Straße wie auch zum Etzhorner Bahnhof führte. Das Gartentor ließ Johann Dietrich Hilbers 1923 in Anlehnung an die Gartenpforte in Goethes Weimarer Garten nachbauen. Eine im Jahr 1920 dorthin unternommene Reise hatte ihn dazu inspiriert. Die Pforte mit Treppenanlage gab es noch bis etwa 1980.

Ging man den Rundweg weiter, gelangte man über Stufen auf den modellierten Hügel, dessen Abhang

Am linken Bildrand ist das Wohnhaus mit Wintergartenanbau, Garten und rechteckigem Schwimmbecken zu sehen – die Kastanienallee führt vom Wohnhaus zur Straße, Luftbildaufnahme 1936. (*privat*)

Gartenpforte aus dem Garten führend in Richtung Etzhorner Bahnhof, als Vorbild diente die Gartenpforte in Goethes Garten in Weimar, ca. 1972. (*privat*)

Marie Hilbers (rechts) mit üppigem Margeritenstrauß aus dem Garten, 1914. (*privat*)

Hof Hilbers 123

**Blick aus dem Wintergarten zum Silberahorn.** *(ES)*

**Familie Hilbers vor dem Gewächshaus, 1914.** *(privat)*

**Geschwungener Wegeverlauf durch den parkartigen Garten, 1914.** *(privat)*

mit Findlingen belegt und mit Rosen bepflanzt war. Oben befanden sich ein mit verschiedenen Kletterrosen bewachsenes Gestell und ein von Rosen begleiteter Pfad. Jeden Samstag wurden die zahlreichen Kieswege sorgfältig für das Wochenende geharkt. In den 1960er Jahren verschwanden diese jedoch nach und nach, da ihre Pflege sehr zeitaufwendig war.

Die an den Seiten des Umfahrtrondells wachsenden, mittlerweile hundertjährigen Rhododendren verdeckten früher einen weiteren Sitzplatz des Gartens: eine Hainbuchenlaube. Sie wurde 1915 angelegt und ringsum mit Ziersträuchern und Rosen bepflanzt. Innerhalb des Parks boten sich noch weitere Sitzplätze an, wie die hausnahe Terrasse oder ein Verweilort vor dem modellierten Hügel. Im weiteren südlichen Grundstücksverlauf wuchsen auch Obstbäume wie Pflaumenbäume, kleine gelbe Mirabellen und Zwetschen, aber auch Himbeeren und Brombeeren. Im Anschluss daran begannen die Spargelfelder. Die Obstbäume, von denen die saftigen Früchte des Apfelbaums 'Weißer Klarapfel' besonders beliebt waren, standen dort noch bis Anfang der 1960er Jahre.

Marie Hilbers, die 1910 auf den Hof einheiratete, war auch eine begeisterte Gärtnerin. Das damals vorhandene großflächige Gemüseland und die vielen Obstbäume waren zur Versorgung der Familie und auch des Personals unverzichtbar. Marie Hilbers Leidenschaft gehörte aber vor allem dem Blumengarten. Mit Hilfe angestellter Gärtner gestaltete sie über viele Jahre den parkartigen Garten und entwickelte ihn weiter. Während des Ersten Weltkrieges gab es gärtnerische Unterstützung von einem belgischen Kriegsgefangenen. Von 1911 bis 1939 wurde durchgehend ein Gärtner angestellt. Während der Kriegsjahre ab 1940 verrichteten wiederum Kriegsgefangene auch Gartenarbeiten. Nach dem Zweiten Weltkrieg wurde kein Gärtner mehr angestellt.

Auf Grund ihrer großen Liebe zu Pflanzen entstand 1920 im rückwärtigen Bereich des Hauses ein Wintergarten als Anbau. Seine Südseite wurde mit Blauregen begrünt. Etwa zu gleicher Zeit wurden nur wenige Schritte gegenüber der Eingangstür des Wintergartens ein Silberahorn und seitlich daneben eine Blutbuche gepflanzt. Beide Bäume sind bis heute erhalten. Im Innenbereich des Wintergartens wurden die bodennahen Blumenbänke im jahreszeitlichen Wechsel zunächst mit Sumpf-Calla, anschließend Hortensien und zum Schluss mit verschiedenfarbig blühenden Geranien bepflanzt.

Im Bereich hinter dem Wintergartenanbau ragen mehrere über hundertjährige Bäume wie Kastanien und Linden in die Höhe. Im Schutz ihrer Baumkronen befand sich auch hier ein lauschiger Sitzplatz, eine halbrundförmige Grotte mit einer Gartenbank.

Im weiteren Verlauf des Grundstücks östlich des Hauses lag das Gemüseland, dort wurden vor allem Kartoffeln angebaut. Parallel dazu verlief ein mit Beerensträuchern und Apfelbäumen bepflanzter Weg, der sowohl zur Wäscheleine wie auch zu einem großen Gewächshaus mit angebautem Heizungsgebäude führte. Im Gewächshaus wuchsen unter anderem blaue und grüne Weintrauben sowie Rosensorten zum Treiben. Die Lieblingsrose von Marie Hilbers war die herrlich duftende, gelb blühende Sorte 'Maréchal Niel'. Hinter dem Gewächshaus dienten zwei große Mistbeete der Pflanzenanzucht, die je nach Witterung mit Glasscheiben abgedeckt werden konnten. Vor dem Gewächshaus blühte im Sommer eine Fülle an Schnittblumen. Das Gewächshaus wurde 1960 abgerissen, nur die Fundamente und das benachbarte Heizungsgebäude existieren noch.

Immer wieder wurden und werden von der Familie Hilbers Bäume zu besonderen Anlässen gepflanzt. Auch aus Altersgründen oder auf Grund von Sturmschäden muss ab und an ein Gehölz ersetzt werden. Vor einigen Jahren wurden zum Beispiel junge Lindenbäume nachgepflanzt, um Lücken innerhalb der 100-jährigen Kastanienallee zu schließen. *(ES)*

*Abb. oben:*
**Blauregenblüte am Wintergarten.** *(ES)*

**Junge Kastanienbäume an der neuen Zufahrtsallee, 1915.** *(privat)*

## Lieblingsbäume
### Farbenspiel und Sensationsfund

**Die vor dem Gut Neuenhuntorf in Berne als Solitär gepflanzte Blutbuche nimmt inzwischen eine Breite von etwa 30 Metern ein, Juni 2017.** *(ES)*

**Hesse-Katalog 1956: Foto eines etwa sechs Jahre alten Urweltmammutbaums, der 1950 in der Baumschule Hesse in Weener als Sämling gepflanzt worden war, der Jahreszuwachs eines Jungbaumes liegt bei gut einem Meter.** *(Heimatmuseum Rheiderland, Weener)*

Ob Gärten in Küstennähe, im Landesinneren, in der Geest-, Moor- oder Marschlandschaft: Die Blutbuche (Fagus sylvatica 'Atropurpurea') trafen wir überall an! Sie gehört aufgrund ihrer dunkelblutrot gefärbten Blätter zu den schönsten Bäumen in Gärten und Parks und ist in ganz Europa verbreitet.

Man geht davon aus, dass es sich bei dem Baum um eine Mutation der Rotbuche handelt. Im 18. Jahrhundert begannen Gärtner, sie als Ziergehölz zu kultivieren. Der Baum kann je nach Standort über 200 Jahre alt werden.

Auch heute wird die Blutbuche noch immer gerne als Solitärgehölz verwendet, wodurch gewährleistet ist, dass ihr prächtiger Wuchs mit der rundlichen Krone und den weit ausladenden Ästen besonders gut zur Geltung kommt. Den bis zu 30 Meter hoch wachsenden Baum pflanzte man Ende des 19. Jahrhunderts auch gerne in kontrastreichem Zusammenspiel mit Nadelgehölzen oder mit buntblättrigen Laubbäumen wie dem Silbereschenahorn (Acer negundo 'Variegatum').

Aus Samen gezogene Blutbuchen verlieren im Laufe des Sommers eher ihre dunkelrote Laubfärbung, während dieses bei veredelten Blutbuchen nicht der Fall ist.

Auch ein Nadelbaum begegnete uns bei unseren Gartenbesuchen immer wieder: der Urweltmammutbaum (Metasequoia glyptostroboides).

Die schnell wachsende Baumart wurde erst 1941 in einer sehr unzugänglichen Bergregion Chinas entdeckt. 1945 wurde das sommergrüne Nadelgehölz erstmalig vom Leiter des Arnold Arboretums botanisch beschrieben. Bei der Untersuchung der Zapfen stellte sich heraus, dass der Baum doch nicht, wie zunächst angenommen, mit einer ebenfalls in China wachsenden Kiefernart verwandt ist, sondern einer eigenen Gattung zuzuschreiben war.

Dank der bereits lange bestehenden freundschaftlichen Beziehungen der Hesse-Baumschule im ostfriesischen Weener zum Arnold Arboretum in Boston, USA, bekam diese 1947 als eine der ersten Einrichtungen Samen zugeschickt. Diese wurden ausgesät und die Jungpflanzen innerhalb des Baumschulgeländes aufgepflanzt. Da es zunächst keine Samen in Europa gab, fand die Vermehrung der Mammutbäume in der Baumschule vegetativ durch Stecklinge statt. Im Hesse-Katalog von Herbst 1953/Frühjahr 1954 konnten zum ersten Mal verkaufsfertige junge Urweltmammutbäume aufgelistet und der sehr interessierten Kundschaft angeboten werden.

*(ES)*

**Im Vordergrund ein mächtiger Urweltmammutbaum und in Hausnähe eine ebenfalls kegelförmig wachsende Sumpfzypresse, die sommergrünen Nadelbäume sind auf den ersten Blick leicht miteinander zu verwechseln, Hof Darrenkamp.** *(WT)*

**Mächige Blutbuche mit frischem Blattaustrieb seitlich des Vorwerks von Gut Neuenhuntorf.** *(ES)*

In den 1870er Jahren wurde eine reich verzierte Veranda angebaut, Foto um 1890. *(privat)*

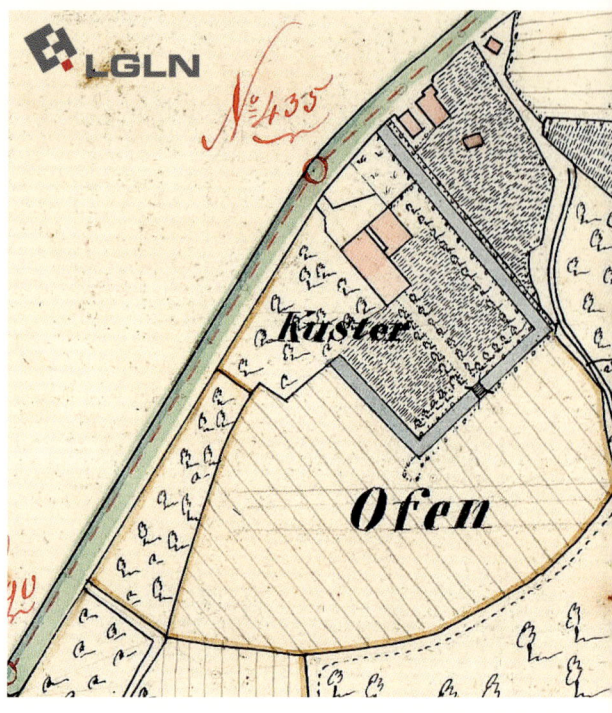

Auf dem Auszug einer historischen Karte von 1844 ist das Grundstück noch zu drei Seiten mit einer Graft umschlossen.

# Kösterhof
Bad Zwischenahn-Ofen

Südlich des Hauses trennten Rhododendronbüsche den Ziergarten vom Nutzgarten ab, Foto um 1950. *(privat)*

Am Stadtrand von Oldenburg liegt ein alter Hof, dessen Geschichte nach Auskunft der Besitzer bis ins Jahr 1400 zurückreicht. Als Johann Köster vom Rasteder Brink 1736 die Hoferbin Talke Maria Henken heiratete, wurde aus dem Henkenhof der heutige Kösterhof. Auch der Garten des Hofes blickt auf eine fast zwei Jahrhunderte umfassende Geschichte zurück.

In einem Übersichtshandriss der Oldenburgischen Landesvermessung aus dem Jahr 1844 ist das Grundstück des 1803 erbauten Bauernhauses zu drei Seiten mit einer Graft umschlossen. Innerhalb des Wassergrabens liegt vor dem Wohngiebel im Südosten ein etwa 7.000 m² großer Nutzgarten. Mittig verläuft ein breiter Weg mit einer Länge von 65 Metern, der zu beiden Seiten mit Bäumen gesäumt ist. Eine große Ackerfläche befindet sich südlich und westlich außerhalb der Graft, dahinter ein Wald, nordwestlich liegt eine Fläche mit Laubbaumbewuchs. Der Garten muss damals bereits eine gewisse Gestaltung gehabt haben, denn am ersten Pfingsttag des Jahres 1845 eröffnete auf dem Hof das Gartenlokal Köster, das seine Einweihung mit über 1.400 Personen feierte. Die Schankwirtschaft florierte und lockte viele Ausflügler aus der nahe gelegenen Stadt Oldenburg an. Im Garten befand sich sogar eine Kegelbahn, die 1860 zur Gründung eines Kegelklubs führte, der in späterer Zeit nach der Gastwirtsfrau „Zur seligen Tante" benannt wurde. Damals wurde die Gartenanlage westlich des Hauses von einem großen Nussbaum und einem japanischen Tulpenbaum dominiert. Darüber hinaus befanden sich in dem Ziergarten viele Rhododendronhecken und Einzelbüsche; westlich lag ein kleiner Hügel, bestehend aus dem Aushub der Graft, in dem eine halbmondförmige Grotte aus Findlingen eingebettet war, bestückt mit einem Tisch aus Sandstein und Sitzmöglichkeiten. Durch den großen Garten führten einige Sandwege.

Als 1872 eine neue Frau durch Heirat an den Hof kam, wurde der Garten mit neuen Ideen umgestaltet. Am Wohngiebel baute man eine Jugendstilveranda an, reich verziert mit farbigen Jagdmotiven und bunten Fenstern. Bis heute dient der kleine Anbau als Zimmer im Freien, das vor Zugluft und kriechender Kälte schützt, jedoch einen Rundumblick in den Garten bietet. Früher schaute man von der Veranda aus in die Flucht des langen Sandweges, der sich durch den ganzen Nutzgarten zog. Zwei Sandsteinsockel, vermutlich ein Hochzeitsgeschenk, flankierten ehemals den Zugang des kleinen Anbaus. Heute dienen diese als Blumensockel an anderer Stelle des Gartens. Darüber hinaus wurden weitere Rhododendren gepflanzt. In Verandanähe wuchsen große Kamelienbüsche.

Der alte Garten östlich des Hauses war mit Obstbäumen, Blumenbeeten und Zierbüschen bestückt, Foto um 1900. *(privat)*

Ende der 1930er Jahre wurde südlich des Hauses, außerhalb der Graft, eine Pappelallee angepflanzt, Foto um 1952. *(privat)*

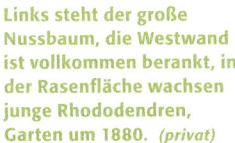

Links steht der große Nussbaum, die Westwand ist vollkommen berankt, in der Rasenfläche wachsen junge Rhododendren, Garten um 1880. *(privat)*

Die Giebelwand war zur Linken mit einem Pfeifenstrauch und zur Rechten mit einem Blauregen berankt, der bis heute üppig wächst. An der östlichen Hausseite befand sich der private Ziergarten.

Eine weitere Karte dokumentiert den Zustand des Kösterhofes in der Zeit von 1877 bis 1912. Darauf ist zu erkennen, dass der Garten um 4.600 m² nach Süden erweitert wurde und sich nun auch außerhalb der Graft befand. Der Mittelweg wurde um 100 Meter verlängert und verlief jetzt bis zum Waldrand, parallel zum Kirchpad, der von der Bauernschaft Bloh nach Ofen führte. Er war zu beiden Seiten mit Obstbäumen, ab Anfang der 1940er Jahre mit einer Pappelallee, gesäumt. Die langen Sandwege mussten jeden Samstag vor der sonntäglichen Visite geharkt werden.

In dem großen Nutzgarten, der zur rechten Seite allerhand Gemüsebeete und Beerensträucher fasste, baute man das übliche Gemüse an: Kartoffeln, Wurzeln, unterschiedliche Bohnen und diverse Kohlsorten. Außerhalb der Graft lag der Hühnerstall, zu dem eine Kopflindenallee führte. Auf der linken Seite lagen Mistbeete, das Kartoffelfeld und eine umzäunte Schweineweide.

In den 1930er Jahren begannen unruhige Zeiten für den Hof und Garten, die bis in die 1970er Jahre anhalten sollten. Nach und nach verschwanden die schmückenden Elemente. 1939 wurde die östliche Graft zugeschüttet und nach den schweren Jahren des Zweiten Weltkriegs wurde der Viehbetrieb aufgestockt, um den Hof wirtschaftlich zu stabilisieren. Aus diesem Grund versiegelte man 1963 die westliche Gartenfläche (auf der man noch einige Jahre zuvor an Besucher frische Erdbeeren mit Sahne verkaufte) mit Beton, legte entlang der Hofseite Jauchekuhlen an und baute im westlichen Bereich vier große Silos – damit war die Zeit des schönen Gartens vorbei. Ende der 1960er Jahre wurde der Hof für sechs Jahre verpachtet.

Im Hintergrund stehen die neuen Silos, auch die westliche Graft ist noch vorhanden, Luftbild von 1968. *(privat)*

**In frischen Farben strahlt die heutige Veranda in leicht veränderter Form.** *(WT)*

**Auch heute wird der südliche Giebel von dem alten Blauregen berankt.** *(WT)*

**Zwei Sandsteinsockel flankierten ehemals die Veranda, heute dienen sie an anderer Stelle als Blumensockel.** *(WT)*

Als Familie Köster 1974 an den Familienhof zurückkehrte, fand sie einen stark vernachlässigten und verwilderten Garten vor. Überall wucherten Brennnesseln, viele Bäume waren abgestorben, und an den ehemaligen Glanz des ausgehenden 19. Jahrhunderts erinnerten nur noch ein knappes Dutzend alter Rhododendronbüsche. Zügig widmeten sich die Hofbesitzer der Gartenanlage. Sie legten östlich in Verlängerung der Ostwand einen kleinen Wall an, den sie mit alten und neuen Rhododendren als Sichtschutzhecke bepflanzten. Es folgte ein kleiner Nutzgarten, ein großes Buchsbaumrondell vor der Veranda, das mittig den alten Tischsockel aus der alten Grotte enthält, und schließlich Buchsbaumhecken um neu gepflanzte Staudenbeete, um die Hühner von den Pflanzen fernzuhalten. Die Betonsilos sind gefallen und die unattraktive Betonfläche wurde zu einem Blumengarten umgestaltet. Dafür ließ Insea Köster von Laer zahlreiche Steintröge aufstellen, die sie anschließend mit bunten Blumen bepflanzte. Sogar die alte Jauchekuhle wurde zunächst zu einem Schwimmbad für die Kinder umfunktioniert und später zu einem kleinen Biotop umgewandelt.

In den 1980er Jahren erweiterte das Ehepaar die Reste der alten Graft zu einem Teich. Mittig wurde eine Insel angelegt, auf der ein kleiner reetgedeckter blau-weißer Pavillon steht, der von der Veranda aus einen herrlichen Blickpunkt bildet. Davor liegt heute eine Obstwiese, wo man auch wieder alte Apfelsorten wie 'Gravensteiner' und 'Schöner von Boskoop' findet.

Mit der Zeit hat sich der kleine Nutzgarten in der südwestlichen Ecke zu einem Blumengarten gewandelt. Schmale Pfade sind mit kniehohen Buchsbaumhecken gesäumt und verlaufen im Zickzackmuster neben den Staudenbeeten. Durch die gute Qualität des nassen Bodens wachsen hier allerlei Pfingstrosen, Rittersporne, Glockenblumen und Phlox in unzähligen Farben, gelbe, rote sowie weiße Christrosen und Islandmohn. Unter den zahlreichen Rosen findet man die Sorten 'American Pillar', 'Bobby James', die alte Apothekerrose, die Ramblerrose 'Paul Himalayan Musk' und diverse Sorten des Rosenzüchters David C. H. Austin. Darüber hinaus gibt es auch alte gelbe Begonien, große Kamelienbüsche und sehr viele Rhododendren. Die Hauptblütezeit des Gartens beginnt im April und zieht sich bis in den September hinein. Dann herrscht eine bunte Mischung an Pflanzen und Farben vor und verleiht der Anlage trotz buchsbaumgesäumter Wege eine gewisse Wildheit. Neuerdings finden immer mehr Gemüsesorten Einzug in die Blumenbeete.

*(KD)*

Aus der versiegelten Fläche westlich des Hauses ist heute ein schöner Betongarten entstanden. *(WT)*

In den 1980er Jahren wurde ein Teich im Bereich der südlichen Graft angelegt. *(WT)*

Kösterhof

In Verlängerung der südlichen Hauswand verlief ein gerader Sandweg zum Gemüsegarten, der sich hinter Nadelgehölzen befand, Foto aus den 1920er Jahren. *(privat)*

In einer Luftbildaufnahme aus den 1950er Jahren erkennt man einen großen Nutzgarten südlich des Wohnhauses. *(privat)*

1921 posierte die Pächterfamilie Kruse vor einem großen Rispenhortensienbusch nördlich des Hauses. *(privat)*

# Hof zu Jeddeloh
Edewecht-Jeddeloh I

1547 beginnt die Chronik der Hofstelle von Anke und Brun zu Jeddeloh. Auf dem Höhepunkt eines Geestrückens liegt der historische Hof, 15 Kilometer westlich von Oldenburg. Bis 1870 hatte das Wohn- und Wirtschaftsgebäude eine nordsüdliche Ausrichtung, danach wurde die Position um 90 Grad gedreht. Das heutige ansehnliche Gulfhaus wurde im Jahr 1928 errichtet, nachdem der Vorgängerbau durch einen elektrischen Kurzschluss niederbrannte. Es ist umgeben von älteren Nebengebäuden und einem 5.000 m² großen Garten. Laut einem Übersichtshandriss aus dem Jahr 1841 war das Grundstück nach Süden und Westen durch einen dichten Eichenwald begrenzt, der über die Jahre immer weiter gerodet wurde. Einige dieser mächtigen Bäume sind jedoch bis heute erhalten geblieben. Ein hausnaher Garten wurde zu diesem Zeitpunkt nicht eingezeichnet.

In der Zeit von 1876 bis 1951 war der Hof drei Generationen lang verpachtet: zunächst an Friedrich Hollje, danach an seinen Sohn Eilert und ab 1919 an Johann Kruse. Erst Anfang der 1950er Jahre kam der Hof, mit Auslauf der Pachtverträge, wieder in Familienhand. Das junge Ehepaar, Bruno Georg und Lisa zu Jeddeloh, zog auf den Hof, um diesen wieder selbst zu bewirtschaften. Vor einigen Jahren stellte die nachfolgende Generation, Anke und Brun zu Jeddeloh, die landwirtschaftliche Tätigkeit sowie die Anzucht von Bullen ein. Stattdessen baute das Ehepaar 2004 einen Spezialbetrieb für die Züchtung und Veredelung qualitativ hochwertiger Heidekulturen an ihrem Hof auf.

Aus der Zeit von Johann Kruse sind allerlei Informationen überliefert. Außer dem Ehepaar und seinen neun Kindern wohnten einige Bedienstete mit auf dem Hof, die allesamt täglich versorgt werden mussten. Schwere Zeiten folgten auf den Zweiten Weltkrieg, der unter anderem ein stark zerbombtes Dach des Wohnhauses zur Folge hatte. Damals lag im westlichen Bereich des Grundstücks und südlich des Hauses ein Gemüsegarten, den man in einer Luftaufnahme aus den 1950er Jahren gut erkennt. Die Verantwortung für den Garten lag bei der Mutter, einem jungen Mädchen (Tochter eines größeren Hofes), und meistens zwei Mägden. Im Frühjahr wurden auch die Männer im Garten eingespannt: Sie düngten die Böden und gruben diese anschließend um. Alle weiteren Aufgaben erledigte anschließend die Mutter selbst oder veranlasste diese. Der Nutzgarten versorgte damals alle Hofbewohner mit Obst und Gemüse. Im Sommer wurde beides direkt verzehrt und für die Wintermonate eingeweckt, bzw. im Back- oder Ziegelofen getrocknet.

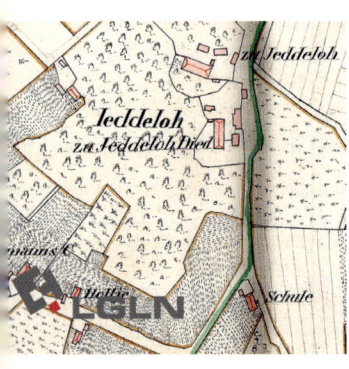

In einem Übersichtshandriss von 1841 ist der Hof nach Westen und Süden durch einen Wald begrenzt, ein Garten ist damals noch nicht eingezeichnet. *(privat)*

**Südliches Blumenbeet Ende der 1960er Jahre mit der Gartenliebhaberin Lisa zu Jeddeloh und dem Hofhund Heido.** *(privat)*

**Der rosa blühende Magnolienbaum südwestlich des Hauses wurde in den 1960er Jahren gepflanzt, Foto von 2004.** *(privat)*

**Nach dem Orkan von 1972 wurden zahlreiche Koniferen und Rhododendren im Garten angepflanzt.** *(privat)*

Obwohl der Erwerbsgedanke (die Nutzbarmachung von Torfgebieten außerhalb des Esches) im Vordergrund stand und um das Haus herum Flächen für Kälber und Hühner lagen, gab es auch gestaltete Gartenecken. Auf Fotografien aus den 1920er Jahren sind abgestochene Wege und eine prächtig blühende Rispenhortensie zu erkennen. Im nördlichen Gartenbereich, der heute mit Rhododendronbüschen bestückt ist, befand sich ein langes Blumenbeet mit Haselnuss- und Fliedersträuchern sowie diversen Stauden. Das Beet war mit Klinkersteinen eingefasst, die von der hauseigenen Ziegelei stammten.

In späterer Zeit wurde das südliche Gemüseland durch eine Heidefläche abgelöst. Der westliche Nutzgarten wurde von Lisa zu Jeddeloh übernommen und weiterhin bestellt. In den Rabatten zog sie das gängige Gemüse, wie Dicke Bohnen, Erbsen, Schwarzwurzeln und Gurken. Stachel- und Johannisbeeren rundeten die Obst- und Gemüsepalette ab und wurden auch weiterhin eingemacht. 1985 gab man schlussendlich den Gemüsegarten auf, weil der Arbeitsaufwand nicht mehr zu bewältigen war, die Anzahl der Hofbewohner schrumpfte, wodurch auch der Bedarf sank.

Unter Anke zu Jeddeloh ist aus dem alten Nutzgarten eine gepflegte Rasenfläche entstanden. An

**Aus dem alten Nutzgarten ist eine gepflegte Rasenfläche geworden, mit seitlich liegender Wildhecke.**
(WT)

**Mit Ziegeln, der ab 1793 zum Hof gehörenden Ziegelei, wurden früher die Beete im Garten gesäumt.**
(WT)

der westlichen Grundstücksseite hat sie eine Wildhecke angepflanzt, die vielen Vögeln und Insekten mit fruchttragenden Sträuchern und Rosen einen passenden Nahrungs- und Lebensraum bietet. Die Kanten säumen alte Farne, die es auf dem Hof schon immer gegeben hat. Das Gemüse ist verschwunden, übrig geblieben ist nur ein kleines Kräuterbeet in Terrassennähe. Darin wachsen Pfefferminze, Zitronenmelisse, Salbei und Süßdolde für die Teezubereitung und weitere Kräuter, wie Pimpinelle, Schnittlauch und Petersilie zum Kochen.

Aus dem ursprünglichen Garten haben sich einige mächtige Eichen erhalten, die den Hof zu drei Seiten umschließen. In den 1960er und 1970er Jahren kamen viele Nadelgehölze hinzu. Zahlreiche Fichten dienten der Abgrenzung des Grundstücks sowie dem Sicht- und Windschutz. Damals stand mitten in der Rasenfläche eine imposante Blautanne, die aber in der 1990er Jahren gefällt wurde. Als im Jahr 1972 der Orkan Quimburga über das Land fegte, sind auch auf dem Hof zu Jeddeloh zahlreiche Bäume umgestürzt. Gleiches gilt für die Obstbäume, die weitestgehend südlich des Hauses gestanden hatten. Ein einzelner etwa 100-jähriger Birnbaum ist bis heute nördlich des Wohnhauses erhalten geblieben. Die zerstörten Bereiche wurden nicht wieder aufgeforstet, stattdessen legte Brun zu Jeddeloh als gelernter Gärtner, südlich an das Grundstück anschließend eine Baumschule an. Er pflanzte auch im Gartenbereich zahlreiche Koniferen, die allerdings mit den Jahren zu großen Teilen wieder gefällt wurden.

Aus der Gartenära von Lisa zu Jeddeloh, die eine Liebhaberin von schönen Gehölzen und historischen Rosen war, sind folgende Bäume erhalten geblieben: ein rosa blühender Magnolienbaum im südlichen Garten, eine Scheinhasel, ein Korkenzieherbaum sowie eine große Eibe an der alten Jagdhütte, die Georg zu Jeddeloh 1970 zwischen den Bäumen errichtet hat.

Anke zu Jeddeloh kam 1982 durch Heirat auf den Hof. Von daheim brachte sie eigene Stauden und Ziergehölze mit, die sie auf dem Hof anpflanzte. Ihr Garten besteht heute aus sonnigen, schattigen und halbschattigen Rabatten zwischen vereinzelten Koniferen, dem Altbaumbestand und einer großzügigen Rasenfläche. Die schattigen Ecken sind mit Wegen durchzogen, die mit Pappe und Holzhäckseln bedeckt sind und durch Funkien und Farne gesäumt werden. In den geschwungenen Beeten wachsen diverse Gehölze und Stauden. Im Frühjahr füllen sich die Rasenflächen mit vereinzelten alten Buschwindröschen in Blau, Gelb und Rosa. Über Jahrzehnte haben sich die kleinen Blüten in vielen Bereichen des

Gartens ausgebreitet. Im Frühjahr blühen außerhalb des südlichen Gartenbereichs Unmengen von Krokussen und Narzissen. Eine Besonderheit des heutigen parkähnlichen Gartens ist das schöne Licht- und Schattenspiel zwischen den alten Bäumen und den Staudenbeeten. Klarheit, Ruhe und Harmonie erzeugt die Besitzerin unter ihren zahlreichen Blattschmuckstauden durch eine reduzierte Farbpalette der Stauden in Weiß, Gelb und Rosé. Die sandigen Böden wertet sie mit Humusdünger auf, den sie im Herbst und Winter dünn und großflächig auf den Beeten verteilt.

*(KD)*

Ein Blütenmeer aus Krokussen und Narzissen erscheint jedes Frühjahr im südlichen Außenbereich des Gartens. *(ES)*

**Nördlich des Hauses blühen bunte Rhododendronbüsche und vor dem Eingang steht ein 100-jähriger Birnbaum.** *(WT)*

Die kleine Jagdhütte ist heute umgeben von alten Bäumen, zart blühenden Büschen und einer Eibe. *(WT)*

Hof zu Jeddeloh

**Hoch aufgeschossene Eiche an der Nordwestecke des Wohngiebels um 1911.** *(privat)*

**Die mächtige über 200 Jahre alte Eiche seitlich des Nordgiebels, im Grenzbereich zur Straße wachsend.** *(ES)*

# Hof Schulte
## Strücklingen-Bokelesch

**Alte Pferdetränke mit Hornveilchen und Fetthenne.** *(WT)*

Die saterländische Ortschaft Bokelesch befindet sich auf einem schmalen Geestrücken. In Nord-Süd-Richtung durchfließt die Sagter Ems den Ort. Anfang des 20. Jahrhunderts konnte man sich als Durchreisender auf der alten Landstraße zwischen Cloppenburg und Leer im „Gasthof zum alten Kloster" bei einer Rast stärken, den die Familie Schulte auf ihrem Hof im Nebenerwerb betrieb.

1926 entschloss sich die Familie, diesen Betrieb einzustellen. Vor der großen Dielentür befindet sich heutzutage eine mit Sommerblumen bepflanzte alte Pferdetränke, aus der sich früher die Kutschpferde erfrischen konnten.

Das im Jahr 1911 neu errichtete Hofgebäude mit Wohnteil und angebauter Gulfscheune befindet sich in einer leichten Kurve direkt an der alten Handelsstraße. Nahe der nördlichen Wohnhausecke wächst eine mächtige, hoch aufgeschossene etwa 200 Jahre alte Eiche, deren Baumkrone bis in den Straßenraum ragt. Im Umfeld des Baumes befanden sich um 1911 zur Ausschmückung des hausnahen Bereiches ein Fliederstrauch, ein kleines Blumenbeet sowie eine schmale, längs am Nordgiebel verlaufende Blumenrabatte. Ein schmaler Sandweg führte um die Hausecke zur Straßenseite. Kletterrosen begrünten die von vier Fenstern unterbrochene Westfassade des Hauses. Ein einfacher Bretterzaun, der zur Hausseite mit immergrünen Gehölzen bepflanzt war, schirmte den Hauseingang zum Straßenraum ab.

Gegenüber der unbefestigten und besonders bei feuchter Witterung schwer passierbaren Straße befand sich der großflächige Gemüsegarten. Zur Deckung des täglichen Bedarfs wurden hier in langen Reihen Kartoffeln, Möhren, Bohnen, Erbsen, Porree, Petersilie, Spinat und Kohl angebaut. Überschüssige Runkelrüben und Steckrüben konnten ab Hof verkauft werden. Auch Rhabarberstangen und Beerenobst von Johannisbeer-, Stachelbeer-, Brombeer- und Himbeersträuchern konnten im Sommer reichlich geerntet werden. Die Gemüsesaat wurde im zeitigen Frühjahr gekauft, nur die Samen vom Grünkohl nahm man von zweijährigen Saatträgerpflanzen selber ab.

Ende der 1950er Jahre erhielt die verbreiterte Fahrbahn eine Asphaltdecke. Der zugleich verstärkt aufkommende Automobilverkehr erschwerte die gefahrlose Überquerung hinüber zum Gemüsegarten, besonders für die noch kleinen Kinder der Familie. Aus diesem Grunde wurde um 1975 der Gemüsegarten auf die Ostseite des Hauses verlegt.

Hinter dem Nordgiebel wuchsen Apfel- und Birnbäume in mehreren Reihen in Sorten wie ‚Alantapfel' und „Pfundapfel" mit seinen besonders großen

**Oberhalb des Stallgebäudes befindet sich der großzügige, von einer Weißdornhecke umschlossene Gemüsegarten, 1978.** *(privat)*

**Neu angelegte Beete und angepflanzte Gehölzgruppen rahmen nun die Hofgebäude ein, Ende 1990er Jahre.** *(privat)*

Früchten. Der Obstgarten wurde von einer Weißdornhecke als Abtrennung zu den benachbarten Weideflächen eingehegt und diente zwischenzeitlich bei hohem Graswuchs auch als Kälberweide. Ein nur kurzfristig genutzter Weidegang mit Schweinen hatte fatale Folgen, da diese auch die Baumrinde ringsum anfraßen und stark beschädigten. Die Obstbäume mussten daher nach und nach gerodet werden. Die gartenintertessierte junge Landwirtin Thekla Schulte machte aus der Not eine Tugend und schuf stattdessen einen neuen Ziergartenbereich mit mittiger Rasenfläche und Blumenbeeten, die mit Rosen und Sommerblumen bepflanzt wurden. In den Hintergrund setzte sie Nadelgehölze wie Chinesischen Wacholder, Lebensbaum und Scheinzypressen, beliebte Gartenpflanzen der 1960er Jahre.

Im sich anschließenden Bereich legte man eine Weihnachtsbaumkultur mit Fichten und Tannen an. An der Grenze zur Kuhweide wurde eine etwa 170 m² große Bodenmulde ausgehoben. Dank des hohen Grundwasserstandes entstand eine größere Wasserstelle als Tränke für die Rinder. Eine neu angelegte immergrüne Doppelhecke aus Omorikafichten und Rhododendren 'Catawbiense Grandiflorum' unterbrach den Blick zwischen dem neuen Hausgarten und den benachbarten landwirtschaftlichen Nutzflächen.

**Gemüsegarten im Sommer.** *(privat)*

**Durch den Bau eines Boxenlaufstalls musste 1986 die Fläche des Gemüsegartens wieder verlegt werden.** *(privat)*

137

**Frühling im Garten Schulte.** *(privat)*

**Am Rande der hinter dem Haus liegenden Terrasse wachsen zwei alte, über 100 Jahre alte Kopflinden.** *(WT)*

**Auf der gegenüberliegenden Straßenseite befindet sich der alte Obstgarten.** *(ES)*

Durch den Bau eines Boxenlaufstalls musste 1986 die Fläche des Gemüsegartens wieder verlegt werden. Die Viehtränke erfüllte auch nicht mehr ihren Zweck, da sie zeitweise verlandete und über eine schlechte Wasserqualität verfügte. Die Gestaltung des Hausgartens änderte sich nochmals, als Thekla Schulte Unterstützung von ihrem damals 16-jährigen Sohn Andreas erhielt, der ebenfalls Freude an der Gartenarbeit empfand. An Stelle der Viehtränke entstand ein Gartenteich mit Trauerweide und Sitzplatz, die umschließende immergrüne Hecke wurde nach und nach aufgelöst und die Fläche der dahinter liegenden Kälberweide zum Hausgarten hinzugefügt. Die helllila blühenden Rhododendren aus der Hecke wurden nun gruppenweise zur optischen Raumtrennung verpflanzt, die Fichten gerodet. Es entstanden erhöht modellierte Pflanzbeete mit Stauden, den Unterstand für die Kälber baute man zu einem Gartenhäuschen um. Den Gemüsegarten unterteilte man in vier gleichmäßige Quartiere, die jeweils mit niedrigen Buchsbaumhecken eingefasst wurden.

Entlang des Straßenverlaufs wurden junge Rhododendren als Sicht- und Windschutz des Gartenraumes gepflanzt. Vom Vorgarten führt nun ein mit Klinkern gepflasterter Weg um den Hausgiebel bis zur Terrasse hinter dem Haus, die von zwei dort wachsenden alten Kopflinden etwas beschattet wird. Sie sind vermutlich älter als das Hofgebäude und Reste einer Baumreihe des Vorgängergebäudes.

Heute verfügt der Hausgarten über eine Fläche von knapp 4.000 m². 2010 ist die Anlage nach Vorbild des Landschaftsstils planerisch überarbeitet worden. Für Abwechslung sorgen interessante Sichtachsen in verschiedene Gartenräume, vielseitige Pflanzenkombinationen in Bezug auf Farben und Formen und sich öffnende Blicke in die angrenzende Wiesenlandschaft.

*(ES)*

**Farbenfroh gestalteter Staudengarten um 2014, der Weg führt parallel am Nordgiebel vorbei und dann weiter in Richtung Scheune.** *(privat)*

Blick über den Gartenteich, wo sich die Wasserstelle für das Vieh befand, in die offene Wiesenlandschaft. *(WT)*

Prächtige Rhododendronblüte im Mai. *(WT)*

**Luftaufnahme vom Hof Bureck aus den 1950er Jahren, der Hof war zu der Zeit noch mit einer Hecke eingefriedet.** *(privat)*

**Im kleinen Wäldchen aus Birken, Lärchen und Kiefern stehen viele Bäume in Schieflage.** *(KD)*

**Blick von der Straße zum Obstgarten, 1960.** *(privat)*

**Dutzende Rhododendren der Sorte 'Cunnigham's White' wachsen im Wäldchen.** *(KD)*

# Hof Bureck
## Dötlingen

Etwa 30 Kilometer südwestlich von Oldenburg, im Randbereich zwischen Moor und Heide, liegt der Hof Bureck, ehemals Hof Geerken. Im Jahr 1927 erwarb Dietrich Geerken, der Großvater des heutigen Besitzers, das Grundstück, um für sich und seine Familie eine neue Existenz aufzubauen. Zu diesem Zeitpunkt war er bereits verheiratet und hatte zwei Kinder. Schon als Hofknecht beim Bauern Lüschen in Ohe sammelte er erste Erfahrungen in der Vermehrung und Veredelung von Obstbäumen, die er später auch auf seinem Hof weiterführte. Mit seinen Erfahrungen und beseelt von einem innovativen Geist bewirtschaftete er das frisch erworbene noch leere Grundstück, das durch ein Wäldchen geschützt war. Zunächst legte er einen 20 Meter tiefen Brunnen an, danach baute er eine kleine Lehmhütte, in der die Familie anfangs wohnte. Darauf folgte der Bau eines Schweinestalls, der die Versorgung der Familie absicherte. Erst ein Jahr später errichtete er das heutige Wohnhaus, legte zeitgleich einen Nutzgarten an und pflanzte viele Obstbäume. Um sein Eigentum zur Straße hin abzugrenzen, fasste er das Grundstück mit einer Lebensbaumhecke ein.

Dietrich Geerken war ein Macher voller kreativer Ideen, die er stets umzusetzen versuchte. Dazu gehörte beispielsweise die Anschaffung eines Deutz-Fahr-Traktors während des Zweiten Weltkrieges für den Milchvertrieb, für den er sogar einen Fahrer anheuerte. Er richtete eine Kükenbrutstation in einem Schuppen ein, ließ eine Dreschmaschine im ersten Obergeschoss des Hauses einbauen, um die Wege zur Strohlagerung abzukürzen und kaufte sich eine Ölpresse, um sein eigenes Öl herzustellen. Bis ins hohe Alter von 80 Jahren bewirtschaftete er seinen Hof mit Hilfe von seiner Tochter Erna und dem Schwiegersohn Helmuth, der immer als kaufmännischer Angestellter in einer Genossenschaft tätig war. Ab 1968 unterstütze ihn auch sein Enkel Dieter Bureck bei den Arbeiten am Hof.

Das bereits genannte kleine Wäldchen aus Birken, Lärchen und Kiefern verdichtete Dietrich Geerken an der südlichen und westlichen Seite des Hofes mit weiteren Kiefern, Fichten und Douglasien. Bis heute bietet es dem Wohnhaus einen guten Windschutz. Durch starke Westwinde und eine leichte Bodenbeschaffenheit stehen viele der Bäume schief, weil die Baumwurzeln es nicht schaffen, die Unterschicht in 80 cm Tiefe zu durchdringen. Nachdem 1972 ein großer Orkan übers Land fegte, dem massenhaft Bäume zum Opfer fielen, lag der Wald lange brach. 20 Jahre später begann die heutige Besitzerin, Anke Dunker-Bureck, ihren Garten in den Wald zu integrieren und

Wie früher wird auch heute die Wäsche an der Wäscheleine hinter dem Haus getrocknet, im Vordergrund erobert die Rose 'Sommerwind' das Blumenbeet. *(KD)*

Blick von der neuen Obstwiese auf die alte Lebensbaumhecke und die 90-jährigen Birnbäume entlang der Traufseite. *(KD)*

Rhododendren und Beete mit geschwungenen Linien dominieren im Ziergarten ab den 1980er Jahren. *(ES)*

Im Gemüsegarten wächst allerlei zum Einwecken und für den täglichen Küchenbedarf. (KD)

Die Wege des Gemüsegartens sind mit Feldsteinen gesäumt und von Vergissmeinnicht begleitet. (KD)

pflanzte wiederum Dutzende Rhododendren der Sorte 'Cunnigham's White' und weitere Sorten, überwiegend in den Farben rosa und lila. Heute ist das Wäldchen mit kleinen Wegen durchzogen und fungiert als Waldgarten mit Erlebnisstationen.

Weil Dietrich Geerken früh mit der Vermehrung und Veredelung von Obstbäumen begann, gab es stets reichlich Obst auf seinem Hof. Eine durch eine Fichtenhecke geschützte Obstwiese lag zur Straßenseite hin nördlich des Wohnhauses, bestückt mit zwei Reihen unterschiedlicher Obstbäume. Darunter waren folgende Sorten vertreten: 'Wintergiockenapfel', 'Wildeshauser Goldrenette', 'Pannemanns Tafelapfel', 'Grahams Jubiläumsapfel' und 'Pison'. Entlang der Hecke wuchsen rote und schwarze Johannisbeeren, Stachelbeeren und über kurze Zeit auch Himbeeren. Weitere Obstbäume standen südlich des Wohnhauses im Bereich des Hühnerauslaufs, dem sogenannten Hühnerhock, das ab 1966 als Stellfläche für Ponys genutzt wurde. Damals war die Fläche mit einem Maschendrahtzaun vom restlichen Garten abgetrennt. Zwei alte Birnbäume und ein Zwetschgenbaum sind auf dem Areal erhalten geblieben.

Eine Besonderheit bilden vier (von ursprünglich sechs) etwa 90-jährige Birnbäume an der östlichen Hausseite. Sie stehen in einer Reihe und tragen Früchte der Sorten 'Conference' und 'Köstliche von Charneux'. Fraglich ist, wie lange dieses Ursprungsbild beibehalten werden kann, da die alten Obstbäume nach und nach absterben. An den südlichsten Birnenstumpf hat Anke Dunker-Bureck 1999 eine Ramblerrose der Sorte 'Paul's Himalayan Musk' gepflanzt, die üppig wächst.

Noch Ende der 1970er Jahre war der Hof mit 15 Birnbäumen und 13 Apfelbäumen bestückt, die ausschließlich für den Eigenbedarf verwendet wurden. Den Großteil brachte man zum Entsaften in die Mosterei, der Rest wurde eingeweckt. Mit der Zeit sank jedoch der Obstbedarf und die Anzahl der Obstbäume wurde verringert. Erst ab 2006 reaktivierte die heutige Besitzerin die alte Obstwiese und bestückte sie mit einer Kornelkirsche 'Schönbrunner Gourmet', einer Süßkirsche, den Apfelsorten 'Grahams Jubiläumsapfel' und 'Roter Boskoop', den Birnbäumen 'Clapps Liebling' und 'Conference' sowie zwei Zwetschgenbäumen der Sorte 'Bühler Zwetschge' und 'Borsumer'.

Von Anfang an lag hinter dem Haus der Gemüsegarten, aus dem sich die Familie versorgte. Ehemals wuchs dort das gängige Gemüse, wie Salat, Erbsen, Wurzeln, dicke und grüne Bohnen, Gurken, Grünkohl, Schnittkohl, Spinat, Petersilie, Schnittlauch und über kurze Zeit sogar Spargel. Auch Rhabarber war schon immer anzutreffen. Kartoffeln wiederum wurden auf dem Acker angebaut, weil sie neben dem Eigenbedarf auch für den Verkauf gezogen wurden. Nach Abschaffung des Hühnerhocks in den 1970er Jahren wurde der Gemüsegarten erweitert. Seit den 1990er Jahren werden die vier Beete durch ein Wegekreuz unterteilt. Mittig liegt ein kleines, mit Stiefmütterchen bepflanztes Rondell. Heute sind die Wege mit Feldsteinen eingefasst und mit Blumenbändern aus Vergissmeinnicht gesäumt. Die Besitzerin hat außerdem die Gemüsepalette erweitert: Nun wachsen in ihrem Garten Schnittkohl, Pastinaken, Zuckerschoten, rote Melde, Zucchini, Tomaten, verschiedene Kartoffel- und Salatsorten, Rote Beete, Pimpinellen, Erdbeeren für den Frischverzehr sowie allerlei Tee- und Gartenkräuter, wie Dill, Petersilie und Sauerampfer. Zwischen den Gemüsereihen blühen Dahlien, Ringelblumen und Löwenmäulchen.

Zunächst gab es nur wenige Blumen und Stauden auf dem Hof Bureck. Nur eine schmale, einen Meter breite Blumenrabatte führte entlang der Hauswand und der Hecke, bestückt mit Bartnelken, Eisenhut, Taglilien, Purpurglöckchen und Pfingstrosen. Vor der zur Straße hin gelegenen Hecke wuchsen einzelne Ziersträucher und eine große alte Fichte, die bis heute an dieser Stelle steht. Erst mit Anke Dunker-Bureck, die 1981 durch Heirat an den Hof kam, veränderte sich die Gartengestaltung. Schon bald wurde die Blumenpflege an die Schwiegertochter übergeben. Diese begann etliche Rhododendronbüsche in den Farben lila, rosa und weiß anzupflanzen, die sie vom Garten ihres Elternhauses gewohnt war. Die Blumenrabatte wurde verbreitert und geschwungene Linien hielten Einzug in den Garten, ebenso wie einzelne Pflanzeninseln. Mittlerweile gibt es eine vielfältige Auswahl an Blumen und Stauden, mit denen Anke Dunker-Bureck verschiedene Strukturen formt und die sie farblich aufeinander abstimmt. Sie verfolgt einzelne Farbschemata und achtet auf eine harmonische Zusammenstellungen in ihren Rabatten.

Während der letzten 40 Jahre haben die Besitzer viele Veränderungen auf dem Hof durchgeführt. Die zur Straße hin wachsende Lebensbaumhecke hat man in den 1980er Jahren entfernt, 1997 haben die Besitzer südlich des Hauses eine Terrasse angebaut, und überall im Garten entstanden kleine Sitzecken. *(KD)*

**Neben zahlreichen Funkiensorten wachsen Gelbfelberich, Taglilien und weitere Stauden in dem Blumenbeet.** *(WT)*

**Sitzecke unter der üppig wachsenden Ramblerrose 'Paul's Himalayan Musk'.** *(WT)*

Blühende Kirschbäume und der Nutzgarten südlich des Hauses Anfang der 1950er Jahre. *(privat)*

Zwei große Eiben zierten bis Ende der 1940er Jahre die Hauszuwegung. *(privat)*

## Hof Osterloh
Visbek-Halter

In der Visbeker Bauernschaft Halter, 15 km westlich von Cloppenburg, befindet sich der Paradiesgarten von Familie Osterloh. Der alte geschichtsträchtige Hof liegt in einer Geestlandschaft mit sandigen Böden. Das Grundstück, das heute weitestgehend gärtnerisch gestaltet ist, hat eine Fläche von 10.000 m². Auf den zum Hof gehörenden Ackerflächen in der Halter Heide kommen bei Pflugarbeiten immer wieder große Findlinge zutage, die in der letzten Eiszeit bis in diese Region vorgeschoben worden sind und bis zu 10 Tonnen wiegen. Zur Zierde des Hofes wurden nicht nur die großen Steine verwendet, sondern auch die kleinen, mit denen beispielsweise partielle Bereiche der Zufahrt gepflastert sind.

Im Rahmen der Oldenburgischen Grundsteuervermessung wurde das Kirchspiel Visbek mit der Bauerschaft Halter im August 1859 kartografisch erfasst. Damals standen sowohl das Wohnhaus als auch die Nebengebäude der Hofstelle Osterloh im südlichen Bereich des Grundstücks. Im östlichen Bereich befand und befindet sich bis heute ein Kamp, der mit prächtigen alten Eichen, Kastanien und einigen jüngeren Buchen bestückt ist. Zwischen den Bäumen ist die alte Hofzufahrt noch zu erahnen. Westlich davon liegt, damals noch durch eine Straße abgetrennt, eine längliche Parzelle, die auf späteren Flurkarten als „Paradies" betitelt ist und damals der Familie Osterloh höchstwahrscheinlich als Obstwiese diente. Auf dem gleichen Areal befindet sich heute noch der alte kleine Dorfteich, der auf Flurkarten häufig als „Hölle" gekennzeichnet ist und bereits im Jahr 1859 urkundlich erwähnt wird. Beide Flächen sind auf den Karten mit einer Gartenschraffur versehen.

1885 wurde ein neues Bauernhaus, etwas nördlicher als der Vorgängerbau, von Heinrich Osterloh errichtet; das heute im Innenbereich unter Denkmalschutz stehende Gebäude wurde 1998 von Ulrich und Melita Osterloh erneuert. Mit dem damaligen Neubau wurde Ende des 19. Jahrhunderts auch die Umgebung neu gestaltet. Vor der Seitentür legten die Hofbesit-

Der Vollerbenhof Osterloh auf einer Karte von 1859. Mittig ist der Urteich „Hölle" eingezeichnet.

1979 pflanzte Ulrich Osterloh eine Eiche am Rande der „Hölle". *(ES)*

Feuersalbei, Stiefmütterchen und Sommerbeetblumen zierten die Rabatten bis 1961. *(privat)*

Zwischen den alten Eichen- und Kastanienbäumen ist die alte Hofzufahrt zu erkennen. *(ES)*

zer einen geraden Weg an, der zu beiden Seiten durch Blumenrabatten begleitet wurde. In den 1920er Jahren pflanzten die Besitzer viele Hortensien, Rhododendren und Azaleen in Hausnähe an. Einige Jahre später folgten eine Linde und ein Magnolienbaum im südlichen Bereich des Gartens und eine Trauerbirke östlich davon, nahe des Kamps.

Damals gab es auf dem Hof im Westen und Süden noch einige Obstbäume, die auf alten Fotos und einer Luftbildaufnahme zu erkennen sind. Auch ein kleiner Nutzgarten lag direkt am Haus, der die Familie mit Dicken Bohnen, Kohl, Wurzelgemüse und Kartoffeln versorgte. Während der Kriegsjahre lebten bis zu 14 Personen auf dem Hof Osterloh. Einem Foto aus den 1950er Jahren ist die farbenfrohe Gestaltung der wegbegleitenden Rabatten zu entnehmen, die mit Feuersalbei, Stiefmütterchen und weiteren Sommerbeetblumen bestückt waren.

Im Bereich des „Paradieses" befand sich der ursprüngliche Apfelhain. In den 1960er Jahren wurde die Obstwiese durch Kirsch- und Zwetschgenbäume erweitert. Neben Obstbäumen wuchsen auf dem Hof auch einige Johannisbeer- und Stachelbeersträucher. Das Obst wurde für den Eigenbedarf verarbeitet, ein Großteil der Früchte wurde entsaftet und der Rest eingelagert. Heute sind die Obstbäume aus dem Garten völlig verschwunden. Sie wurden von den Eigentümern gegen zierende Gehölze ausgetauscht. Nur an manchen Ecken sind noch wilde Himbeersträucher aufzufinden.

Das junge Ehepaar, Ignatz und Zita Osterloh, erweiterte im Jahr 1961 das alte Bauernhaus durch einen Neubau, der sich an die südwestliche Seite anschließt. Zu dieser Zeit bewirtschaftete das Ehepaar eine Fläche von 55 Hektar mit Ackerbau und Schweinezucht. Außerdem hielten sie nahe des Hauses Schafe, die in den 1970er Jahren durch Gänse abgelöst wurden. Damals wurde auch noch der Gemüsegarten bestellt und man begann damit, schmale Beete in Terrassennähe anzulegen.

Erst als Melita 1993 in die Familie Osterloh einheiratete und an den Hof kam, veränderte sich der Garten grundlegend. Sie begann damit, üppige Blumenrabatten am Haus anzulegen und arbeitete sich immer weiter ins Gelände vor. 1998 legte das Ehepaar südlich des Hauses, im Bereich des alten Wohngebäudes, einen 25 Meter langen Wasserfall an. Unter der Erde befindet sich ein 2.500 Liter fassender Tank, von dem aus das Wasser in vier Meter Höhe befördert und schließlich über Kaskaden wieder nach unten geleitet wird. Gestaltet ist der künstlich angelegte Hügel mit großen und kleinen Findlingen, bepflanzt mit

Seit 2002 steht eine Buchsbaumbank unter der großen Eiche, im Hintergrund befindet sich der 2017 angelegte Wasserfall. *(KD)*

**1961 wurde an das alte Bauernhaus angebaut, Buchsbaumhecken zieren die heutigen Beete.** *(WT)*

**Dutzende Hartriegelgehölze und Raritäten wachsen in der Gartenanlage von Familie Osterloh.** *(WT)*

verschiedenen Farnen, Funkien, Phlox, japanischen Azaleen und Schmuckgehölzen. Auch die alte Linde und Magnolie haben die Osterlohs in die Anlage einbezogen. 2017 wurde auch am alten Teich ein Wasserfall angelegt, der seit Kurzem östlich durch einen Schutzwall abgeschirmt wird.

Ende des 20. Jahrhunderts erweiterte Melita Osterloh ihren Garten auch nach Westen hin. Im November 2000 wurde ein achteckiger beheizter Pavillon im viktorianischen Stil nahe des Teiches errichtet, 2002 folgte ihm eine Buchsbaumbank, die unter der alten Eiche, die Ulrich Osterloh 1979 pflanzte, platziert ist. In den letzten zwei Jahrzehnten wurde das ehemalige „Paradies", die spätere Gänseweide, immer weiter zurückgedrängt, bis diese schließlich ganz von dem Ziergarten eingenommen war. Heute befinden sich im gesamten Garten ein gutes Dutzend Hartriegelgehölze und zahlreiche Raritäten. Zu entdecken sind beispielsweise ein Lederhülsenbaum (Gleditsia triacanthos), ein Tulpenbaum (Liriodendron tulipifera), ein Taschentuchbaum (Davidia involucrata), ein Blauglockenbaum (Paulownia tomentosa), der Blüten-Hartriegel (Cornus nuttallii) und das Mammutblatt (Gunnera manicata), das einen Blattdurchmesser von bis zu 1,80 Meter erreicht. Farbenfrohe Rosen, Stauden, Blumen und Sträucher füllen den Garten mit etlichen Farbakzenten, abgerundet durch diverse Blattformen und -farben von Gehölzen, wie dem Judasbaum, dem gelbblättrigen Japanischen Goldahorn und dem Perückenstrauch.

Melita Osterloh hat von Anfang an viel mit Buchsbaum in ihrem Garten gearbeitet, der vorher nur spärlich auf dem Hof vertreten war. Heute sieht man überall große Kugeln und niedrige Hecken, einige Beete sind mit Buchsbaumbändern gesäumt und zusätzlich mit Buchsbaumkugeln verziert. Seit einigen Jahren macht sich jedoch das Buchsbaumsterben auch in ihrem Garten stark bemerkbar. Die kranken Pflanzen tauscht sie nun seit 2017 nach und nach durch die japanische Stechpalme Ilex der Sorte 'Dark Green' aus.

Erschlossen sind die neuen Gartenbereiche seit 1998 über eine sanft geschwungene Zuwegung aus alten Klinkersteinen, die von einem Luftschiffhafen in Ahlhorn stammen und an den Rändern mit kleinen Findlingen begleitet werden.

*(KD)*

**1998 angelegter Wasserfall aus großen Findlingen, bewachsen mit Funkien, Farnen und Schmuckgehölzen.** *(ES)*

**Seit 2000 steht am Urteich ein Pavillon im viktorianischen Stil.** *(ES)*

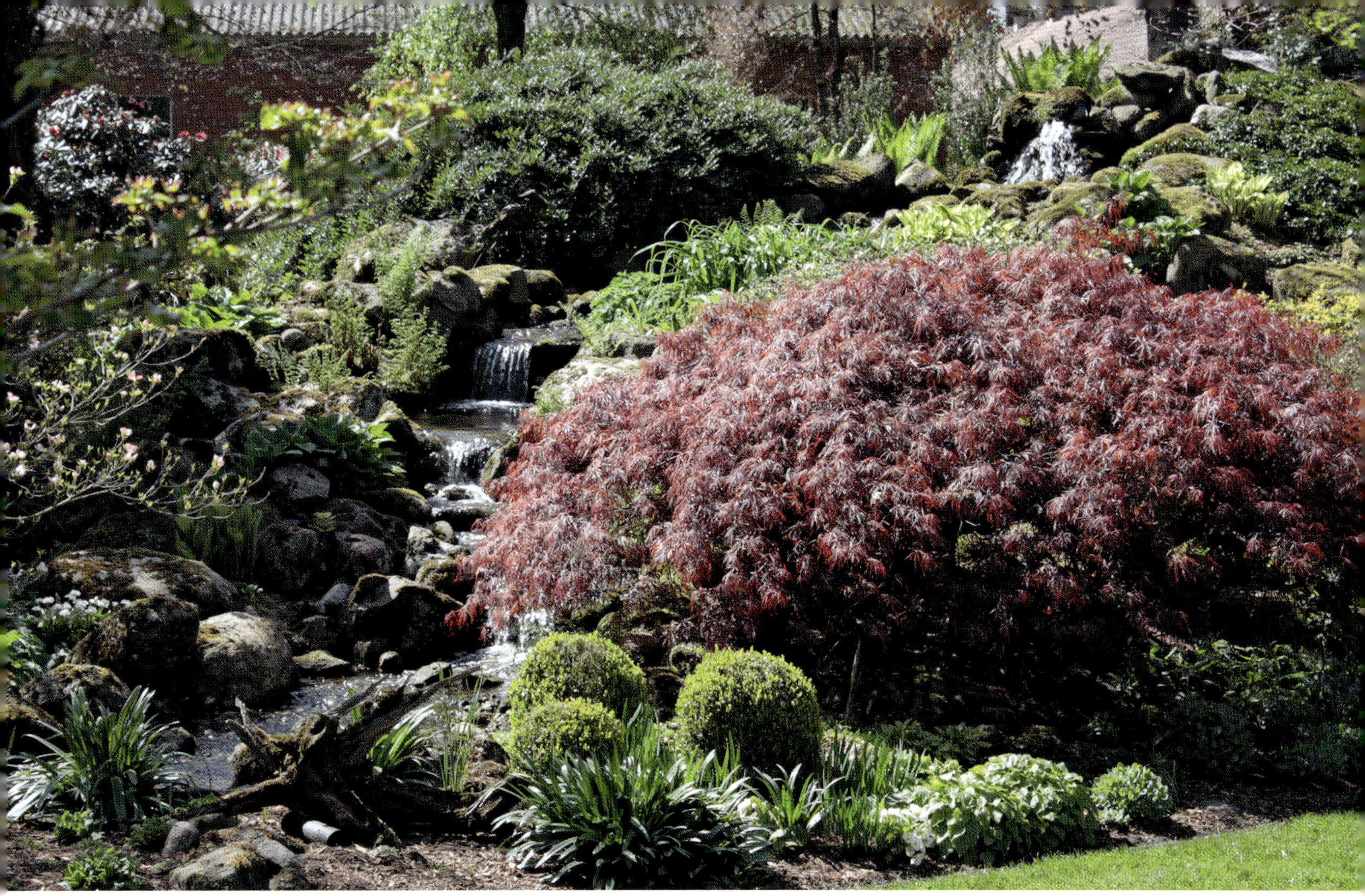

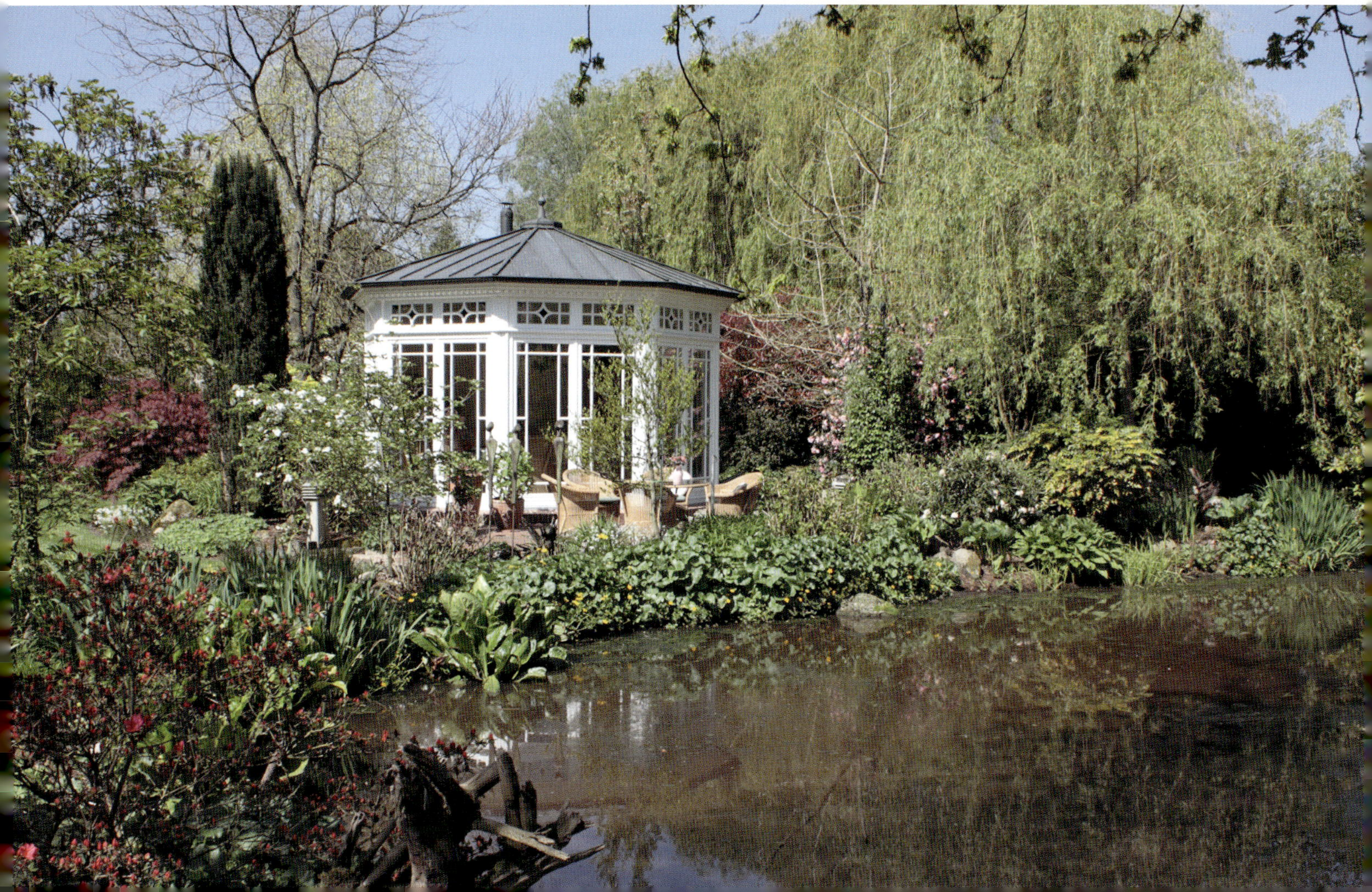

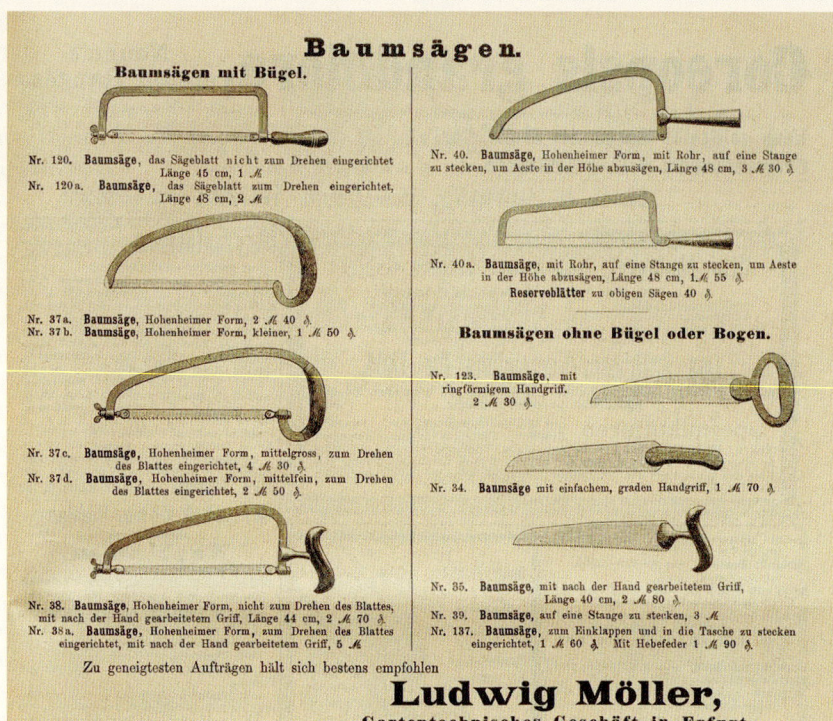

Anzeige „Baumsägen" aus: Möller's deutsche Gärtner-Zeitung, Jg. 9, 1894.

Abbildung einer Grasschere aus: Gartenbuch für Anfänger, J. Böttner, 1911.

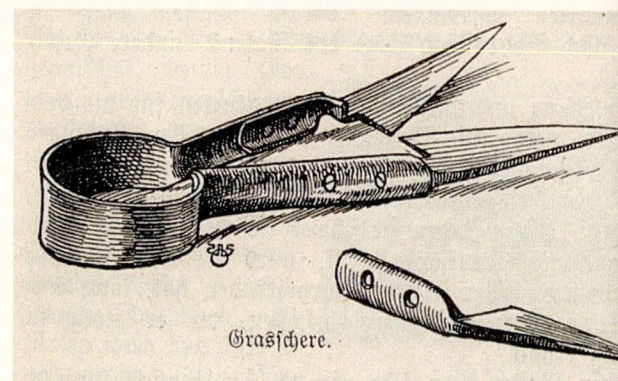

# Gartenarbeiten um 1890

Anzeige „Rasenmäher" aus: Der praktische Ratgeber im Obst- und Gartenbau, Jg. 6, 1891.

Im Herbst wurde das Gartenland umgegraben, im Winter harkte man Laub von den Wegen und vom Rasen. Die Obstbäume erhielten einen frischen Kalkanstrich und wurden sorgfältig geschnitten. Man nutzte die etwas ruhigere Zeit, um neue Pfade anzulegen oder sie mit neuem Wegmaterial wie Sand oder Steingrus aufzufrischen.

Sobald es Frühjahr war, begann man, die Wegkanten abzustechen, und ab Mitte Mai wurden die Beete mit nicht winterharten Pflanzen wie Begonien, Fuchsien und auch Dahlien bepflanzt. Nun begann die Zeit des unermüdlichen Hackens und Jätens sowohl im Gemüse- wie auch im Blumengarten.

Der Rasen wurde je nach Größe der Fläche entweder mit der Sense oder der Sichel geschnitten. Bei schmalen Rasenstreifen benutzte man die Grasschere. Ab etwa 1890 begann man auf manchen Höfen, den Zierrasen mit der „Maschine" zu mähen; dabei handelte es sich um einen handbetriebenen Spindelmäher, der nicht nur die Arbeit erleichterte, sondern auch zur Zeitersparnis beitrug.

Für speziellere Arbeiten wurden auch Gärtner aus der näheren Umgebung beauftragt. Sie halfen zum Beispiel beim Schneiteln der Kopfbäume, bei Neupflanzungen, dem Formschnitt der Lindenspaliere und beim Schnitt der Hecken.

(ES)

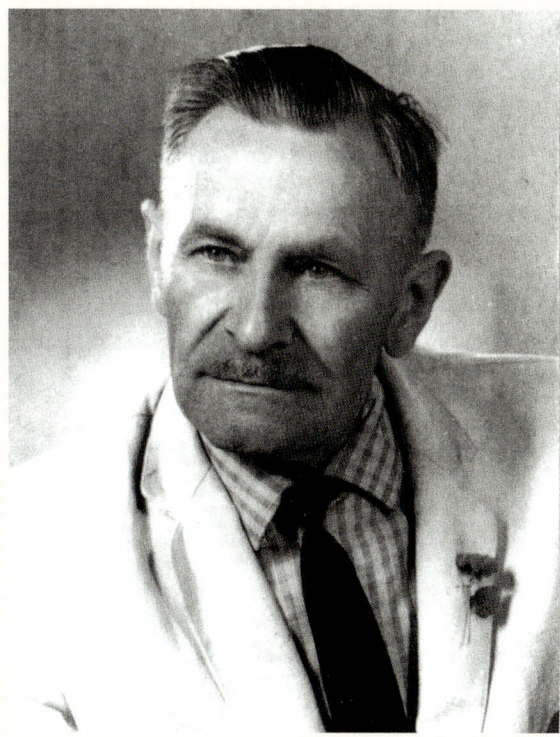

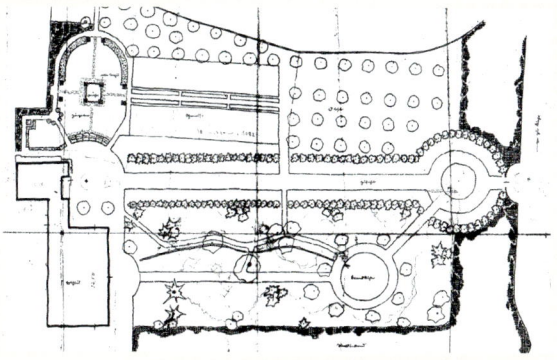

„Vorschlag für die Gestaltung der Umgebung", Gartenplan von Hempelmann für den Hof Quatmann in Cappeln-Elsten, 1935. *(Hof Quatmann)*

Portrait Josef Hempelmann (1893–1967). *(D. Hempelmann)*

# „Moderne" Gartengestaltungen

Auch Gartenanlagen unterliegen dem Zeitgeschmack und erfahren fortwährende Veränderungen. Ein besonders radikaler Umbruch fand ab der zweiten Hälfte des 18. Jahrhunderts statt, in der innerhalb weniger Jahrzehnte fast alle geometrisch angelegten Barockanlagen zu englischen Landschaftsgärten im „natürlichen Stil" umgestaltet wurden.

Seitdem finden jedoch Veränderungen in Bezug auf einen neuen Gartenstil in bedeutend kleinerem Umfang statt.

Bei einigen der von uns besichtigten Gärten wurden in den 1930er und 1950er Jahren Gartenplaner beauftragt, um diese Anlage zu „modernisieren" oder um sie zumindest in Teilbereichen zu überarbeiten. Bei den Höfen Darrenkamp, Quatmann, Mährlein, Haake sowie dem Pfarrgarten Altenkamp in Emsbüren handelte es sich dabei nachweislich um den Schellohner Gartenbauinspektor Josef Hempelmann (1893–1967).

Der Berufswunsch Gärtner stand für Hempelmann schon sehr früh fest, wobei er besonders bei seinem Lehrer und anfänglich auch bei seinen Eltern keine Unterstützung fand. Es hieß eindeutig, dass es für einen Bauernsohn einfach nicht standesgemäß war, Gärtner zu werden. Trotz alledem begann er seine Lehre im Jahr 1908.

Ein großer Schwerpunkt in seiner planerischen Tätigkeit bezog sich auf Friedhofsgestaltungen. Zu diesem Thema verfasste er 1927 ein in mehreren, auch überarbeiteten Auflagen erschienenes Fachbuch „Die Praxis der Friedhofsgärtnerei".

Auch Privatkunden beauftragten ihn mit Planungsarbeiten. Er schuf insbesondere in einem größeren Raum um Oldenburg neue Gartenanlagen und konnte Planungen bei Besitzern größerer landwirtschaftlichen Betriebe in seiner südoldenburgischen Heimat verwirklichen, „denen ich ihre Höfe mit Garten verschönern durfte."

Gärten sollten seiner Meinung nach nicht nur Zierde sein, sondern auch Räume, um darin zu wohnen. Daher sollten diese Wohngärten auch mit bequemem Gartenmobiliar ausgestattet sein.

Den Sinn von Rasenbeeten konnte Hempelmann nicht nachvollziehen, denn „Beete sollten am Wege liegen und nicht irgendwo im Rasen". Ihm missfiel, dass man erst über den Rasen laufen müsse, um die schönen Blumen von Nahem betrachten zu können.

Als Gestalter war er eher ein Verfechter von geraden als von geschlängelten Wegen und als Wegmaterial verwendete er gerne Klinker und Steinplatten. Um die Zufahrt zum Hofgebäude in seiner Bedeutung und auch Schönheit zu verstärken, bepflanzte er sie gerne mit charakteristischen Bäumen wie zum Beispiel Pyramidenfichten. Ihm waren auch die Bepflanzung der landwirtschaftlichen Nebengebäude sowie die zusätzliche Ausstattung der Obst- und Nutzgärten mit Blumenrabatten und Ruheplätzen wichtig. Sie sollten nicht nur ein schlichter Ort der Nahrungsmittelproduktion sein.

Zu Beginn eines angenommenen Planungsauftrages fuhr Hempelmann gerne mit seinem Kunden zu den großen Baumschulen in Zwischenahn, Westerstede und Weener, denn er war sich sicher, dass man dort die „Pflanzenfreude der Herrschaften" am besten wecken könne.

Eine weitere Gepflogenheit bestand darin, den ersten Baum oder Strauch einer Neuanlage von der Frau oder dem Herrn des Hauses pflanzen zu lassen, denn dieses hatte seiner Erfahrung nach immer dazu beigetragen, „das Verhältnis zur Pflanze" zu stärken. *(ES)*

1957 von Josef Hempelmann entworfene Terrasse auf dem Hof Mährlein in Dinklage-Wulfenau. *(WT)*

**In den 1950er Jahre lag südlich des Hauses noch ein großer Gemüsegarten, westlich war der Ziergarten bereits umgestaltet.** *(privat)*

**1926 wurde Gerhard Haake mit dem Ehrenkreuz für seine Verdienste um den Obst- und Gartenbau geehrt.** *(privat)*

# Hof Haake
## Cappeln

**Der „ole Garen" des ehemaligen Hof Schwepe hatte bereits auf dem Parzellarhandriss von 1837 eine umschlossene Form.**

Knappe zehn Kilometer südöstlich von Cloppenburg liegt Hof Haake, ehemals Hof Schwepe und gegenwärtig im Besitz der Familie Grimme aus Damme. Das heutige Wohnhaus stammt aus dem Jahr 1852, ein Vorgängerbau soll der Überlieferung nach 300 Meter in südlicher Richtung auf einer Anhöhe, die man Berg von Schwepe nannte, gestanden haben. Den ersten Hinweis auf einen Garten liefert der Parzellarhandriss der Oldenburgischen Grundsteuervermessung von 1837, in dem eine rundliche Fläche eingezeichnet und mit „ole Garen" betitelt ist. In welcher Entfernung dieser Garten zum eigentlichen Wohnhaus gelegen hat, ist nicht mehr nachvollziehbar. Die ungewöhnliche Form lässt darauf schließen, dass es sich bereits bei Aufzeichnung des Gartens um eine ältere Fläche gehandelt hatte.

Die ersten gesicherten Aufzeichnungen und Überlieferungen bezüglich des Gartens stammen aus dem beginnenden 20. Jahrhundert. Im Jahr 1905 erbte das Ehepaar Gerhard und Jenny Haake den Hof Schwepe in Cappeln. Die Familie zog auf den Hof, wo der neue Besitzer eine ausgeprägte Gartenleidenschaft entwickelte. Davon zeugt ein gut erhaltenes von ihm verfasstes Gartengestaltungs- und Pflanzungsbuch. Es enthält elf Pflanzpläne mit den dazugehörigen Verzeichnissen der zahlreichen Pflanzenarten. Zwei Pläne beschreiben die genaue Positionierung von Apfel- und Birnbäumen im Süden und Westen des Hofes. Ein weiterer Plan befasst sich mit der Gestaltung eines Ziergartens westlich des Wohngiebels. Zwischen durchnummerierten Flächen lagen geschwungene Wege sowie runde, ovale und längliche Rosenbeete. Alle anderen Skizzen in dem Buch beziehen sich ausschließlich auf einzelne Rosenbeete, die jeweils mit sechs bis 14 unterschiedlichen Sorten bestückt waren. Um die zahlreichen Sorten nicht zu verwechseln, befestigte der Besitzer an jedem Baum und jeder Rose ein kleines Porzellantäfelchen mit dem entsprechenden Namen.

Die Kladde zeigt einen großen Sortenreichtum auf, den Gerhard Haake in seinen Garten umsetzte. In den Pflanzverzeichnissen werden allein acht Kirschensorten, elf Birnensorten, 46 Apfelsorten und 133 Rosensorten genannt. Nur wenige Pflanzen sind mehrfach aufgeführt. Eine „Pflückliste" mit 18 weiteren Apfelsorten und 25 neuen Birnensorten macht jedoch deutlich, dass es auf dem Hof noch mehr Sorten gab, als in den Plänen festgehalten sind. Auch die Anzahl der Rosen belief sich auf eine Sortenvielfalt von 160 bis 170 Stück, mindestens zehn Porzellantäfelchen mit Rosennamen, die im Pflanzenbuch genannt werden, haben sich glücklicherweise erhalten.

Jenny und Gerhard Haake im Garten vor der Hainbuchenhecke, Ende der 1930er Jahre. *(privat)*

In den 1940er Jahren begleiteten Rosenbeete die geschwungenen Wege. *(privat)*

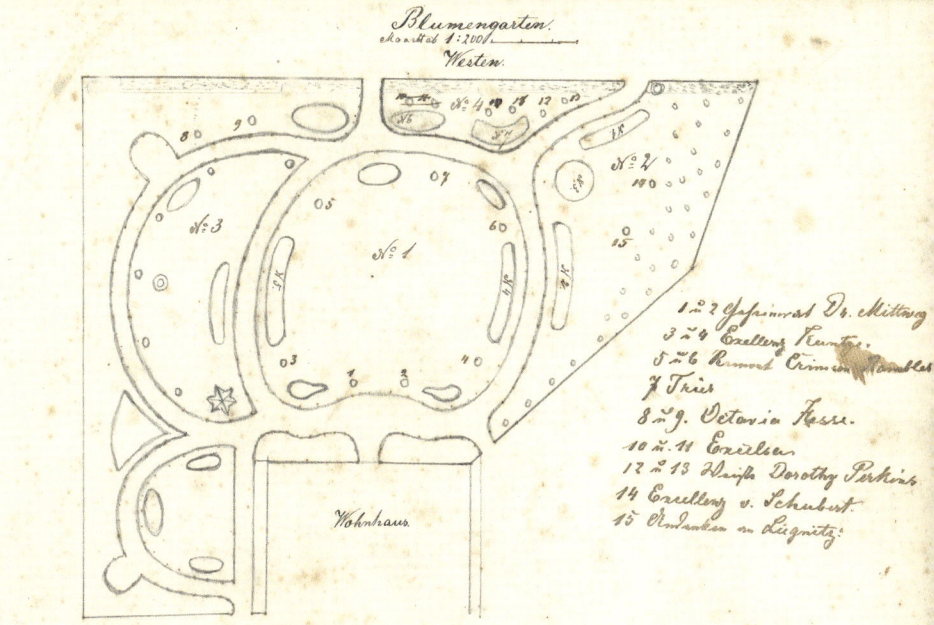

Maßstabsgetreuer Gartenplan des westlichen Blumengartens mit vielen Rosenbeeten, um 1907. *(privat)*

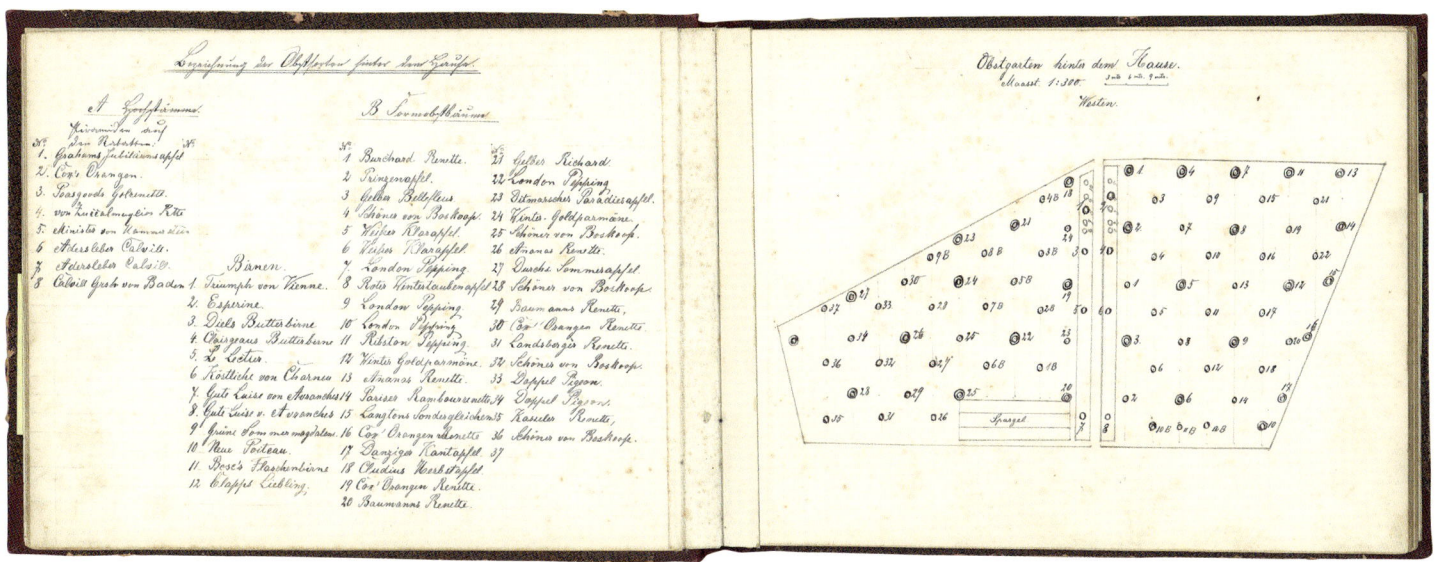

Pflanzliste und zugehöriger Pflanzplan aus der Kladde Gerhard Richters, um 1907. *(privat)*

Zahlreiche Beete mit Hochstockrosen flankierten die geschwungenen Gartenwege, Foto 1940er Jahre. *(privat)*

Hof Haake   151

"Blick aus der Stube in den Garten" steht auf der Rückseite des Fotos aus den 1950er Jahren. *(privat)*

Mit bunten Blumenrabatten gesäumter Sandweg mit Blick zum Haus, koloriertes Foto aus den 1960er Jahren. *(privat)*

Gerhard Haake war ein engagiertes Mitglied im Gartenbauverein, den er gelegentlich im eigenen Garten empfing. Er experimentierte mit seinen Pflanzen und okulierte sowohl die Obstbäume als auch die Hochstockrosen. Wegen seiner Verdienste für den Obst- und Gartenbau wurde er am 10. November 1926 mit einem Ehrenkreuz von den vereinten Oldenburgischen Kammern (Handels-, Handwerks- und Landwirtschaftskammer) geehrt. Die Pflege des Gartens oblag aber stets seinen Kindern. Vom Garten Gerhard Haakes hat sich bis auf die Größe, den genannten Porzellantäfelchen und dem ausführlichen Pflanzbuch allerdings nichts erhalten.

Seine Schwiegertochter Caroline entwickelte nach seinem Tod eine ähnliche Gartenleidenschaft, die sie in den 1940er und 1950er Jahren mit dem ortsansässigen Pastor Benno Hülsmann teilte. Häufig tauschten die beiden untereinander Pflanzen aus. Von ihm bekam sie den Magnolienbaum geschenkt, der heute noch im Garten steht.

Eine erhebliche Veränderung fand in den Jahren 1952/53, unter der Federführung von Josef Hempelmann aus Lohne, statt. Dabei behielt der Gartengestalter zwar die Dimension des Ziergartens bei, dafür hat er aber alles andere stark reduziert und vereinfacht. Die Stauden wurden weitestgehend entfernt, und er pflanzte stattdessen Pyramidenfichten. Die Hainbuchenhecke, die den westlichen Garten umgab und bis dahin regelmäßig geschnitten wurde, ließ man durchwachsen. Viele Rhododendren, besonders südlich des Hauses, und Tannenbäume wurden damals gepflanzt. Einige Rosenstöcke sind noch bis in die 1970er Jahre erhalten geblieben. Zusätzlich blühten im Garten viele verschiedene Staudenvariationen, Stammhortensien mit großen weißen Dolden, verschiedene Phloxarten, und am Haus dienten verschiedene Funkien als Wegbegrenzung.

Südlich des Hauses, wo ursprünglich der "ole Garen" lag, befand sich bis in die 1960er Jahre ein Gemüsegarten. Die Besitzer pflanzten an, was in der Region typisch war: Erbsen, Stockbohnen, grüne und weiße Bohnen, Möhren, Salat, Spinat und viele Kohlsorten von Weißkohl über Kohlrabi bis hin zum Blumenkohl. Die Auswahl der Kräuter beschränkte sich auf Schnittlauch, Petersilie, Liebstöckel und Zwiebeln. Mit den Erträgen des Gartens wurde der große Haushalt, mit bis zu 12 Personen, versorgt.

Auch die zahlreichen Obstbäume und Beerensträucher lieferten ehemals viele Früchte, die man im Keller für den Eigenbedarf lagerte, einweckte, entsaftete und zum Teil verkaufte. Aber auch Flüchtlinge, die nach dem Krieg auf dem Hof und in der Umge-

Erhaltene Porzellantäfelchen aus dem Garten Gerhard Haakes, die zur Unterscheidung der zahlreichen Obst- und Rosensorten dienten. *(KD)*

Der prächtige Magnolienbaum war ein Geschenk des Pastors Benno Hülsmann an Caroline Haake, Foto um 2000. *(privat)*

Bunt und üppig blühende Rhododendren schmücken den heutigen Ziergarten, Foto um 2000. *(privat)*

bung untergebracht waren, durften sich stets an dem Fallobst bedienen. Mit der Zeit mangelte es jedoch an Baumpflege: Die Bäume veralteten, trugen keine Früchte mehr und verschwanden nach und nach aus dem Garten. Ende der 1960er Jahre gab es keine Obstbäume mehr auf dem Hof Haake.

1974 erfolgten Veränderungen und Umbaumaßnahmen am Haus und schließlich eine Umgestaltung des Gartens. Im Zuge dessen hat der Besitzer die alte Gartenlaube abgetragen und den ursprünglich daran rankenden Wein an die vor dem Eingang stehenden Bäume verpflanzt, wo er bis heute seine prächtigen Rottöne im Herbst entfaltet. Auch die zahlreichen Rhododendren hat Gerhard Haake, der Enkel des Gartenbegründers, größtenteils in den ehemaligen Ziergarten umgesetzt und die Zuwegung zum Haus mit neuen lilafarbenen Exemplaren gesäumt. Der Garten wurde damit in seiner Form pflegeleichter gestaltet und hat sich seitdem kaum verändert. Bis heute ist der Garten während der Rhododendronblüte ein sehenswertes Blütenparadies. Auf einen Gemüsegarten und große Obstwiesen, wie es sie früher auf dem Hof gegeben hat, wird heutzutage verzichtet. *(KD)*

Besuch des Gartenbauvereins im Ziergarten des engagierten Mitglieds Gerhard Haake in den 1920er Jahren. *(privat)*

**Drei Formgehölze stechen hervor durch die Bekrönung mit Hahn, Huhn und Gans, ehemals stand im Kreuzungspunkt ein buntblättriger Ahorn, Glasplatte von 1924.** *(Museumsdorf Cloppenburg)*

**In der Flucht der buchsbaumgesäumten Hauptachse der Taxusanlage steht das Formgehölz „Braut" als Herrin des Gartens und des Hofes, Glasplatte von 1914.** *(privat)*

**In den 1980er Jahren wurde die Grotte versetzt und wird von Farnen, Rhododendren und weiteren Gehölzen umrankt.** *(WT)*

# Hof Meyer-Nutteln
Cappeln-Nutteln

Nördlich des Artlandes, sechs Kilometer südlich von Cloppenburg liegt der historische Meyerhof-Nutteln. Im Jahr 1813 wurde das prächtige Bauernhaus errichtet. Die Gartenplanung begann in der zweiten Hälfte des 19. Jahrhunderts. Hofbesitzer Georg Meyer und seine Gattin Antonia Bölke legten damals eine prunkvolle Gartenanlage an. Während das Hofgelände im Norden, Osten und Süden von einer Hainbuchenhecke eingefasst war, wurden in südlicher Verlängerung des Grundstücks zwei parallel verlaufende, einen Kilometer lange Alleen angelegt, die der Hofherr hauptsächlich mit Douglasien bepflanzen ließ. Heute noch gut erkennbar sind der mittig gelegene Fahrweg sowie der Reit- und Spazierweg zu beiden Seiten. Viele edle Gehölze fielen jedoch im November 1972 einem zerstörerischen Orkan zum Opfer.

Nördlich des Wohnhauses befindet sich eine sehr gut erhaltene und liebevoll gepflegte Taxusanlage. Ihre Grundform wird durch zwei sich schneidende Wege in Form eines lateinischen Kreuzes bestimmt. Durch ein Tor aus zwei zusammengewachsenen Eiben betritt man den Garten, auf dem Weg zum Kreuzungspunkt wachsen zwei Formgehölze – „Pankokenschädels" genannt – aus vier aufeinandergestapelten Schüsseln mit einer abschließenden Halbkugel. Um den Kreuzungspunkt sind sechs Eiben angeordnet, die sich aus Würfeln, Quadern und Zylindern zusammensetzen. Drei Eiben stechen durch ihre Bekrönung, gestaltet als Gans, Huhn und Hahn, hervor. Im Zentrum der Gruppe stand bis Mitte der 1930er Jahre ein buntblättriger Ahorn, der einen prägnanten Kontrast zu den immergrünen Eiben bildete. Weitere Exemplare stehen paarweise in Form von hohen Pfeilern und Säulen an den Enden der Wege. Einzelne Formgehölze schmücken die Eckpunkte der Taxusanlage. Das Eibenpaar am östlichen Abschluss des Querweges war ursprünglich korkenzieherförmig und gegeneinander laufend geformt. Gegenwärtig sind diese jedoch zu schlichten Säulenformen vereinfacht worden. Entlang der Längsseiten verlaufen wuchtige Eibenhecken. Während die östliche Hecke von Anfang an mit angelegt wurde, folgte die westliche Hecke erst in den 1920er Jahren. Die Wege der Taxusanlage werden aktuell von Rosenbeeten begleitet. Bepflanzt sind diese mit den Sorten 'Lions Rose', 'Olympisches Feuer', 'Aspirin Rose', 'Nina Weibull' und 'Gloria Dei', aber auch Narzissen und Hyazinthen befinden sich dazwischen. In zwei Rondellen wachsen Rosen der Sorte 'Ulmer Münster'.

Zeitgleich mit der Taxusanlage wurde entlang des Wohngiebels ein Ziergarten angelegt. Er war durchzogen von geschlungenen Wegen, kleinen ovalen Beeten in den Rasenflächen sowie einer Vielzahl von Blumen, Bäumen und Sträuchern. Die Eibenfiguren „Braut und Bräutigam" hatten damals noch ihr eigenes Beet. Anfang des 20. Jahrhunderts wurde eine Grotte aus Schlackeresten einer unbekannten Glasgrube in den Garten integriert. Am oberen Rand ist sie mit großen Muscheln verziert, die ein nach Indien ausgewanderter Verwandter bei Besuchen mitgebracht hatte.

In den 1980er Jahren wurde der Ziergarten stark verändert. Im Zuge von Renovierungsarbeiten verlegte der Hofbesitzer den Hauseingang von der Südseite auf die Nordseite des Wohnhauses, wodurch eine neue Zuwegung nötig wurde. Seitdem verläuft der Weg entlang der Nordwand bis hin zur Allee und trennt dabei Taxusgarten und Ziergarten. Die Taxusfiguren und die Grotte wurden um einige Meter nach Süden versetzt. Dabei achtete der Besitzer behutsam darauf, dass die weibliche Figur in der Wegeachse der Taxusanlage stehen blieb, als Herrin des Gartens und des Hauses. Zeitgleich verschwanden auch die Wege und Rundbeete im Ziergarten. Es entstand eine große Rasenfläche mit säumenden Beeten. Heute wachsen dort Forsythien, Hortensien, Rhododendren, Funkien, Maiglöckchen, ein Mispelbaum und einiges mehr.

Mit dem neuen Hauseingang verschwand auch der Weg südlich des Hauses. Die entstandene Fläche wurde begrünt und ein kleiner Südgarten wurde angelegt. Dieser erfreut nun die Besitzer das ganze Jahr über und ist bepflanzt mit Goldrauten, Christrosen, Vergissmeinnicht, Nelken, Sonnenhut, verschiedenen Lichtnelken, Frühlingsblühern und Perlhyazinthen. An der Hauswand ranken die Rosen 'Augusta Luise', 'New Dawn' und die 'Eden Rose'.

**Die Wege der Taxusanlage werden begleitet durch Rosenbeete mit den Sorten 'Lions Rose', 'Olympisches Feuer', 'Aspirin Rose', 'Nina Weibull' und 'Gloria Dei'.** *(WT)*

**Formgehölze „Braut und Bräutigam" im Bereich des alten Ziergartens.** *(KD)*

**Auf der Luftbildaufnahme von 1954 sieht man links den großen Gemüsegarten, rechts daneben die Taxusanlage und vor dem Wohngiebel den Ziergarten.** *(privat)*

**Vor der nördlichen Hainbuchenhecke hat sich ein Birnbaum der Sorte 'Köstliche von Charneux' erhalten.** *(KD)*

**Dicke und ineinander verwachsene Stämme der alten Hainbuchenhecke, die den Hof nach Norden und Osten hin abgrenzt.** *(KD)*

Der Gemüsegarten des Hofes spielte einst eine große Rolle, wechselte über die Jahre hinweg einige Male den Standort und wandelte sich stark in seiner Größe. Bis in die 1920er Jahre befand sich das Gemüse auf den Rasenflächen der Eibenanlage. An den Wegen befanden sich von Buchsbaum eingefasste Blumenbeete, die auf alten Fotografien gut erkennbar sind. Eine Luftbildaufnahme von 1954 zeigt den bereits in die nordwestliche Ecke verlegten Garten. Die Größe ähnelt dem vorherigen Ausmaß im Taxusgarten. Mit der Zeit reduzierte sich allerdings die Personenzahl auf dem Hof erheblich. Damit einhergehend wurde der Garten in seiner Größe verringert und schließlich ganz abgeschafft. Erst 2007 wurde ein neuer Gemüsegarten westlich der Taxushecke angelegt. Heute wachsen dort Karotten, Lauch, Tomaten, Kohlrabi, Mangold, Pastinaken, verschiedene Salate, Zwiebeln, Erbsen und Bohnen. Die Gemüsereihen und Blumenbeete sind mit Buchsbaum eingefasst. Der Stakenzaun, der den Garten umgibt, ist über 70 Jahre alt und grenzte ursprünglich den Ziergarten zur Südseite ab.

Südlich des Hauses liegt eine kleine Grünfläche, die früher als Bleiche genutzt wurde. Daran schließt sich eine große Obstwiese an. Von den zahlreichen Apfelbäumen, die einst auch verkauft wurden, sind nur noch wenige erhalten. Herr Meyer erinnert sich an die Sorten 'Weißer Borsdorfer' und 'Roter Borsdorfer', 'Kaiser Alexander', 'Jakob Lebel', 'Gestreifte Winterrenette', 'Schafsnase', 'Schöner von Boskoop' und einen Apfelbaum mit zwei aufgepfropften Sorten. In und um die Taxusanlage standen Birnen-, Kirsch- und Zwetschgenbäume. Zahlreiche rote und schwarze Johannisbeersträucher wuchsen früher zwischen den beiden östlichen Hecken. Vor vier Jahren pflanzte der Besitzer zwölf neue Obstbäume neben der Taxusanlage. Darunter befinden sind Birnen-, Zwetschgen-, Mirabellen- und Kirschbäume sowie ein Naschibaum. Vom alten Obstbaumbestand hat sich in diesem Bereich nur eine Birne, die 'Köstliche von Charneux', vor der nördlichen Hainbuchenhecke erhalten. In ihrer Nähe stand ehemals ein Mispelbaum.

Die Pflege der Taxusanlage, mit 21 Formgehölzen und etwa 130 Metern Hecke, ist eine umfangreiche Aufgabe, die große Erfahrung erfordert und eine Kunst für sich darstellt. Seit vielen Generationen werden diese Gehölze akkurat geschnitten. Bereits im Oktober beginnt Georg Meyer mit den Schneidearbeiten, die sich über Wochen hinziehen können. Besonders kompliziert gestaltet sich der Formschnitt der Tiergestalten und der Figuren „Braut und Bräutigam".

*(KD)*

2007 wurde ein formal gestalteter Gemüsegarten angelegt mit Buchsbaum gesäumten Wegen. *(WT)*

Hof Meyer – Nutteln b. Cloppenburg, Taxus-Garten

Repräsentativer Garten mit Formgehölzen auf einer Postkarte des Hofes Meyer-Nutteln. *(privat)*

**Luftbild von 1956, am Ende der mit Pyramidenfichten bepflanzten Zufahrt wächst der alte Birnbaum, links davon der von Hempelmann neu angelegte Waldpark und seitlich des Wohnhauses der „modernisierte" Ziergarten mit den darin belassenen Eibenfiguren.** *(privat)*

**Zwei Bäume, ein gelbblättriger Tulpenbaum und ein Urweltmammutbaum, die Anfang der fünfziger Jahre von der Baumschule Hesse aus Weener bezogen worden sind.** *(WT)*

# Hof Quatmann
Cappeln-Elsten

**Die mehr als drei Meter hohen Eibenfiguren sind durch Bögen miteinander verbunden, 1940.** *(privat)*

**Buschwindröschenblüte im Waldpark.** *(ES)*

Der zwischen den Jahren 1803 und 1806 erbaute Quatmannshof aus Elsten wurde mit Erbwohnhaus und Hofgebäuden zwischen 1934 und 1935 abgebaut und als erste Hofanlage im damals gegründeten Freilichtmuseum Museumsdorf Cloppenburg wieder neu errichtet. Seinerzeit umschloss ein dichter Eichenbaumbestand weiträumig den alten Hofraum bis zu zwei südlich vorgelagerten Scheunen, zwischen denen sich die Hofzufahrt befand.

Noch im Jahr 1935 ließen Carl und Christa Quatmann auf dem Standort des translozierten Haupthauses eine Gulfhausscheune, um 90 Grad versetzt, und im Anschluss daneben ein neues modernes Wohnhaus errichten. Die Hofzufahrt musste nun in der Ausrichtung zum Hauseingang des Neubaus korrigiert und verlegt werden, ebenso das Hofwegekreuz. Biegt man heutzutage von der Hauptstraße zum Wohnhaus ein, kann man bei der Einfahrt den ältesten Baum der Hofanlage bestaunen: eine etwa 350 Jahre alte Eiche.

Ein modernes Wohnhaus verlangte auch eine „moderne" Gartengestaltung. Der Schellohner Gartenarchitekt Josef Hempelmann wurde engagiert und erarbeitete im Januar 1935 einen Entwurfsplan als „Vorschlag für die Gestaltung der Umgebung". Zu einer „harmonischen Gestaltung" gehörte seiner Meinung nach auch, die gesamte Umgebung des Hauses zu berücksichtigen. So sollten zum Beispiel durch Pflanzung einzelner Bäume nüchterne landwirtschaftliche Nebengebäude wesentlich verschönert werden. Einige seiner Vorschläge wurden im Garten der Quatmanns umgesetzt. Um dem Gehöft „gleich beim Eintritt etwas Gewinnendes zu geben", wurden links und rechts entlang der repräsentativen Hofzufahrt eine Reihe Pyramidenfichten als Allee in Kombination mit begleitenden Rhododendren gepflanzt. Einige Jahre später wurden die Nadelbäume wieder entfernt. Die heutige Bepflanzung besteht aus einer abwechslungsreicheren Bepflanzung mit Eichen, Ebereschen, Felsenbirnen, Haselnuss-Sträuchern und Kornelkirschen. Schräg gegenüber der Scheune stehen die noch von Hempelmann gesetzten, mittlerweile stattlichen Exemplare zweier Urwelt-Mammutbäume sowie ein Tulpenbaum mit goldgelb panaschierten Blättern. Diese Gehölze wurden Anfang der fünfziger Jahre von der Baumschule Hesse aus Weener bezogen. Zwei in der Nähe stehende alte Kastanien sind Überbleibsel von zwei ehemals schmückenden Baumreihen entlang des früheren Bauernhauses.

Am Ende der Allee, kurz vor dem Wohnhaus, wächst ein alter Birnbaum der Sorte 'Köstliche von Charneux', der wahrscheinlich anlässlich der Hoch-

Am Ende der Hofzufahrt und in der Nähe des Wohnhauses wächst der etwa 1880 gepflanzte Birnbaum der Sorte 'Köstliche von Charneux'. *(privat)*

Mit Pyramidenfichten und Rhododendren bepflanzte Einfahrt mit Blickachse zum Birnbaum, etwa 1950. *(privat)*

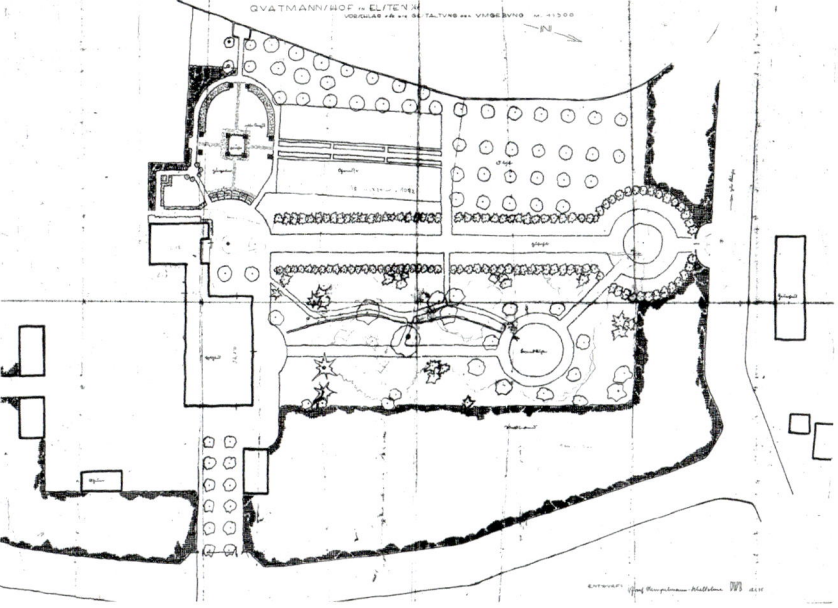

„Vorschlag für die Gestaltung der Umgebung", Gartenplan von Hempelmann, 1935. *(privat)*

Wasserbecken mit Kindern in einer Gruppe von vier eng zusammenstehenden Eibenfiguren, 1940. *(privat)*

zeit des jungen Hofbesitzerpaares Josephine und Ferdinand Quatmann 1880 gepflanzt worden ist. Eine ovalförmige Raseninsel, in die der Birnbaum integriert wurde, diente in den 1950er Jahren als Umfahrt vor dem Hauseingang.

Nördlich der Gulfscheune entstand nach den Planungsvorgaben Hempelmanns auf einem bis dahin von Heuerleuten genutztem Stück Land ein kleiner Waldpark. Ein Rundgang lädt auch heutzutage zum Spaziergang durch die circa 3.000 m² große Anlage ein. Von einem halbrunden Platz mit mächtigen Findlingen führt der Weg zu einem kreisrunden Teich, der im Uferbereich ursprünglich von vier Trauerbuchen umgeben war, von denen aber nur noch eine erhalten ist. Neben Rotbuchen, Hainbuchen und Stieleichen wurden eine Vielfalt an Gehölzen angepflanzt, wie zum Beispiel Zuckerahorn, Scheinzypresse, Birke, Magnolie, Hemlocktanne, Ulme, Lärche und Amerikanische Eiche. In den Anfangsjahren des Parks wurden von Hempelmann und seinen Gärtnern regelmäßige korrigierende Pflegeschnitte durchgeführt. Bis heute blühen im Unterholz während der Frühlingsmonate dichte Blumenteppiche von Buschwindröschen, Schneeglöckchen, Märzenbecher und Sauerklee.

Hempelmann bezog auch den alten Taxusgarten, der bereits Mitte des 19. Jahrhunderts auf einer Fläche

Wilder Wein wächst seit 1935, dem Jahr der Fertigstellung der Scheune, an der Wand. *(ES)*

Blumenpracht im heutigen Wohngarten. *(Rolfes)*

Stamm des Urweltmammutbaums mit graubrauner Borke. *(ES)*

von gut 1.000 m² und westlich des alten Hofgebäudes angelegt worden war, in seine Gestaltungsplanung ein. Über Sandwege spazierte man nun an Stauden- und Rosenrabatten, Rasenflächen und den insgesamt zwölf Eibenfiguren vorbei. Diese hatten entweder die Form eines schmalen Kegels oder die eines abgerundeten Kegels, der auf einem Quader ruht. In eine Gruppe von vier eng zusammenstehenden Formgehölzen wurde ein Wasserbecken integriert. Die Eibenfiguren waren über Bögen miteinander verbunden. Am Ende der Hauptachse des Weges durch den Eibengarten lud eine Hainbuchenlaube zum Verweilen ein.

Seitlich schloss sich ein großer Gemüsegarten mit Spargel- und Tabakreihen sowie einer ebenso großen Obstgartenfläche mit Apfelbäumen, Quitten- und Mispelbäumen an.

Im Laufe der 1960er Jahre setzte eine zunehmende Technisierung in der Landwirtschaft mit bedeutend weniger Personalbedarf auf den Höfen ein. Dieser Wandel hatte auch für die Gestaltung und Größe des Gartens Konsequenzen.

Zur Arbeitsersparnis wurde Anfang der 1970er Jahre der alte Taxusgarten aufgelöst. Eine Eibenfigur blieb zur Erinnerung erhalten und wurde wie einige alte Exemplare gelb blühender Azaleen in eine neuere Gartengestaltung einbezogen, mit deren Planung der Cloppenburger Landschaftsarchitekt Antonius Bösterling beauftragt worden war. Der Ziergarten vergrößerte sich nun weiter nach Süden rings um das Wohnhaus.

Die Anbaufläche für den Obst- und Gemüseanbau verringerte sich hingegen. Einige Reihen mit alten Obstbäumen sind erhalten geblieben und tragen immer noch jedes Jahr reichlich Früchte. Auch ein kleiner Gemüsegarten mit Blumenrabatten fehlt nicht. In diesem wächst eine Gartenfuchsie, die Christa Quatmann in den 1930er Jahren aus dem Garten ihrer Eltern auf den Hof mitbrachte. Im Sommer schmücken die ebenfalls damals gepflanzten Kletterrosen die südwestliche Hauswand mit ihren vielen weißen und roten Blüten. *(ES)*

Eine der alten Eibenfiguren wurde in die jetzige Gartengestaltung integriert. *(privat)*

Der heutige mit Buchsbaumhecken eingefasste Gemüsegarten befindet sich an der Südseite des Hauses. *(ES)*

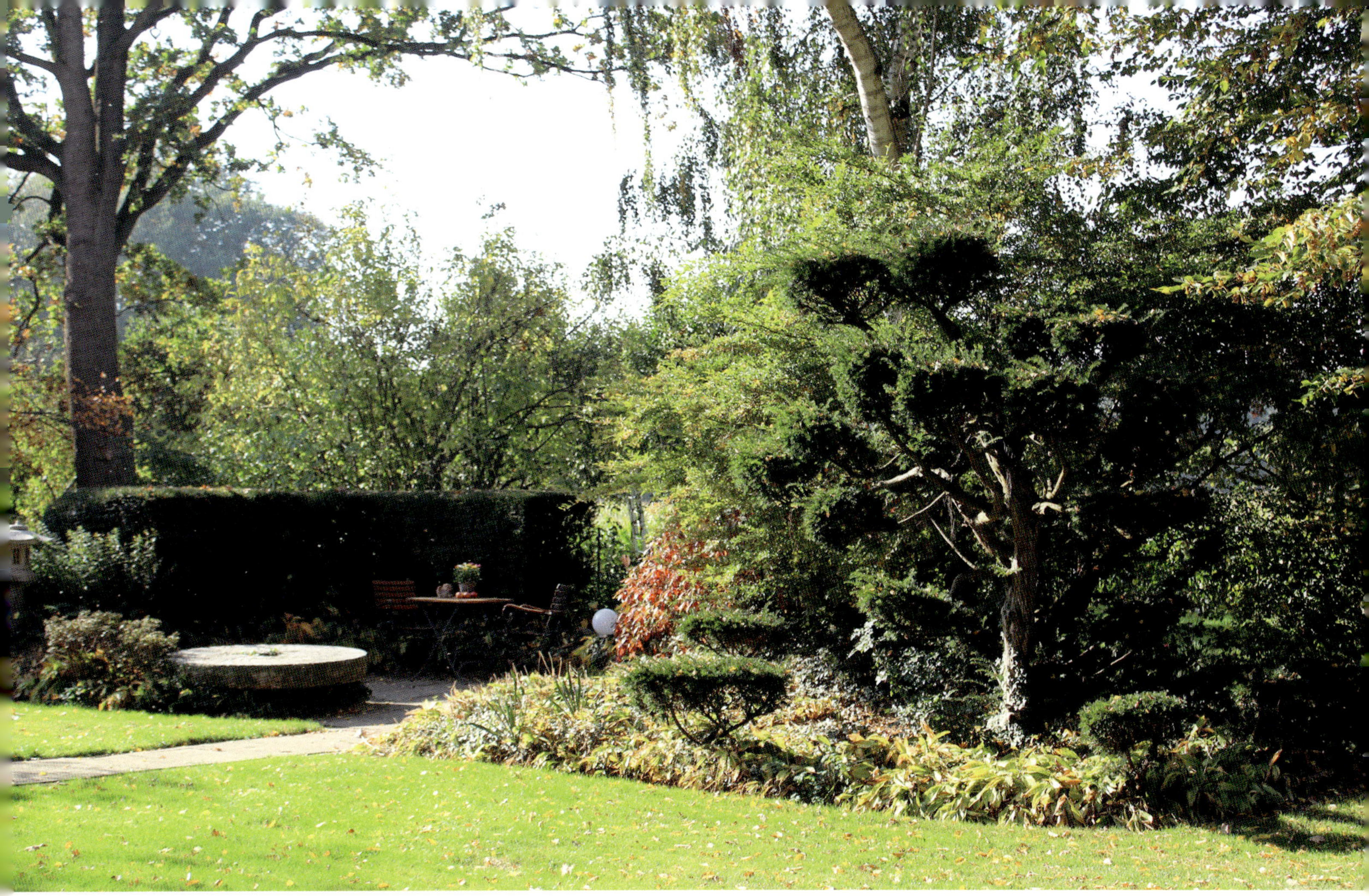

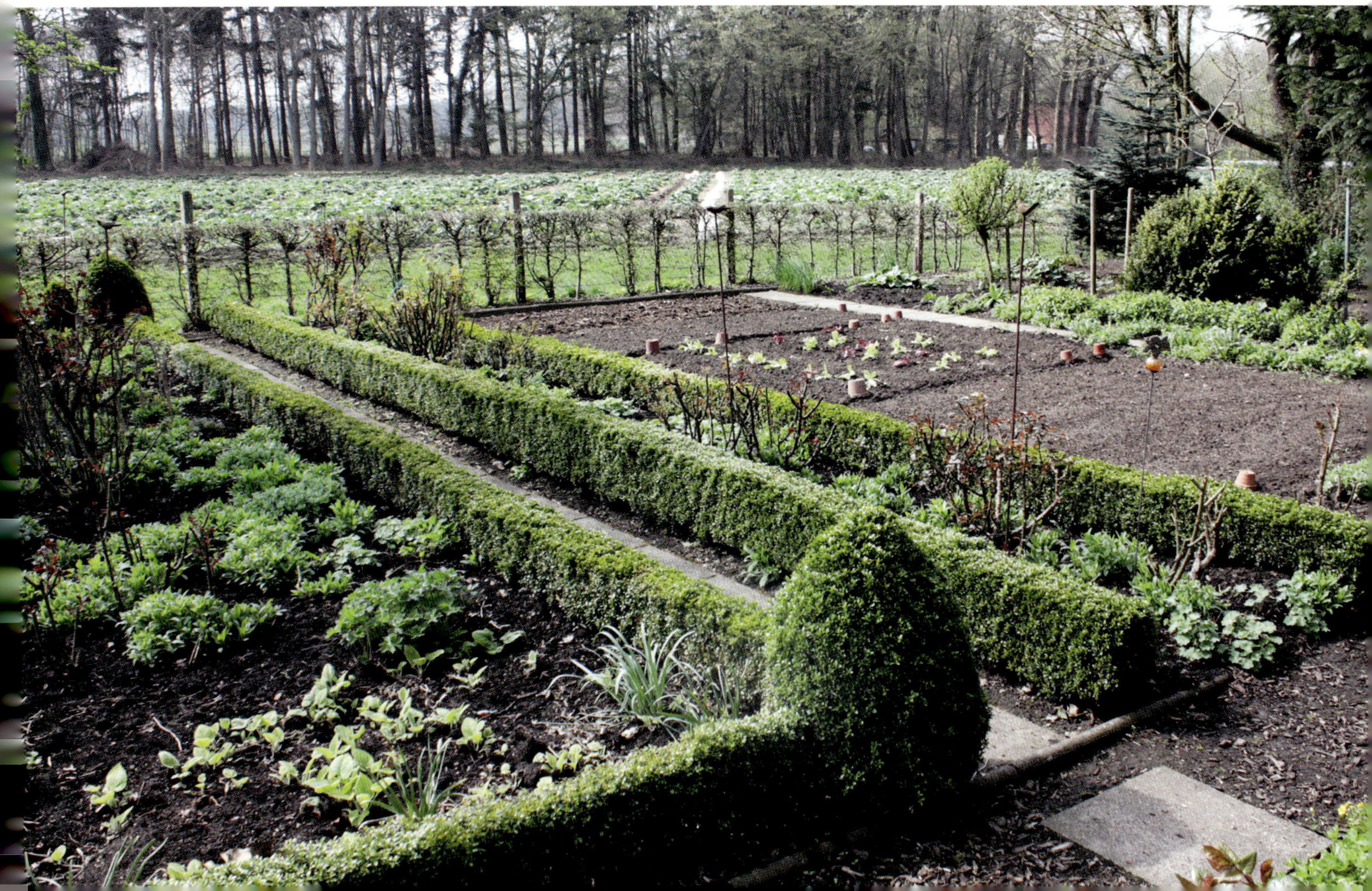

Aquarellbild des Lübecker Künstlers Eberhard Zietz um 1947, als Motiv wählte er den mit Stauden und Sommerblumen gesäumten Weg und dessen besondere Zierde: vier geometrisch geschnittene Eiben. *(privat)*

# Hof Darrenkamp
Cappeln

**Luftbild von 1954: Mehrere stattliche Blutbuchen wachsen entlang des Haupthauses, östlich vom Haus liegt der Obstgarten, westlich davon der Gemüsegarten.** *(ES)*

**Ritterspornblüte am Hofgebäude.** *(WT)*

Inmitten einer waldreichen Umgebung und Wiesenlandschaft befindet sich der Hof Darrenkamp, südlich von Cloppenburg, im Oldenburger Münsterland gelegen. Eine lange baumbestandene Zufahrt, in der Eichen wie auch eine rotbelaubte Blutbuche wachsen, führt auf den Hofraum mit seinem Bauernhaus aus dem Jahr 1809. Die Pflasterung des Hofraumes mit Feldsteinen erfolgte ebenfalls in dieser Zeit und ist immer noch erhalten. Links und rechts vor dem alten Wagenschauer stehen zwei mächtige alte Kastanienbäume, zwischen denen früher die Pferdegespanne hindurchfuhren. Eine Reihe aus mehreren stattlichen Blutbuchen schmückte bis Anfang der 1950er Jahre die Westseite des Gebäudes.

Um 1894 wurde der Wohngiebel seitlich um einen Anbau erweitert. In westlicher Ausrichtung lag auch der große Gemüsegarten, Pottstück genannt, dessen Erträge zur Verpflegung sowohl der Familie wie auch der auf dem Hof lebenden Arbeitskräfte diente. Durch die Seitentür des Wohnteils betrat man den langgestreckten Blumengarten. Ein gesandeter Gartenweg führte bis zum Gemüsegarten und einer größeren Anpflanzung mit roten und schwarzen Johannisbeersträuchern. Der Weg wurde seitlich zur Hauswand von einer schmalen mit Stauden und Sommerblumen bepflanzten Rabatte und im weiteren Verlauf von zwei sich jeweils gegenüberstehenden, geometrisch geschnittenen Eiben begleitet. Dieses zierende Motiv wurde von einem befreundeten Maler der Familie in den ersten Jahren nach dem Zweiten Weltkrieg festgehalten.

Anfang 1950 beauftragte man den Schellohner Gartenarchitekten Josef Hempelmann mit der Neugestaltung eines abwechslungsreich bepflanzten und großzügigen Wohngartens. Infolgedessen wurde der nahe des Hofgebäudes liegende vordere Teil des Pottgartens aufgelöst, der hintere Bereich blieb als Restfläche für den Gemüseanbau bestehen. Mutterboden wurde neu aufgebracht und das Gelände vom Haus weg leicht erhöht. Die Eibenfiguren wurden entfernt, und auf der gewonnenen Fläche säte man Rasen ein. Nach den Vorschlägen des Gartenplaners legte man ringsum eine Randbepflanzung mit blühenden Sträuchern wie Rhododendren, Magnolien, Zaubernuss, Rispen- und Samthortensien, Felsenbirne, Kolchische Pimpernuss und weißblühende Spireen an. Besondere Bäume wie Sumpfzypresse, Mädchenkiefer, Südbuche und Urweltmammutbaum, alle bezogen von der Baumschule Hesse in Weener, pflanzte man auch innerhalb der Rasenfläche.

Der alte Sandweg wurde nun mit hellgelben Solnhofener Kalksteinplatten ausgelegt und führte nun,

*Sauber abgestochene, mit Gehölzen und Stauden kombinierte Rundbeete im Rasen, 1950. (privat)*

*Nach der Umgestaltung um 1950: Der am Hausanbau vorbeiführende Weg ist nun mit hellgelben Solnhofener Kalksteinplatten ausgelegt. (privat)*

*Altes Hofpflaster vor dem Haupthaus, der Weg führt entlang der Westseite in den Garten. (ES)*

um einige Meter verlängert, auch entlang der Nordseite des Hauses. Mit dem gleichem Wegebelag stattete man auch die Verbindung entlang der Westseite des Bauernhauses bis zur Einmündung in den Hofraum aus. Zwischen Gebäude und Plattenweg befinden sich auch heute noch mit Rosen und Blumenstauden bestückte Blumenrabatten.

Wenige Meter abseits des Hausanbaus zweigte ein neuer, schmaler Weg ab und mündete auf eine mit verschiedenfarbigen Betonplatten belegte Terrasse, die einem kleinen Schwimmbecken vorgelagert war. Hochwachsende, großblättrige Stauden und Ziergräser hegten diesen Ruheplatz ein. Eine Wand aus Schilfmatten unterbrach den Blick auf den angrenzenden Gemüsegarten. Auch die hinter dem Nordgiebel liegende Brandkuhle wurde in die Neugestaltung einbezogen. Der Gartenarchitekt Hempelmann ließ Hainbuchen rund um den Teich pflanzen, in der Mitte wurde ein hölzernes Entenhäuschen aufgesetzt, das immer noch den Wasservögeln zur Rast dient. Den Wohngarten und die benachbarte Weide umschließt bis heute eine geschnittene Hainbuchenhecke.

Verschiedene Sorten an Apfel-, Birn- und Pflaumenbäumen wuchsen in den Flächen zur Ostseite des Hofes und auch auf dem etwas weiter entfernten „Kleinen Esch". In den fünfziger Jahren konnte sogar

*Neue Terrasse mit farbigem Betonplattenmuster, die dem Schwimmbecken als Ruheplatz vorgelagert ist, 1950. (privat)*

*Eine Wand aus Schilfmatten unterbricht den Blick zwischen Schwimmbecken und dem angrenzenden Gemüsegarten, 1950. (privat)*

**Neugestaltung von 1950, aus der hinter dem Nordgiebel liegenden Brandkuhle wird ein rundlicher Gartenteich.** *(WT)*

**Abb. rechte Seite:**

**Rasenfläche mit eingestreuten Pflanzbeeten, in der Bildmitte befindet sich die nahe des Hauses wachsende und mit Stauden unterpflanzte Sumpfzypresse.** *(WT)*

**Zarte Strauchrosenblüte.** *(WT)*

ein Teil der Ernte nach Langförden verkauft werden. Aus dieser Tradition heraus wurden in den letzten 20 Jahren von der Familie Quatmann immer wieder Obstbäume in allerlei Sorten nachgepflanzt. Vor der umgrenzenden Hainbuchenhecke wurde alle sechs Meter ein Obstgehölz, ein Apfel-, Pflaumen- oder auch Mirabellenbaum gepflanzt. Auch auf der jenseits des Hofgebäudes nach Osten ausgerichteten Fläche bis hin zum alten Backhaus stehen ebenfalls neu angepflanzte Apfel- und Birnbäume.

Mitte der achtziger Jahre wütete in der Region ein schwerer Sturm, dem insbesondere ältere Bäume des Wohngartens zum Opfer fielen. Dieser Verlust führte zu einer neuen Ausrichtung der Gartengestaltung, bei der die Rasenfläche nochmals vergrößert wurde. Die im Rasen wachsenden Solitärgehölze wie Zierkirsche, Urweltmammutbaum, Sumpfzypresse oder Kuchenbaum wurden nun mit Stauden unterpflanzt und mit Sträuchern zu großzügigen Gehölzgruppen kombiniert.

Mächtige alte Eichenbäume wachsen sowohl im gepflasterten Hofraumbereich wie auch im nebenan liegenden Gehölzstreifen vor dem „Kleinen Esch". Zum Hof Darrenkamp gehörten große forstwirtschaftlich genutzte Waldflächen. Das Interesse der Familie Quatmann an Pflanzen und insbesondere Bäumen kommt auch in der Gartenanlage zum Ausdruck, in der seltene Baumarten wie Mammutbaum, Streifenahorn, Blasenbaum, Nelkenzimtbaum oder Ginkgobaum anzutreffen sind.

*(ES)*

**Vor der den Garten umschließenden Hainbuchenhecke wächst alle sechs Meter ein Obstgehölz: ein Apfel-, Pflaumen- oder auch Mirabellenbaum.** *(WT)*

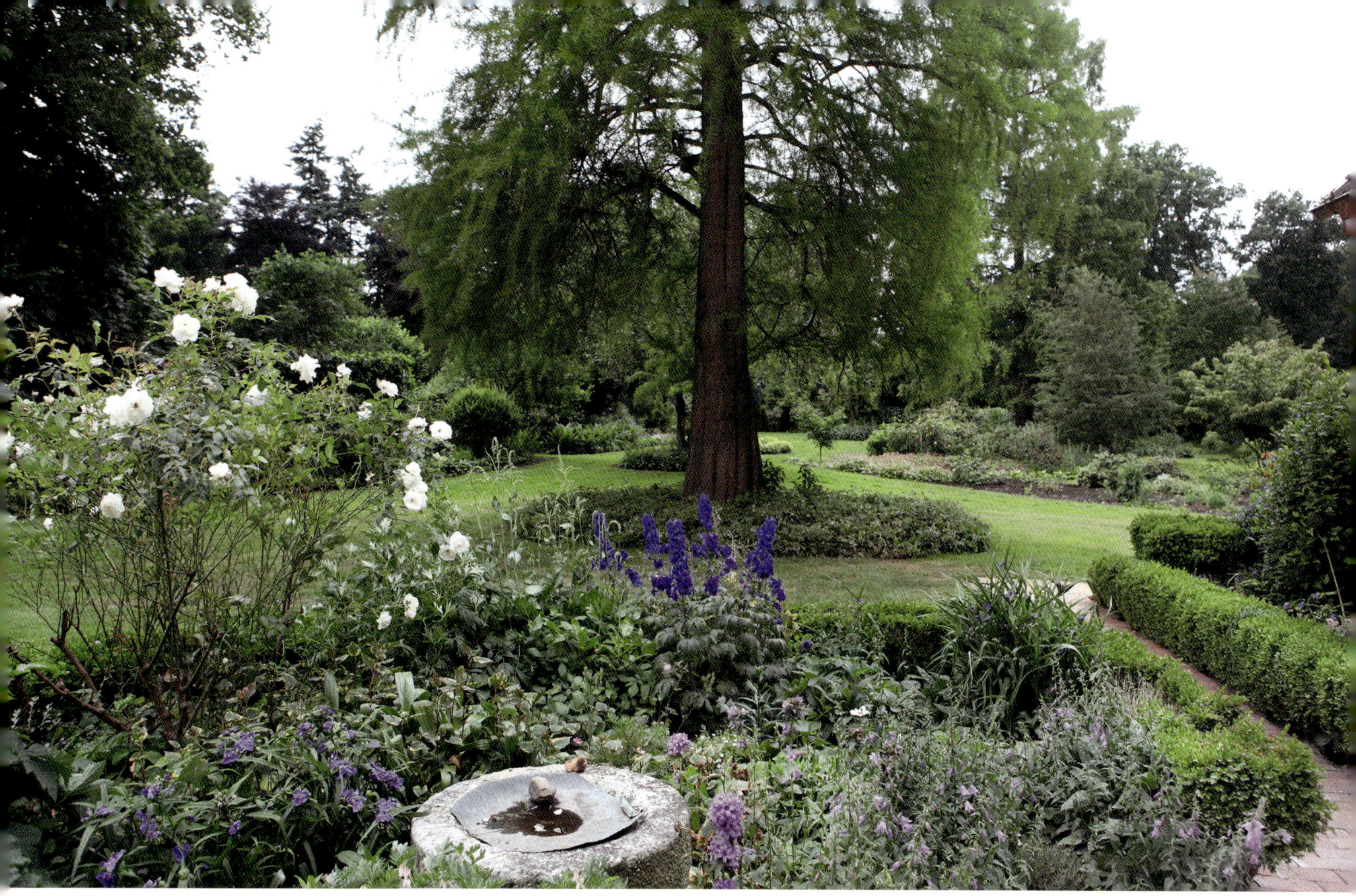

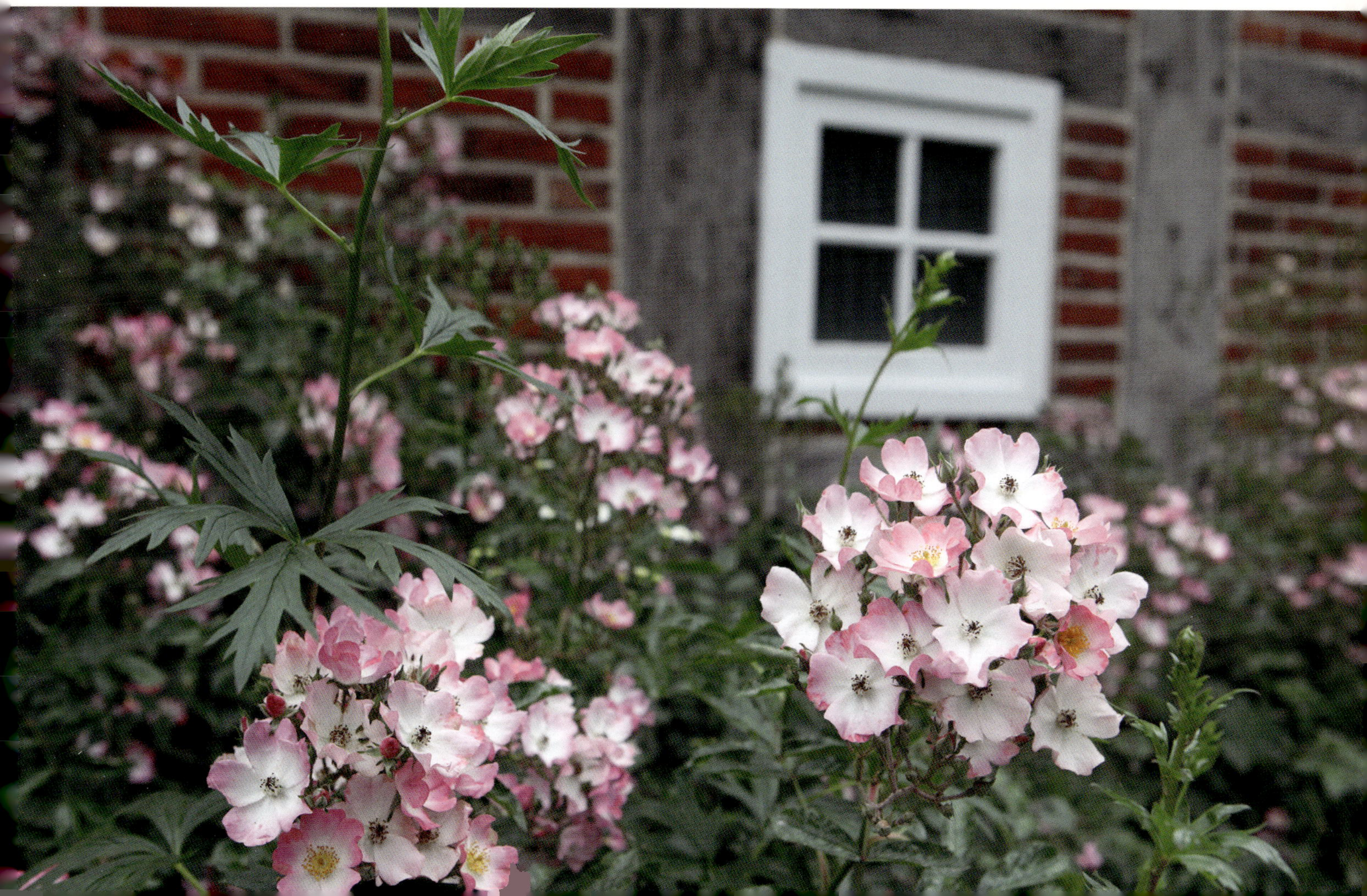

Nördlich des Wohnhauses lag der Garten, darin links der Gemüsegarten und rechts die Weidefläche, Ausschnitt aus dem Übersichtshandriss von 1837.

Am Wohngiebel lag ein breiter Sandweg, zur Rechten die Hainbuchenhecke, vor der heute große Rhododendronbüsche stehen, hinten links eine Reihe junger Obstbäume. *(privat)*

# Hof Averesch
## Cappeln-Elsten

1933 gab es in dem Garten Rosenbeete und viele Sandwege, im Hintergrund lag bereits der Eichenwald. *(privat)*

Zehn Kilometer südlich von Cloppenburg liegt eine der ältesten Hofstellen der Region. Im Jahr 1813 erbauten die Eheleute Hermann und Catharina Averesch das heutige Fachwerkhaus. Nördlich des Wohnhauses befindet sich der 50 Meter breite und 100 Meter lange Garten, der mit einer 270 Meter langen Hainbuchenhecke umfriedet ist. In einem Riss der Oldenburgischen Grundsteuervermessung von 1837 ist dieses Areal bereits eingezeichnet, allerdings in der Mitte geteilt: Während die östliche Hälfte als Weidefläche ausgewiesen ist, liegt in der westlichen Hälfte der Gemüsegarten. Außerhalb der Hecke ist eine weitere, mehr als doppelt so große Fläche gekennzeichnet, die als Ackerland und Gemüsegarten betitelt ist. Östlich und südlich des Hauses befinden sich bis heute Laubholzflächen. Erste greifbare Belege für die Gartengestaltung stammen aus Erzählungen früherer Generationen und aus Fotografien der 1930er und 1940er Jahre.

Zu Zeiten der Urgroßmutter Ida, die eine begeisterte Gärtnerin gewesen ist und 1877 an den Hof Averesch kam, soll es, nach Auskunft der heutigen Besitzerin Maria Berges, bereits den heute noch vorhandenen Weg gegeben haben. Er beginnt neben dem westlichen Hauseingang, erstreckt sich bis zur nördlichen Hecke und mündet in der Flucht einer alten Hainbuchenlaube. Im nördlichen Gartenbereich befinden sich neben dieser Laube zwei Walnussbäume, ein alter Birnbaum der Sorte 'Köstliche von Charneux' und zwei Johannisbeersträucher, die stets am selben Platz gestanden haben und zu den ursprünglichen Gartenelementen gehören. In der Mitte des Nutz- und Blumengartens kreuzten sich zwei mit Buchsbaum gesäumte Sandwege. Im Kreuzungspunkt lag ein großes Rondell, das mit einem üppigen Exemplar eines Pontischen Rhododendrons bepflanzt und von Schatten spendenden Apfelbäumen umgeben war. Nach mündlicher Überlieferung wuchsen in den Rabatten entlang der Wegeachsen Blumen, Strauchobst und einige Obstbäume, während die Eckfelder mit Gemüse bepflanzt waren. Seitlich des Gebäudes lag die Zuwegung zum Haus, flankiert von Flieder, Schneebeerenbüschen und anderen Sträuchern. In diesem Bereich und entlang der westlichen Hecke standen Haselnusssträucher, einige Laubbäume sowie ein alter Linden- und Kastanienbaum. Die Kastanie musste bereits 1952 einem Scheunenneubau weichen, während der Lindenbaum, einst als Hausbaum gepflanzt, vor einigen Jahren leider abgestorben ist. An derselben Stelle wurde eine neue Linde nachgepflanzt.

In den 1930er Jahren kam eine neue Generation auf den Hof, die den Garten in dieser Form nicht mehr weiterpflegte. Es verschwanden die Blumenrabatten und die Rosenbeete, die Kirschbäume wurden gefällt. Die Gemüsefläche wurde nicht mehr mit Hand bearbeitet, sondern mit Hilfe eines Pferdes gepflügt. Im Zweiten Weltkrieg und in der Nachkriegszeit nahm die Anzahl der Hofbewohner durch Flüchtlinge und Vertriebene rapide zu. So lebten zeitweise 40 bis 50 Personen auf dem Hof Averesch. Um sie zu versorgen, wurde deshalb sehr viel Gemüse angebaut. In den Beeten wuchsen neben Dicken Bohnen und Kohlrabi viele Kohlsorten, unter anderem Spitzkohl und Rosenkohl, Möhren, Schnittsalate sowie verschiedene Erbsensorten, darunter Zuckererbsen und Markerbsen, dazu Petersilie glatt und kraus, verschiedene Zwiebelsorten, Kartoffeln, Steckrüben und Spinat. In jener Zeit pflanzte man im östlichen Bereich neue Obstbäume und nahe des Wohngiebels drei weiße Rhododendronbüsche, die heutzutage eine beachtliche Größe aufweisen. Außerdem wurde ein Imkerhäuschen aufgestellt, um das sich die Vertriebenen kümmerten. Auf Fotografien aus den 1940er Jahren sieht der Garten noch sehr kahl aus, dominiert von der ihn umgebenden Hainbuchenhecke.

Der Zier- und Gemüsegarten in seiner heutigen Form wurde ab 1985 von Maria Berges erschaffen. Schon seit Kindertagen half sie ihrer Mutter mit

Mündlich überlieferte Gartenstrukturen wurden ab 1985 neu angelegt, im Wegekreuz liegt ein Rondell, die ehemaligen Sandwege sind heute verklinkert, im Vordergrund wächst der glühend rote Phlox 'Starfire'. *(WT)*

Im nördlichen Bereich des Gartens hat sich ein Birnbaum der Sorte 'Köstliche von Charneux' erhalten, März 2018. *(KD)*

**Die Hainbuchenlaube ist eines der ältesten Gartenelemente, davor stehen zwei Johannisbeersträucher, die immer an der Stelle gestanden haben, rechts steht ein alter Walnussbaum.** *(KD)*

**Bereits im Sommer 1943 wuchsen große Phlox-Stauden auf dem Hof Averesch.** *(privat)*

Begeisterung bei der Gartenarbeit. Als sie den Garten übernahm, freute sie sich darüber, die mündlich überlieferten Strukturen wieder aufleben zu lassen und gleichzeitig ihr eigenes Gartenparadies zu formen. In der Folge wurde der alte Sandweg verklinkert, ein Querweg angelegt, das Wegekreuz bekam erneut ein Rondell, und die Wege wurden mit Buchsbaum umsäumt. Durch eine Taxushecke, mit der sie die vordere Rasenfläche vom restlichen Garten abtrennte, erschuf sie eine räumliche Struktur. In der nordwestlichen Ecke errichtete sie vor 20 Jahren ein kleines Gewächshaus für ihre Tomatenpflanzen an, die sie anfangs unter einem Tunnel gezogen hatte. Dieser Bereich wird von einer Blut- und Rotbuchenhecke abgegrenzt, die auch im Winter einen schönen Farbtupfer bietet.

Ihre Leidenschaft liegt bei einer Vielzahl von Rosen, zahlreichen Stauden und Blumen, die wegbegleitend die Rabatten zieren und fast ganzjährig den Garten in ein farbenfrohes Blumenmeer verwandeln. Viele der Pflanzen säen und vermehren sich von selbst. Maria Berges experimentiert aber auch gerne mit neuen farblichen Kompositionen und verleiht ihrem Garten jedes Jahr ein neues Flair. In den Beeten wachsen Wiesenrauten, Rittersporne, Fingerhüte, blaue Lupinen, zahlreiche Phlox-Arten (zum Teil alte Sorten), Malven, Akeleien, Herbstastern, Wieseniris, Eisenhut und stark duftende Nachtviolen. An sechs Rosenbögen und in den Rabatten ranken zahlreich Frühlings-, Rambler-, Moos- und Strauchrosen der Sorten 'Scharlachglut', 'Frühlingsduft', Rosa moyesii 'Nevada', 'Marguerite Hilling', Rosa centifolia 'Major', 'Paul No l', 'Constance Spry', 'Rose de Resht' und 'Maria Lisa'. Eine Besonderheit ist die alte Apothekerrose Rosa mundi, eine Mutation der historischen Rose Rosa gallica 'Officinalis', die bereits in alten Quellen des 13. Jahrhunderts erwähnt wird. Ihr Wurzelwerk hat die Besitzerin im alten Garten vorgefunden und zu einer Hecke herangezogen.

Die Zeiten des großen Gemüsebedarfs sind längst vorbei und das Gemüsebeet wurde stark verkleinert. Auf einem Viertel des Ziergartens wird jedoch weiterhin Gemüse angebaut, das täglich in der Küche Anwendung findet. Heutzutage wachsen dort Erbsen, Salate, Zucchini, Grünkohl, Kürbisse, verschiedene Kräuter und Rhabarber.

*(KD)*

**Viele unterschiedliche Phlox-Stauden wachsen im Garten von Maria Berges, im Vordergrund die Sorte 'Peppermint Twist'.** *(WT)*

**Kürbisse und bunte Stauden teilen sich die Gemüsebeete, im Hintergrund liegt das kleine Gewächshaus für die Anzucht von Tomaten und Ähnlichem.** *(KD)*

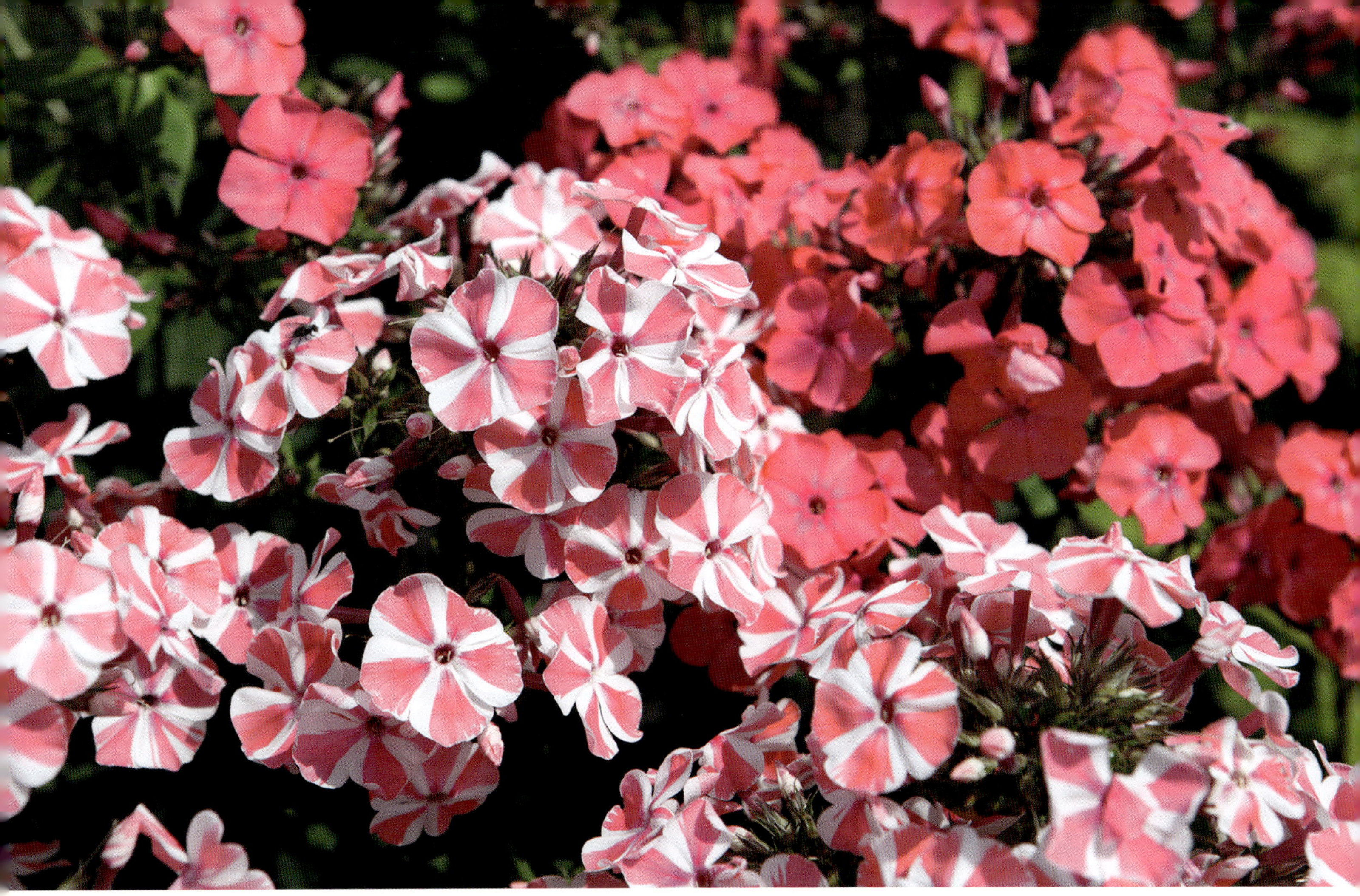

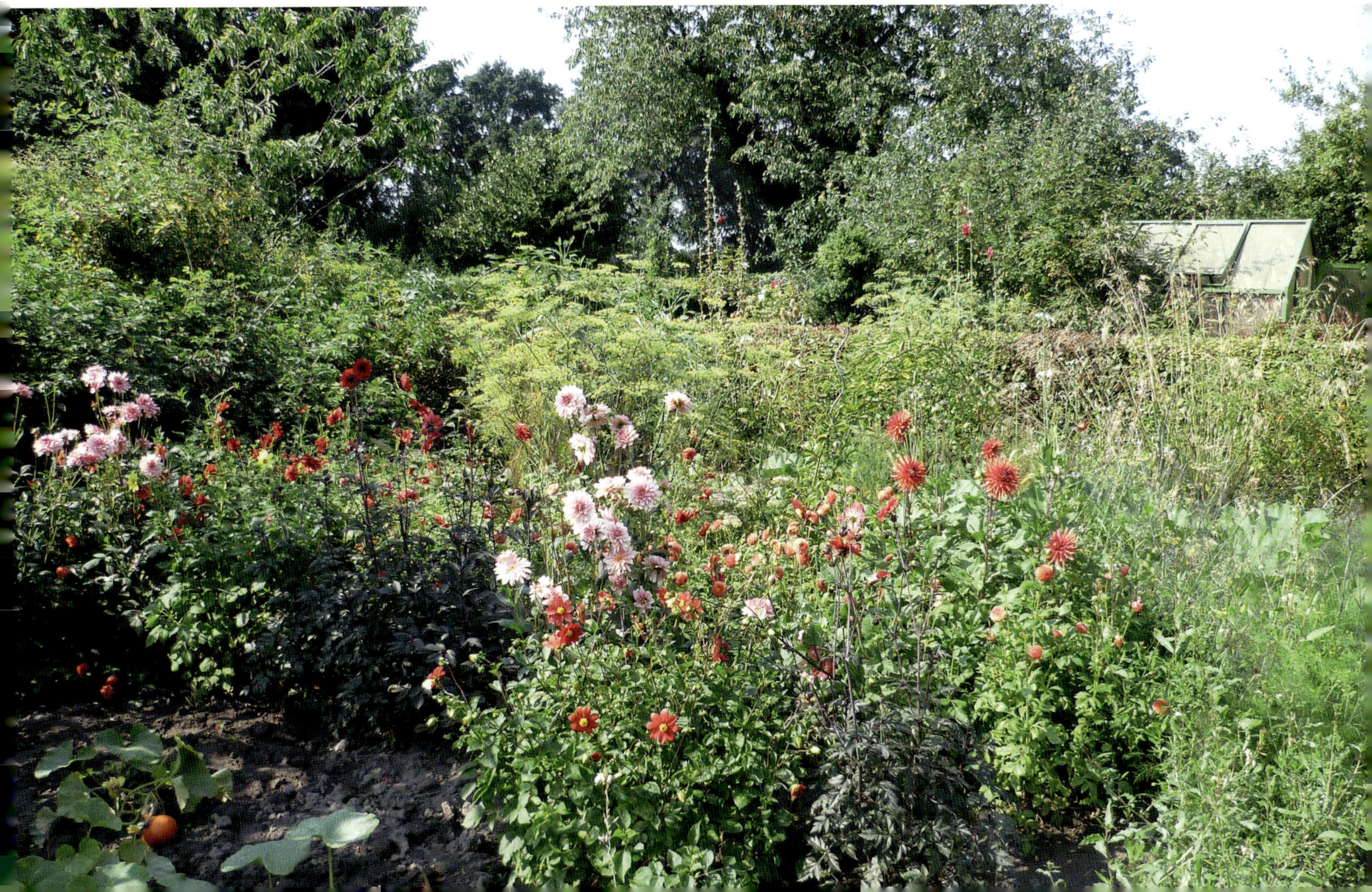

**Schräg gestellte Klinker als Wegkante, Garten Conring 2018.** *(ES)*

**Weiß gestrichene Feldsteine begrenzen den Weg, Gut Wichhusen 1933.** *(privat)*

**Schneckengehäuse verschönern die Wegkante, Gut Hullmann 1915.** *(privat)*

**Fußspuren auf frisch geharktem Weg, Garten Hilbers 1920.** *(privat)*

# Die Einfassung
## von Wegen und Beeten in der Gartengestaltung um 1900

Im landschaftlich gestalteten Hausgarten spielten Wege eine große Rolle. Alles sollte natürlich wirken, dementsprechend bevorzugte man geschwungene Wegeverläufe anstatt gerader. Die Spazierwege führten den Besucher zu schönen Plätzen, Durchsichten oder Aussichten. Immer wieder unterbrachen Gehölzgruppen den Blick, um zu erreichen, dass der Wegeverlauf im weiteren Bereich der Anlage spannend blieb.

Die Wege waren zu damaliger Zeit in der Regel unbefestigt, der Sand oder Kies auf den Wegeflächen wurde in regelmäßigen Abständen neu aufgetragen. Es gab auch Wege, die auf Grund des anstehenden eher sandigen Untergrunds keine zusätzliche obere Deckschicht benötigten.

Zur Pflege der Wege gehörte es, die Kanten zum Rasen oder zu angrenzenden Beeten mehrfach im Jahr akkurat abzustechen.

Um sich diese Arbeit zu erleichtern, verlegte man auch ähnliche große Feldsteine als Einfassung des Weges, die möglichst weiß gestrichen sein sollten. Eine andere oft genutzte Möglichkeit war es, Ziegelsteine flach oder schrägkantig zu verlegen, so dass etwas mehr als die Hälfte der Steine über die Oberfläche herausragte.

Man verwendete auch verkehrt herum eingegrabene Flaschen; flexible mit kurzen Eisenstäben befestigte Bandstreifen, die sich jeder Form des Weges anpassten, stellten sich als besonders gut geeignet heraus. Um 1895 kam noch eine andere Variante auf den Markt: erste Wegeinfassungen aus Zementguss. Die Pflege der langen Wegeverläufe übernahmen in der Regel die Mägde des Hofes oder die Kinder. Am Ende der Woche mussten die Wege regelmäßig geschuffelt und geharkt, also „sonntagsfein" gemacht werden. Von dieser Aufgabe erzählten auch unsere InterviewpartnerInnen, die das samstägliche Harken der Wege aus ihrer eigenen Kindheit kannten.

Farbige Blumenrabatten lagen bewusst in der Nähe des Wohnteils vom Hofgebäude. Vielseitig mit Stauden, Sommerblumen und Rosen bepflanze Beete innerhalb des Rasens, dekorative Felsenbeete oder aufwendig arrangierte Teppichbeete trugen ganz besonders zur Verschönerung des Ziergartens bei. Teppichbeete waren gegen Ende des 19. Jahrhunderts besonders in Mode gekommen. Ähnlich einem Teppichmuster wurden Blattschmuckpflanzen wie Silberblatt oder Echeverien flächig gepflanzt, die übrigen Stellen wurden mit veschiedenfarbigen Mineralien, Marmor- oder Quarzgestein, Steinkohle, farbigem Sand oder Ziegelmehl ausgefüllt. Beliebt war es, die exotisch aussehenden Fädigen Palmlilien (Yucca filamentosa) mit ihrem bis zu zwei Meter hohen

Blütenstand, ins Zentrum eines größeren, zur Mitte hin leicht gewölbten Schmuckbeetes zu pflanzen.

Die Beeteinfassung bestand aus glasierten Ziegeln, gusseisernen Beetsteckern oder war von gesteckten, schlanken Haselnuss- oder Weidenruten – ähnlich einem Korbrand – umgeben.

Wer es eher „natürlich" mochte, pflanzte um sein Beet eine Einfassung aus Buchsbaum, die aber schmal und niedrig bleiben sollte und daher spätestens nach sechs bis acht Jahren wieder erneuert werden musste. Ansonsten gab es auch eine reiche Auswahl an Stauden, die zur Umgrenzung der Beete in Frage kamen wie Blauschwingel, Grasnelke, Günsel, Katzenpfötchen, Immergrün, Schneefeder-Funkie, Blaukissen oder Porzellanblümchen.

*(ES)*

**Tönerne Blattstecker zur Einfassung des Beetes, Gut Horn 1910.** *(privat)*

**Im Hintergrund: Gesteckte Weidenruten umgeben das Blumenbeet korbartig, Gut Hullmann 1913.** *(privat)*

**Leicht gewölbtes dekoratives Teppichbeet zur Verschönerung der Rasenpartie, mit einer Palme in der Mitte, Gut Hullmann 1914.** *(privat)*

Die Einfassung

Auf dem 1937 von Ernst Castens gemalten Bild sind die Spazierwege zu erkennen, die sowohl in Richtung Ostseite wie zur Südseite des Hauses führten, links im Bild die Blutbuche.
(privat)

Von Rhododendren begleitete Eichenallee in der Blickachse zum Eingangsbereich des Herrenhauses.
(ES)

# Gut Lage
Essen-Addrup

Unmittelbar an der Grenze zwischen den Landkreisen Cloppenburg und Vechta fließt die Lager Hase direkt am gleichnamigen Gut Lage vorbei. 1843 ließ die dort ansässige Familie von Rössing in unmittelbarer Nähe zu einem Vorgängergebäude ein repräsentatives Herrenhaus im klassizistischen Stil errichten. Knapp 40 Jahre später wurde das zunächst einstöckige Gebäude um ein weiteres Stockwerk erhöht. Die Freiherren von Rössing waren über mehrere Generationen als hochrangige Beamte am Oldenburger Hof tätig.

Unmittelbar nach Fertigstellung des neuen Gebäudes wurde wahrscheinlich auch die Gartenanlage im landschaftlichen Stil gestaltet. Vermutlich spielte der damalige Oldenburger Hofgärtner Julius Friedrich Wilhelm Bosse eine wichtige Rolle als Ideengeber und Planer des Parks. In seinen „Bemerkungen über die Bepflanzung der Lustgarten-Anlage nach dem vorliegenden Plane" – der leider in den Archiven nicht mehr auffindbar ist – erläutert er seine den entsprechenden Bereichen zugedachte Bepflanzungsvorschläge. Hohe Bäume wie Buchen, Eichen, Ahorn, Birken, Ulmen und Eschen sollten den äußeren Rahmen des Gartens bilden und abwechslungsreich bepflanzte Beete auch innerhalb der Rasenpartien angelegt werden. In der Umgebung des Herrenhauses wurde eine niedrigere und blumenreichere Anpflanzung empfohlen, um „in der Nähe der Wohnung einen lange dauernden Flor" zu haben. Diese Blumenbeete könnten zum Beispiel mit Monatsrosen, niedrigen Georginen oder „mit neuen Prachtvarietäten von der Gattung Petunia bepflanzt werden."

Der geschwungenen Wegeführung mussten demnach auch einige vorhandene Obstbäume weichen, da ihre einreihige Anordnung nicht dem „malerischen Ansehen" eines Landschaftsgartens entsprach. Auch eine Zeichnung einer über den Graben zu führenden Brücke war von Bosse hinzugefügt. Aus dieser, um Mitte des 19. Jahrhunderts umgesetzten Bepflanzung sind noch eine imposante als Naturdenkmal geschützte 30 Meter hohe Platane, eine Marone und etliche alte Eichen-, Linden- und Buchenbäume, Stechpalmen sowie einige Exemplare gelbblühender pontischer Azaleen, erhalten. Von den drei mächtigen Blutbuchen der Herrenhausinsel musste die älteste vor einigen Jahren aus Altersgründen gefällt werden, sie wurde aber umgehend durch ein neues Exemplar ersetzt.

Die Wegeführung zum repräsentativen Eingangsbereich des Gutsgebäudes erschließt sich über eine steinerne Brücke, da das Herrenhaus ringsum von einem breiten Graben umschlossen ist. Vor der Brücke zur Herrenhausinsel kreuzen sich zwei Alleen. Eine mit Amerikanischen Eichen bepflanzte Allee führt in

**Buntes Staudenbeet vor der Südseite des Hauses, Aquarell, E. Castens um 1946.** *(privat)*

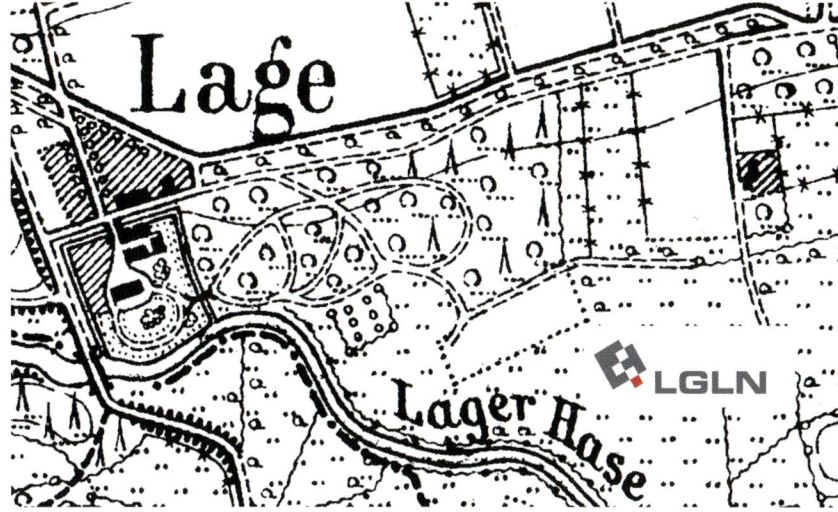

**Kartenausschnitt der preußischen Landesaufnahme 1900: von der Hausinsel führt eine Brücke zu dem Waldpark, der durch geschlängelte Spazierwege erschlossen ist, die Lager Hase fließt noch unmittelbar entlang der südlichen Parkgrenze vorbei.**

Nord-Südrichtung auf die Mittelachse des Hauses zu. Die zweite Doppelreihe flankiert den Grabenverlauf vor der Brücke in Ost-West-Richtung. Im Bereich der Hausinsel wachsen Linden, während ab der weiter östlich gelegenen Waldpartie die Stieleiche als Alleebaum verwendet wurde.

Im großflächigen Waldpark konnte man ebenfalls über „natürlich" geschlängelte Wege spazieren, ein typisches Element des Landschaftsstils, das jedoch etwa seit den 1950er Jahren nicht mehr vorhanden ist. An Weggabelungen pflanzte man gerne Einzelbäume wie Rotbuche, Linde oder Eiche, so dass der Verlauf mancher Wege auch heute noch nachzuvollziehen ist. Nahe der Herrenhausinsel im vorderen Teil des Waldparks befanden sich gleich mehrere seitlich am Weg aufgestellte Parkbänke. Die als Verbindung der zwei Parkbereiche dienende hölzerne Brücke gibt es schon seit Jahrzehnten nicht mehr. Bis 1933 führte die Lager Hase in einer großen Schleife direkt an der südlichen Parkgrenze vorbei, danach wurde das Flussbett etwas weiter südlich verlegt, begradigt und eingedeicht. Innerhalb des Waldes und in der Nähe des ehemaligen westlichen Uferbereichs steht noch heute ein knorrig gewachsener alter Silberahorn. Der Wald wird früher wie heute forstwirtschaftlich genutzt, teilweise mit Fichten aufgeforstet.

**Bepflanzung mit Stauden und Rosen vor der Südseite des Herrenhauses, 1964.** *(Landkreis Cloppenburg)*

Gut Lage

Abb. oben:
**Das von einer alten Weißdornhecke eingehegte ehemalige Gemüseland.** (ES)

**Neben einer aus Altersgründen gefällten Blutbuche wurde ein neues Exemplar gepflanzt.**
(Landkreis Cloppenburg)

Anfang des 20. Jahrhunderts wurde die Pflanzung um das Herrenhaus noch einmal „aufgefrischt", vor allem mit verschiedenen prächtig violett und rot blühenden Rhododendren, angeliefert und bepflanzt von dem Baumschulenbesitzer Johann Wilhelm Deus aus Rastede. Die immergrünen Pflanzen verdeckten auch die Sicht auf die auf der Insel stehenden Wirtschaftsgebäude des Hofes, die 1978 abgerissen wurden. Für die Verwalterfamilie, die seit 1856 auf Gut Lage über mehrere Generationen wirkte, wurde 1900 ein eigenes Gebäude errichtet. Die Kinder des Verwalters hatten die Aufgabe, die vielen Parkwege samstags zu schuffeln und zu harken.

1920 erhielt das Haus zur südlichen Gartenseite einen dem mittleren Salon vorgelagerten Wintergartenanbau, von dem man den malerischen Blick in die offene Haseniederung genießen konnte. Nach dem Zweiten Weltkrieg wurden vielseitig bepflanzte und im Sommer üppig blühende Staudenbeete besonders im Umfeld des Wintergartens und begleitend zu den Spazierwegen angelegt.

Hinter den gegenüber der Hausinsel befindlichen Stall- und Scheunengebäuden befand sich ein großer Obstgarten, dessen Fläche bis heute von einer alten Weißdornhecke eingehegt ist. Nebenan lagen die Gemüsefelder des Hofes. Spargelbeete in mehreren Reihen trennten zwei weitere Ackerstücke voneinander ab. Die alten Obstbäume wurden im Laufe der 1970er Jahre nach und nach gefällt.

Nach vielen Jahren des Leerstandes wurde das Gut Lage 2004 verkauft. Innerhalb der folgenden drei Jahre fanden aufwendige Sanierungsmaßnahmen an dem denkmalgeschützten Hause wie auch in dem Park statt. Viele Gehölze, wie die nahe an der Hauswand hoch gewachsenen Lebensbäume und auch selbst versamte Sträucher und Bäume, mussten entfernt werden. Nach der Aufreinigung und teilweisen Wiederfreilegung der nördlichen und östlichen Grabenseite und durch die Neuanlage eines südlich und östlich verlaufenden Grabens konnte die ursprüngliche Insellage wiederhergestellt werden.

(ES)

Die im Jahr 1957 nach dem Vorschlag von Josef Hempelmann angelegte Terrasse, rechts neben der Tür die alte Weinrebe am Mauerwerk. *(ES)*

Vor dem Westgiebel: eine platzartige Erweiterung des Sandweges mit vor dem Eingang liegenden Rundbeet, 1948. *(privat)*

Ein gesandeter Gartenweg führt um den Rhododendron, im Hintergrund mehrere Reihen mit Obstbäumen zur Südseite des Gebäudes, 1948. *(privat)*

Verkleinerter, mit Buchsbaumhecken unterteilter Gemüsegarten. *(ES)*

Kolorierte Luftbildaufnahme aus den 1970er Jahren mit Blick auf die Eibenhecke. *(privat)*

# Hof Berner
Badbergen-Wulften

**Im Bersenbrücker Kreisblatt vom 21.09.1887 wird die Versteigerung des Hofes Wohnunger angepriesen.** *(privat)*

Mitten im Artland, mit seinen fruchtbaren Böden, zwischen Osnabrück und Oldenburg, liegt im Badberger Ortsteil Wulften der historische Hof Berner. Er gehört zu den zahlreichen denkmalgeschützten Anlagen dieser Region. 1750 wurde das Haupthaus errichtet und ein Jahr später bezogen. Ende des 19. Jahrhunderts war der damalige Hof Wohnunger stark verschuldet und musste versteigert werden. Das Bersenbrücker Kreisblatt kündigte am 21.09.1887 in einer Anzeige Folgendes an: „am Sonnabend den 24. Septbr. d. J., nachmittags 1 Uhr", solle das Kolonat an den Meistbietenden verkauft werden. Weiterhin hieß es: „Das Kolonat hat einen Flächeninhalt von 42 Hektar 83 Ar, der Acker ist in guter Kultur und die Wiesen sind sehr einträglich.". Der Hof wurde schlussendlich im Jahr 1890 an Heinrich Berner aus Westerhausen bei Melle verkauft und überschrieben. So wurde aus dem Hof Wohnunger der Hof Berner.

Trotz der hohen finanziellen Belastung, den der Kauf der Hofstelle mit sich brachte, begann der neue Besitzer bereits Anfang des 20. Jahrhunderts, den Garten umzugestalten und neu zu bepflanzen. Er hoffte, mit seiner Anlage dem Repräsentationswillen der Artländer Bauern gerecht zu werden, rasch in deren Gesellschaft aufgenommen und von seiner Nachbarschaft anerkannt zu werden.

Anfangs pflanzte Heinrich Berner zu beiden Seiten der Hofeinfahrt zwei Rotbuchen, um die Zufahrt würdevoller zu gestalten. Etwas später nahm er sich des Gartens an, wo er seinen persönlichen Vorstellungen folgte. Im Gegensatz zu den typischen Artländer Formschnittfiguren, die stets entlang des Hauptweges angeordnet wurden, pflanzte er parallel zum Wohnhaus eine 60 Meter lange Eibenhecke, die den Ziergarten vom Nutzgarten trennte. Die einzelnen Eiben ließ er nur teilweise miteinander verwachsen, sodass fensterartige Durchbrüche entstanden. Jedes Gehölz wurde mit einer Kugel bekrönt, dadurch entstand das Bild einer sich an den Händen haltenden Menschenkette. Bis in die 1960er Jahre wurde die Hecke von einer 80 cm hohen Buchsbaumhecke begleitet, die sich leicht geschwungen an diese schmiegte. 1975 wurden sowohl die Rotbuchen als auch die Taxushecke als Naturdenkmal ausgewiesen und unter Schutz gestellt. Für die Pflege und den Schnitt war nun der Landkreis Osnabrück zuständig. 2005 wurde der Schutz jedoch wieder aufgehoben, seitdem ist die Familie wieder selbst für den aufwendigen Schnitt zuständig.

Ein torartiger Durchgang zum Gemüsegarten befindet sich mittig in der Eibenhecke. Der direkte Weg von der Haustür zum Nutzgarten war lange Zeit zu beiden Seiten mit Blumenbeeten flankiert. Anfangs

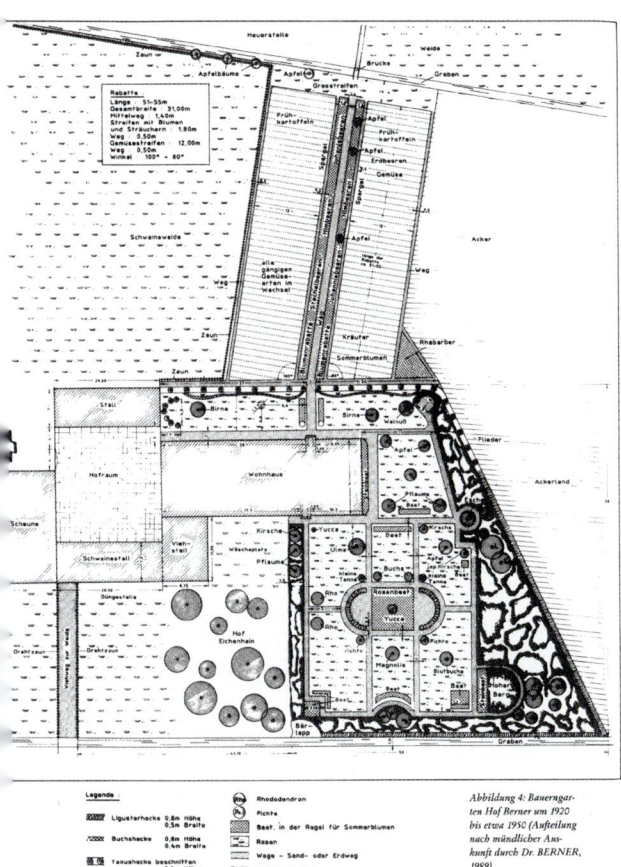

**Die halbkreisförmige Eibenlaube am westlichen Heckenende.** *(WT)*

**Blick auf die noch junge Taxushecke vom Gemüsegarten aus.** *(privat)*

*Abbildung 4: Bauerngarten Hof Berner um 1920 bis etwa 1950 (Aufteilung nach mündlicher Auskunft durch Dr. BERNER, 1989).*

*Abb. Gartenplan:* **Der Ziergarten erstreckt sich um das Haus herum, während der Gemüsegarten nördlich der Hecke liegt, Gartenzustand von 1920-1950.** *(Museumsdorf Cloppenburg)*

**Ehemals wurde die Eibenhecke mit einer geschwungenen Buchsbaumhecke begleitet, Foto von 1936.** *(privat)*

**Die Heckenform wird seit über 100 Jahren beibehalten, während sich die fensterartigen Durchbrüche verkleinert haben, sind die aufgesetzten Kugeln gewachsen.** *(WT)*

war er mit Feldsteinen eingefasst, die in den 1950er Jahren durch eine Staudenbepflanzung mit Funkien abgelöst wurde. Am nordwestlichen Heckenende legte Heinrich Berner eine Eibenlaube an, bestehend aus acht halbkreisförmig angeordneten Taxussäulen mit aufgesetzten Kugeln. Vor dieser platzartigen Ausformung lag in den 1930er Jahren ein Steinbeet, danach ein Rosenbeet, das vor einigen Jahren schließlich ganz abgeschafft wurde. In der nordöstlichen Ecke, wo die Taxushecke einen Knick macht, lag eine weitere Grotte aus aufgeschichteten Feldsteinen, umrankt von Farnen, Efeu und Ziersträuchern. Diese wurde durch einen großen Walnussbaum beschattet, der Ende der 1960er Jahre gefällt wurde. Anhand einiger alter Steine an dieser Stelle lässt sich der Standort der alten Grotte noch erahnen. Auf der Rasenfläche zwischen den beiden Grotten, dem Gebäude und der Hecke gibt es heute keine Blumenbeete und Bäume mehr.

Als die zweite Generation der Familie Berner 1924 den Hof übernahm, wurden Veränderungen am Haus und im Garten durchgeführt. Hinter dem Haus in der südöstlichen Ecke sowie vor dem Wohngiebel legten die Frischvermählten einen formalen Garten an. Nach Aussage einer Zeitzeugin sollen sich an dieser Stelle zuvor nur „Gestrüpp, Farnkraut und kleine Bäume" befunden haben. Die neue nahezu quadratische

**Vor dem Wohngiebel steht eine Zypresse und in den Beeten wachen zahlreiche Funkien.** *(WT)*

**Die beiden Brüder Rolf und Helmut Berner ruhen sich auf der mit Farnen und Efeu bewachsenen Steingrotte aus, Foto aus den 1930er Jahren.** *(privat)*

**Schmaler Ziergarten mit breitem Sandweg entlang des Hauses und Walnussbaum vor der Grotte.** *(privat)*

**Mitte der 1940er Jahre stand in der steinernen Grotte eine Holzbank.** *(privat)*

Gartenanlage war umgeben von einem schmalen Sandweg. Zwei Längswege und ein Querweg unterteilten den Garten in sieben Felder. Das Mittelfeld setzte sich zusammen aus einem quadratischen Rosenbeet mit einer Palmlilie im Zentrum, gerahmt von halbrunden Ligusterhecken zu beiden Seiten. In den Rasenflächen waren weitere, meist quadratische Blumenbeete, und an den Wegekreuzungen standen Obstbäume, Eschen und Fichten. Auch eine Flatterulme – 2012 im Alter von etwa 200 Jahren gefällt – integrierte man in die Planung. In der südöstlichsten Ecke des Ziergartens lag eine Erhöhung, auch der „Hohe Berg" genannt. Er bestand aus aufgeschichteten, mit Efeu bewachsenen Steinen, vor denen sich ein rechteckiges Steinbeet erstreckte. Die Fläche vor dem Wohngiebel wiederum war mit Obstbäumen bepflanzt. Am nördlichen Weg standen in den Ecken zwei Apfelbäume und südlich zwei Pflaumenbäume, dazwischen befand sich ein rechteckiges Blumenbeet. In der Mitte pflanzte man eine Zypresse, die bis heute an dieser Stelle steht. In den 1950er Jahren verkleinerte man den Ziergarten hinterm Haus um die Hälfte. Es blieben nur einige Bäume stehen, während aus dem restlichen Bereich eine durchgehende Rasenfläche wurde. Funkien, die sich bis heute stark vermehrt haben und von der heutigen Besitzerin Doris Meyer zu Devern weiter gepflegt werden, säumen die geraden Rasenkanten.

Bis in die 1950er Jahre war der Garten mit vielen geraden Sandwegen durchzogen. Einmal jährlich wurden diese mit Spindel und Band abgesteckt, anschließend hat man die Rasenkanten frisch abgestochen. Auch um das Wohnhaus herum verlief ein zwei Meter breiter Sandweg. In den 1990er Jahren hat man diesen sowie den Pfad von der Haustür zum Gemüsegarten mit Klinkersteinen gepflastert. Alle anderen Wege sind aus dem Gartenbereich verschwunden.

Zu Selbstversorgungszwecken kam Mitte der 1920er Jahre nördlich der Taxushecke ein großer Gemüsegarten hinzu. Der mit Buchsbaum gesäumte Mittelweg war 1,40 Meter breit und führte leicht schräg bis zur 60 Meter entfernten Heuerstelle. Zu beiden Seiten lagen zwei Meter breite Rabatten, bepflanzt mit Blumen, verschiedenen Beerensträuchern und einigen Apfelbäumen. Daran schlossen sich zwölf Meter breite Gemüsebeete an, in denen in Reihen Kräuter, Sommerblumen, Rhabarber, Spargel, Erdbeeren, Frühkartoffeln und viele andere Gemüsesorten wuchsen. Um das Gemüse vor der angrenzenden Schweineweide zu schützen, war der Garten zur Westseite hin mit einem Zaun eingefriedet. Auf diesem Areal standen ursprünglich auch einige Obstbäume, die jedoch, seitdem die Fläche vor 35 Jahren verpachtet wurde, nach und nach verschwanden. In den 1960er Jahren folgte die Verkleinerung des Gemüsegartens auf ein Drittel der bisherigen Fläche. Mit der sinkenden Anzahl der Bewohner sank auch der Bedarf. Heute wird nur noch knapp ein Fünftel der ursprünglichen Fläche für den Anbau von Salat, Wurzeln, Radieschen, Kräutern, Johannisbeeren, Stachelbeeren und einigen Obstbäumen genutzt.

Auf dem Hof gab es nie eine eindeutige Obstwiese. Obstbäume waren auf den Nutzgarten, den Ziergarten und auf der Schweinewiese verteilt. Nach und nach wurden sie jedoch alle entfernt. Vor einigen Jahren haben die heutigen Besitzer zu beiden Seiten der Hofzufahrt neue Obstbäume angepflanzt. Dort wachsen mehrere Apfelbäume, darunter auch einige alte Sorten wie 'Jakob Lebel', 'Holsteiner Cox', 'Schöner aus Boskoop', 'Weißer Klarapfel' und 'Ontario'. Zwischen ihnen wächst auch ein alter Birnbaum. *(KD)*

**Südlicher Ziergarten mit geschwungenen Beeten, einer großen Rasenfläche und dem alten Eichenhain.** *(KD)*

**Der buchsbaumgesäumte Weg im Gemüsegarten hat sich erhalten, nur noch ein Fünftel der Fläche wird bewirtschaftet.** *(ES)*

**Die Hofzufahrt wird durch eine Obstbaumreihe flankiert, an deren Ende sich ein alter Birnbaum erhalten hat.** *(ES)*

**Elting's Colonat zu Vehs, Karte angefertigt nach der Grundsteuerkarte von 1872.** *(privat)*

**Zwei große Eiben flankierten ehemals den Weg zum Gemüsegarten.** *(privat)*

# Hof Elting-Bußmeyer
Badbergen-Vehs

**Grete Elting, geborene Merschmann, mit Sohn Walter innerhalb der Steingrotte, Anfang der 1920er Jahre.** *(privat)*

Mitten im fruchtbaren Osnabrücker Artland liegt der denkmalgeschützte Hof Elting-Bußmeyer, der sich seit Jahrhunderten im Besitz der gleichen Familie befindet. Bereits 1399 kaufte Wessel to Eltynck den Hof aus der grundherrlichen Abhängigkeit von Gottschalk von Ankum – dem Gutsherren – frei und war seither nicht nur Besitzer, sondern auch Eigentümer des Hofes. Der alte Speicher, in dem heute eine Gästewohnung untergebracht ist, wurde 1737 errichtet und ist somit das älteste Gebäude auf dem Hof. Erst 1744 folgte der Bau des Wohnhauses und bis 1890 die Wagenremise, die Scheunen, das Torhaus, ein weiterer Speicher, das Backhaus, ein Heuerhaus und zuletzt der Schweinestall. Die meisten Gebäude sind um einen für das Artland typischen Innenhof gruppiert, den sogenannten Vaohlt.

Das Ackerland des Hofes hat sehr gute Eschböden mit Werten von 30-65 Bodenpunkten. In der Landwirtschaft wurden Kartoffeln der Sorte 'Ackergold' und Frühkartoffeln sowie Roggen, Weizen, Hafer, Flachs und zwischenzeitlich auch Hanf angebaut. 2015 wurde die landwirtschaftliche Nutzung eingestellt und die Flächen verpachtet.

Seit jeher ist der Hof zur östlichen Seite durch einen zwei Hektar großen Wald begrenzt und dadurch vor Wind geschützt. Der Teil zum Haus hin ist etwas erhöht und vorwiegend mit Buchen und Eichen bewachsen, im niedrigeren Bereich stehen hauptsächlich Erlen. Die ältesten Bäume stehen in den Randbereichen, wo sie den Nordwestwinden am meisten ausgesetzt sind. Als am 13. November 1972 der Orkan Quimburga über das Land fegte, sind auch auf dem Hof Elting-Bußmeyer über 100 Bäume im Inneren des Wäldchens umgestürzt. Ein Jahr später wurde der Wald mit Buchen und Eichen wieder neu aufgeforstet. Auch zwischen Wohn- und Backhaus stehen einige sehr alte Eichen, Buchen, Linden, Goldulmen und Kastanien. Besonders beeindruckend ist eine 38 Meter hohe Eiche, die vermutlich mit dem Bau des Hauses angepflanzt wurde.

Südlich des Wohnhauses befindet sich bis heute der Ziergarten des Hofes. Anfang des 20. Jahrhunderts hatte er eine Größe von 750 m². Zur nördlichen und östlichen Seite ist er durch eine 43 Meter lange Scherwand, die parallel zum Wohngiebel verläuft, vor fremden Blicken geschützt. Vor dieser Wand wachsen viele verschiedenfarbige Rhododendren. Inmitten dieser Büsche befand sich bis 1976 in der südöstlichen Ecke eine steinerne Grotte, ausgestattet mit einer Bank und überschattet von einer Trauerweide. Als Andenken an die Grotte haben die Besitzer eine alte Bank an dieser Stelle platziert. Eine hüfthohe Hainbuchenhecke trennte südlich den Ziergarten vom Gemüsegarten ab und wurde im inneren Bereich durch bunte Blumenbeete begleitet. In den 1950er Jahren hat man die westliche Hecke erneuert. Zu dieser Zeit gab es auch östlich des Weges ein schmales Rosenbeet in der Rasenfläche parallel zum Wohnhaus.

Vom Flett kommend, betritt man den Garten durch eine Tür mit Steinstufe. Ehemals führte ein gerader Sandweg hinaus in den Ziergarten. Nach einigen Metern erreichte man bis in die 1950er Jahre den Gemüsegarten durch ein weißes Gartentor. In späterer Zeit wurde der Weg im hausnahen Bereich gepflastert und immer wieder erneuert. Innerhalb des Ziergartens flankierten zwei große, in Form geschnittene Eiben den Weg. Die beiden Kolosse wurden zeitgleich mit der Grotte beseitigt. Ein großer Birnbaum stand bis in die 1960er Jahre auf der westlichen Rasenfläche.

Außerhalb der Hainbuchenhecke lag der Gemüsegarten, dessen Dimension mittels einer noch im Osten erhaltenen, 35 Meter langen, Weißdornhecke nachvollziehbar ist. In den Beeten wuchsen die gängigen Gemüsesorten, wie Stangenbohnen, Buschbohnen, verschiedene Kohl- und Zwiebelsorten, Spargel (erst weißer, später grüner Spargel) und Gartenkräuter. Auch Johannisbeeren, Erdbeeren und Rhabarber waren in den Rabatten vorzufinden. Die Parzellen

**Heute umgeben buchsbaumgesäumte Rosenbeete die Terrasse, durch einen Rosenbogen betritt man den langen Gartenweg.** *(ES)*

**Rosenbeet im Ziergarten Ende der 1950er Jahre.** *(privat)*

**Im Hintergrund liegt der Gemüsegarten mit buchsbaumgesäumten Gemüsebeeten, Foto von 1955.** *(privat)*

Hof Elting-Bußmeyer

**Wo einst die Gemüsebeete lagen, entstand in den 1990er Jahren ein großer Ziergarten.** *(WT)*

waren mit Buchsbaumbändern gesäumt. Heute wird allerdings kein Gemüse mehr angebaut, in den Blumenbeeten sind nur noch einige Gartenkräuter und Beerenbüsche zu finden.

Durch den schwindenden Bedarf an Gemüse und die Abschaffung der Hainbuchenhecke zwischen Zier- und Nutzgarten vergrößerte sich die Fläche des Ziergartens ab 1998 auf knappe 8.000 m². Diese wurde von den heutigen Besitzern Marianne und Albrecht Bußmeyer neu geplant und angelegt.

Betritt man heute die Terrasse durch die südliche Seitentür, schaut man entlang einer Wegeflucht, die einen leichten Knick nach rechts macht und sich durch den ganzen Garten zieht, auf dahinter liegende Ackerflächen. Im Zuge der Umgestaltungsarbeiten wurde die Terrasse mit einem Beet eingefasst, das wiederum mit Buchsbaum gesäumt ist. Wie früher haben die heutigen Besitzer um das Jahr 2000 eine neue Grotte, nun aber im hinteren Gartenbereich unter den alten Apfelbäumen, angelegt. Sie besteht aus Feldsteinen, die mittlerweile stark mit Efeu berankt sind und den halbrunden Platz einfassen. Zu den besonderen Bäumen, die im neuen Garten gepflanzt wurden, zählt ein Rotahorn, der seit den 1980er Jahren im ersten Wegerondell wächst. Östlich des Weges steht ein 17 Jahre alter Tulpenbaum und eine 15-jährige Hängebuche, die Marianne Bußmeyer geschenkt bekam. In den Blumenbeeten blühen Kugeldisteln, Indianernesseln, Margeriten, Hortensien, Montbretien und Dahlien.

Marianne Bußmeyer hegt eine große Leidenschaft für Rosen. Unterschiedliche Sorten sind überall auf dem Hof anzutreffen. Am Giebel der alten Wagenremise, wo einst die Wand mit Wein berankt war, wachsen heute die Englische Rose 'Constance Spry', die Kletterrose 'Rosarium Uetersen', die Strauchrose 'Schneewittchen' und die Edelrose 'Gloria Dei'. Im hinteren Bereich des Gartens ist der Rosenbogen mit vielen Moosrosen bewachsen, darunter die Kletterrose 'New Dawn' und die historische Rose Rosa alba. Auch in der neu angelegten Grotte hat sich eine Ramblerrose der Sorte 'Bobby James' ausgebreitet. Im Rosenbeet nahe des Hauses blüht wiederum die historische Rosa gallica 'Officinalis'.

Die Obstwiese befindet sich auch heute noch südlich der ehemaligen Wagenremise. Früher war der Bereich mit einem Maschendrahtzaun abgetrennt und diente gleichzeitig als Hühnerauslauf. Einige Reihen unterschiedlicher Obstbäume stehen auch heute noch dort, darunter einige alte Exemplare, zu denen ein Kirsch-, ein Birn- und vier alte Apfelbäume zählen. Dazu gehören die alten Sorten: 'Speckbirne',

'Gravensteiner', 'Weißer Klarapfel' und 'Schöner von Boskoop'. Die restlichen Obstbäume pflanzten die Besitzer um das Jahr 2000.

Einige Elemente des alten Gartens konnten in die neue, viel größere Gartenanlage integriert werden. Dazu gehören die Scherwände (deren Ständerwerk sehr alt ist, aber deren Gefache regelmäßig ausgetauscht werden müssen, wenn die Wände zu kippen drohen), die Rhododendren, Reste der östlichen Hainbuchenhecke, die breite Weißdornhecke, einige Obstbäume und die Wegeachse. *(KD)*

**Die neu angelegte Grotte wird von Apfelbäumen beschattet.** *(KD)*

**Anfänge der neuen Gartenanlage noch ohne befestigten zentralen Weg, 1999.** *(privat)*

**Eine Bank markiert zwischen Rhododendronbüschen den alten Grottenplatz.** *(KD)*

Grußkarte von etwa 1950 mit verschiedenen Rasenbeeten und „90jähriger" Alpenrose. *(privat)*

Dendrologische Raritäten innerhalb der Zufahrtsallee zum Hof Kahmann: die gelbgrünen Blätter einer dort wachsenden Gold-Eiche. *(ES)*

# Hof Kahmann
Badbergen-Wehdel

Der Hof Kahmann liegt in der Gemeinde Badbergen-Wehdel, in der Samtgemeinde Artland. Er ist einer der über 700 oft denkmalgeschützten Höfe dieser Region. Der anstehende fruchtbare Lößboden der eher flachen Geestlandschaft war die Grundlage ertragreichen Ackerbaus, erfolgreicher Viehzucht und Forstwirtschaft. Das Haupthaus und die seitlich angrenzenden Scheunen und Ställe bilden einen, von der Hofeinfahrt abgesehen, geschlossenen Hofraum. Das Haupthaus wurde 1825 um einige Meter erweitert.

Die Anfänge der noch heute sichtbaren Gartengestaltung liegen in den Jahren um 1880. Der damals 20jährige Hermann Kahmann (1860–1948) bekam, laut der Erinnerung seiner inzwischen verstorbenen Tochter Elisabeth Kahmann, einen lila blühenden, großblumigen Rhododendron geschenkt. Mit dieser Pflanze begann die Geschichte einer großen Sammelleidenschaft, in der Hermann Kahmann etwa 700 verschiedene Arten und noch mehr Sorten an Gehölzen und Stauden zusammentragen sollte. In dem Zeitraum zwischen 1906 und etwa 1935 trug er fortlaufend alle Pflanzen in ein Schreibheft ein, die er in verschiedenen Partien des Gartens aufpflanzte. Auch Notizen zu besonderen Gehölzen, ihren speziellen Eigenschaften und manchmal auch Bezugsquellen wurden vermerkt.

Drohnenbild vom Hof Kahmann: Der Sammlergarten mit seinen in der Rasenfläche angelegten Gehölzgruppen befindet sich seitlich des Haupthauses, im hinteren Gartenbereich überwiegt ein dichter, stattlicher Laub- und Nadelholzbestand, 2015. *(privat)*

Rundes Azaleenbeet, das mit Schneefeder-Funkien (Hosta undulata 'Univittata') eingefasst ist, Mai 2018. *(ES)*

Heinrich Kahmann mit seiner Familie vor einem damals bereits knapp drei Meter hohen Rhododendron, Foto von 1925. *(privat)*

Entlang des Bauernhauses führte ein langer, von einer schmalen Blumenrabatte begleiteter Sandweg, der mittlerweile mit Klinkersteinen gepflastert ist. Auch heute blühen hier noch Flammenblumen, Weißer Germer und Taglilien. An der Gebäudeecke zur Hofraumseite befindet sich gegenüber dem Gartenweg ein mit großen Findlingen angelegtes und mit Farnen, Funkien und Taglilien bepflanztes Beet, in dem sich eine gelb blühende Zaubernuss und eine Magnolie über die Jahre ausbreiten konnten. Den Bereich der Hauswand nahm zu Zeiten von Hermann Kahmann eine Ansammlung von verschiedenen Kletterpflanzen ein. In seinem Arbeitsheft notierte er blau- und weißblühenden Blauregen, männliche und weibliche Kiwipflanzen, italienische Waldrebe, Scheinrebe und eine Himbeerenart (Rubus innominatus). Die gelochten, aus Metall bestehenden Befestigungsösen, durch die die Drähte zum Halten der Pflanzen gezogen wurden, befinden sich auch heute noch in der Hauswand in einem Abstand von etwa 40 cm.

Gegenüber der Seitentür dehnt sich eine weitläufige Rasenfläche aus. Mittendrin liegt ein von buntblättrigen Funkien eingerahmtes rundes Beet mit einer orangerot blühenden Azalee. In einem weiteren, dahinter liegenden länglichen Beet wachsen mittlerweile etwa vier Meter hohe Rhododendren. Um 1900 waren auch noch zwei weitere kleine Schmuckbeete im Rasen eingelassen, die mit Lupinen beziehungsweise mit Taglilien bepflanzt waren. Seitlich davon wächst in der Randbepflanzung zum Wohnteil des Hauses eine seltene rot blühende Zaubernuss. Früher stand dort auch ein Speckbirnbaum, an dessen Stamm die neue Schlingrosensorte 'Tausendschön', eine Züchtung des Jahres 1906 von Gärtner J. C. Schmidt aus Erfurt, zeitnah nach ihrer Einführung von Hermann Kahmann gesetzt wurde.

Auch an der Südwestseite des Haupthauses begrünten diverse Rosen und Clematis die Wand. In der Nähe gegenüber dem Gebäude befand sich ein Rosenbeet mit Rosensorten wie 'Aennchen Müller', 'Frau Karl Druschki', 'Madame Caroline Testout', die gelb blühende Sorte 'La Progress' und 'Georges Vibert'.

Der östliche Bereich des Blumengartens wirkt heutzutage mit den vielen hochaufgeschossenen Lebensbäumen eher waldartig. Ein ungepflasterter Spazierweg läuft um diesen Bereich herum, seitlich befinden sich die Weidenflächen des Hofes und ein kleiner Ententeich. Eine alte Hainbuchenhecke grenzt den Gartenraum zu den Wiesen ab. An deren Ende setzt eine Buchsbaumhecke den „grünen Zaun" um weitere fünfzig Meter nach Westen fort. Im Bereich der dichten Gehölzpflanzungen blühen im Frühjahr

Entlang der Hauswand: Im Abstand von 40 cm wurden Befestigungsösen eingelassenen, durch die anschließend Drähte zum Halten der Kletterpflanzen gezogen wurden. *(ES)*

**Mit unterschiedlichen Baumarten bepflanzte Zufahrtsallee.** *(ES)*

**Die zweite Grotte im Garten: aus Tuffstein.** *(ES)*

**Die eingearbeitete Jahreszahl „1903" gibt den Zeitpunkt an, zu dem die Tuffsteingrotte errichtet worden ist.** *(ES)*

**Im Sammlergarten befinden sich auch heute noch an einigen Gehölzen Baummarken.** *(ES)*

Teppiche von Schneeglöckchen, Buschwindröschen und auch Hasenglöckchen.

Am Rande des Weges stehen in engen Abständen mit Baummarken gekennzeichnete Gehölze, darunter auffallend viele Ahornarten, aber auch Robinien, eine Ulme, eine etwa 30 Meter hohe Küstentanne, ein Hickorynussbaum und eine Sumpfzypresse. In der Mitte des Sammlergartens befinden sich einige Raritäten wie etwa Schneeglöckchensträucher und mehrere Rhododendrongruppen. Früher führten Sandwege um diese Gehölzpartien, heute werden sie von Rasenflächen umschlossen. Zwischen den im Mai prächtig blühenden Alpenrosen laden zwei nur wenige Meter auseinanderliegende Grotten zum Verweilen ein. Beide sind halbkreisförmig angelegt. Eine ist mit Feldsteinen errichtet worden und wurde als „Hinkelsteingrotte" bezeichnet. Für die andere, 1903 errichtete Grotte wurde Tuffstein aus Thüringen verwendet. Im Hintergrund der Tuffsteingrotte blüht im Mai ein ganz besonderes Gehölz: ein Taschentuchbaum. Hermann Kahmann notiert dazu begeistert in sein Heft: „Davidia involucrata, ein herrlicher aus China eingeführter Strauch, die roten Blüten sind von zwei sehr großen, rein weißen Bracteen eingeschlossen".

Weiter westlich des Blumengartens, zwischen der Buchsbaum- und der Hainbuchenhecke, gelangte man über eine Holzpforte in den Gemüsegarten. Entlang eines Weges gab es eine lange Rabatte mit Erdbeersorten wie 'Meteor', 'Laptons Latest' oder 'Weiße Ananas' und Dahlienbeete mit Sorten wie 'Uncle Tom' und 'Leuchtfeuer'. Auch Gartenheidelbeeren, Johannisbeeren und Stachelbeeren ('Weiße Triumphbeere', 'Beste Grüne' und 'Golden Gem') wuchsen hier in enormer Vielfalt. Besonders erwähnt wird der Zukauf einer Frühkartoffel 'Original Lampes Atlanta' und einer weiteren Ende August bis Anfang September zu erntenden Sorte namens 'Thüringer Salatkartoffel'.

Im näheren Umfeld des Haupthauses waren Beete angelegt, in denen ausschließlich Rhododendron-Sämlinge aufgepflanzt wurden, zum Teil als eigene Züchtungen als 'Sorte Kahmann' gekennzeichnet. Interessant ist, dass der Hofbesitzer Kahmann nicht nur Gehölze von den renommiertesten Gärtnern und Baumschulen erwarb, sondern selber auch Sämlinge und Saatgut weitergegeben hat. Darüber gibt der Inhalt einer Postkarte vom 21. November 1921 des Baumschulenbesitzers G. D. Böhlje aus Westerstede Auskunft, in dem sich dieser für die Übersendung von Gehölzsamen bedankt. Dass Hermann Kahmann ein ambitionierter Pflanzenfreund und -sammler war, zeigte sich auch durch seine Mitgliedschaft in der Deutschen Dendrologischen Gesellschaft.

**Blüte des Taschentuchbaumes.** *(ES)*

**Verschiedenfarbig blühende Rhododendren als großflächige Gruppen im Rasen, im Hintergrund der alte Obstgarten.** *(WT)*

Im großen Obstgarten neben dem Gemüseland wurde eine Vielzahl an Sorten insbesondere von Apfel- aber auch von Birn-, Pflaumen- und Kirschbäumen angepflanzt. Heute stehen dort nur noch ein Birn- und drei Apfelbäume und in der Nähe zur Hofzufahrt eine imposante Platane. Entlang des langen Straßenverlaufs zum Gehöft wuchsen weitere Baumarten wie Linde, Ahorn, Kastanie, Blutbuche, Baumhasel, Apfel- und Kirschbäume.

Die Pflanzen stammten zum Teil aus Baumschulen der näheren Umgebung, aber auch aus anderen Regionen Deutschlands sowie aus Frankreich und den Niederlanden. Vieles ist von der Ende des 19. Jahrhunderts angelegten Gartenanlage bis heute erhalten. Die verschiedenen Gartenbereiche des Sammlergartens mit ihren hindurch führenden Sandwegen und etlichen inzwischen etwa 150 Jahre alten Rhododendren und Gehölzraritäten werden in diesem Sinne vom jetzigen Hofeigentümer Heinrich Kahmann gepflegt und bewahrt.

*(ES)*

**Eine der alten Blutbuchen des Hofgeländes.** *(ES)*

Marie Hilbers aus Oldenburg vor ihrem Gewächshaus, aus dem Glasdach wächst vermutlich ein Trieb der Rose 'Maréchal Niel', 1917. *(Hof Hilbers)*

Rosensorte 'Maréchal Niel', gelb blühende Rose „mit vollkommener Schönheit". *(Christian Schultheis, Steinfurth)*

# Rosenliebhaberei

Bis Mitte des 19. Jahrhunderts konnte der Rosenfreund aus einer Fülle von pastellfarbenen, weißen, rosa-roten bis zu purpurrot blühenden Rosensorten wählen, die durch Zufall entstanden und als interessante Sämlinge in Kultur genommen worden waren.

Durch gezielte Kreuzung mit anderen Arten und Sorten, wie zum Beispiel mit der neu eingeführten chinesischen Rose, versuchte man innerhalb der zweiten Hälfte des 19. Jahrhunderts, Eigenschaften wie Blütenform, Blütenfarbe, Blührhythmus, Duft, Winterhärte, Gesundheit, Wuchsform zu erweitern und zu verbessern. Es entstand die „moderne" Kulturrose, die im Gegensatz zu den „alten Rosen" öfter blühend und mit einem vielfältigen Farbspektrum und Duftnoten ausgestattet ist.

Eine Vielzahl an neuen Sorten kam in den Handel, nicht selten allerdings auch mit unterschiedlichen Namen bei ähnlichem Aussehen. Das sorgte wiederum für viel Verwirrung. Um dieser Entwicklung entgegen zu wirken, gründete sich 1883 der „Verein Deutscher Rosenfreunde" mit dem Ziel, die Rosenzucht zu fördern sowie Rosenausstellungen zu organisieren. 1886 erschien der erste Jahrgang der vom Verein herausgegebenen Rosenzeitung mit Artikeln zur Anleitung über Rosenzucht, zur Pflege und mit Verzeichnissen der wertvollsten und empfehlenswertesten Sorten.

In der sechsten Ausgabe von 1886 erschien in der Rosenzeitung auch folgendes Rezept für Bowlen- und Rosenfreunde mit den Blüten der „hochgeschätzten" Teerose 'Maréchal Niel': „Der köstliche Duft der Blumen teilt sich schon nach wenigen Minuten der Bowle mit. Auf zwei Flaschen Wein rechnet man drei mittelgroße Blumen, und lässt dieselben etwa 10-15 Minuten darin ziehen."

Die Rosensorte 'Maréchal Niel' aus dem Jahr 1864 galt auch noch sieben Jahrzehnte später auf Grund ihrer großen gelben Blütenfarbe als „unübertroffene Schönheit", aber nicht mehr als zu verwendende Gartenpflanze, sondern als „Idealrose" für Blumengeschäfte, insbesondere wegen ihres feinen Duftes. Unter Floristen galt sie lange als die Brautstraußrose überhaupt.

Auf Grund ihrer geringen Frosthärte war es jedoch sehr empfehlenswert, sie zur Kultur unter Glas zu halten. Insofern hatte Marie Hilbers um 1910 in Oldenburg alles richtig gemacht: Ihre Lieblingsrose 'Maréchal Niel' wuchs bestens geschützt im Gewächshaus des Blumengartens.

*(ES)*

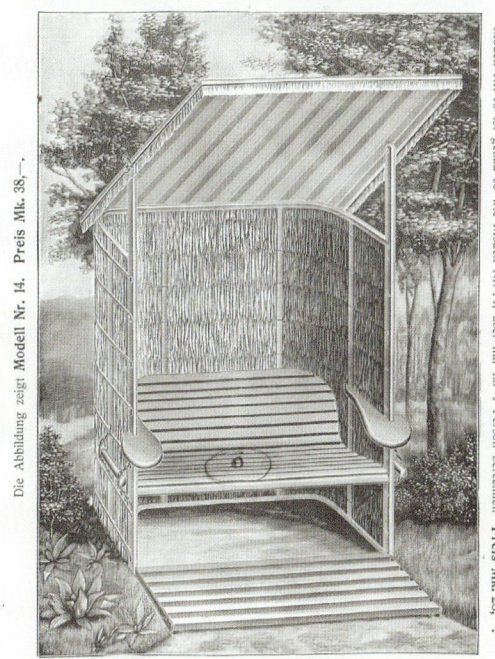

Auszug aus der Preis-Liste über transportable Gartenhäuser, Fabrik für Rohr-Industrie, Gerd Schwerdtfeger, Schleswig, Frühjahr 1910. *(Harm Ovie)*

# Häuschen im Freien

Sicherlich wuchs die eine oder andere Rosenschönheit auch vor einem Gartenhäuschen oder einem Pavillon, die nach 1900 mehr und mehr in den Ziergärten zu finden waren. In Fabriken gefertigte und zerlegbare Häuschen wurden als Neuheit angeboten und per Eisenbahn versendet. Der Gartenbesitzer konnte zwischen mehreren Modellen auswählen, mit oder ohne Zubehör wie beispielsweise Wetterfahne, Konsolen für Töpfe oder Blumenampeln. Man musste nicht mehr zwingend den Schreiner oder Zimmermann vor Ort beauftragen und sparte zusätzlich Zeit, da jegliche Vorplanungen entfielen.

Besonders beliebt waren strohgedeckte Häuschen, die auch gerne in den Villengärten der Großstadt aufgestellt wurden, um „die Poesie des ländlichen Strohdaches" dorthin zu übertragen. Dem Zeitgeschmack entsprechend passten sie durch die „Natürlichkeit ihres Materials" in jeden Garten. Die Häuschen aus Holz oder Pavillons aus Rohrmatten boten „schöne Aufenthaltsplätze", um im Familienkreis, abends oder an Sonn- und Festtagen, seine freien Stunden „in Gottes freier Natur" zu verbringen.

(ES)

Auch im damaligen Angebot: Gartenhäuschen für Kinder. *(Gut Hullmann)*

**Luftaufnahme aus den 1960er Jahren:** Das Niederdeutsche Hallenhaus ist noch reetgedeckt, am linken Bildrand ist der Nutzgarten zu erkennen. *(privat)*

**Das Ufer des Astruper Bachs wird im Frühjahr von Buschwindröschen bedeckt.** *(privat)*

**Der Hof Schnuck um 1945.** *(privat)*

**Am Bach stehen viele efeuberankte Eschen.** *(KD)*

# Hof Schnuck-Schroer
Neuenkirchen-Vörden

Direkt am Astruper Bach, 30 Kilometer südwestlich von Vechta, liegt der denkmalgeschützte Hof Schnuck-Schroer, ehemals Hof Schnuck. Im Jahr 1818 wurde das Wohnhaus, ein Niederdeutsches Zweiständer-Hallenhaus, von den Eheleuten Schnuck erbaut. Das ca. 8.000 m² große Hofgelände umfasst: Das Wohngebäude, zwei Scheunen, einen Schweinestall, eine kleine sanierungsbedürftige Wassermühle von 1904 und großzügige Gartenflächen. Mit den zugehörigen Ländereien hat der Hof eine Gesamtgröße von ca. 50 Hektar.

Das Grundstück der Hofstelle liegt in einer landschaftlichen Senke am Astruper Bach, dem Rand einer Endmoräne, die verschiedene Bodenstrukturen mit sich bringt. Zum einen gibt es viele Findlinge und Feldsteine, die stets sorgsam aus den Äckern geholt wurden, um später für Gebäudefundamente, Hof- und Wegepflasterung weitere Verwendung zu finden. Zum anderen gibt es im Boden Sand-, Kies- und Lehmvorkommen. Eine Bodenqualität von 30 bis 40 Bodenpunkten bringt der Landwirtschaft und dem Garten hinreichende Erträge.

Die heutige Besitzerin Maria Schnuck-Schroer zog 1980 auf den Hof, um ihre Tante Caroline Schnuck auf dem Anwesen zu unterstützen. Diese war meist in ihrem Gemüsegarten anzutreffen, den sie stets mit großer Sorgfalt pflegte. Selbst wenige Tage vor ihrem Tod im Jahre 1993 rodete sie noch Kartoffeln. Danach trat Maria ihr Erbe an und übernahm mit ihrem Ehemann Friedrich Schnuck-Schroer den Hof. Seitdem sind die Ländereien an den schwesterlichen Hof und einen weiteren Bauern aus der Ortschaft verpachtet. Zehn Hektar Waldfläche mit Fichten- und Buchenbestand werden von der Familie selbst verwaltet.

Den Hof erreicht man von Süden über eine 60 Meter lange Zufahrt, die sich zur östlichen Seite an den Astruper Bach anschmiegt und sich nach Osten und Süden in zwei Einfahrten teilt. Auf dem dazwischen entstandenen efeubewachsenen Dreieck befinden sich zwei schon recht erwachsene Sämlinge einer gewaltigen Rotbuche, die an der Bachseite der Einfahrt stand. Der Baum wurde vermutlich schon beim Hausbau angepflanzt, musste aber krankheitsbedingt 1975 gefällt werden. Die Einfahrt ist zur rechten Seite mit alten Eschen und Erlen begrenzt, unter denen sich ein Meer aus Maiglöckchen ausbreitet; dahinter fließt der Astruper Bach. Zur Linken ist der Weg mit einer 1977 angepflanzten Rhododendrenallee gesäumt, die in Weiß, Rot und Lila blüht; früher verlief an dieser Stelle der Bach. Im Bereich der Zufahrt und des Innenhofs sind die Flächen mit faustgroßen Feldsteinen, sogenannten „Kattenköppen", gepflastert. 2015 konnte

**Die Hofzufahrt ist zur einen Seite mit alten Eschen und Erlen begrenzt, zur anderen Seite mit großen Rhododendronbüschen.** *(WT)*

**Frisch saniertes historisches Pflaster aus sogenannten Kattenköppen.** *(WT)*

**Der Gemüsegarten ist durch einen Maschendrahtzaun vor hungrigen Rehen geschützt.** *(KD)*

die historische Pflasterung im Rahmen des Dorferneuerungsprogramms aufwändig saniert werden. Dabei wurden die im Laufe der Jahre stark abgesackte Zufahrt ausgekoffert, die Steine gesäubert und im üblichen Mosaikmuster Stein für Stein neu verlegt.

Zu Lebzeiten der Tante wurde viel Gemüse auf dem nach Norden hin liegenden großen Gemüsegarten angebaut. Dort wuchsen u. a. Runkelrüben, Kartoffeln und hoher Blaukohl, die als Viehfutter dienten. Auf einer Luftaufnahme aus den 1960er Jahren ist ein umzäunter, hausnaher Gemüsegarten zu erkennen, der zwischen dem östlichen Seitenausgang und der alten Wassermühle lag. In diesem Areal wuchsen verschiedene Beerensträucher, Weißkohl, Wirsing, Grünkohl, Porree, Zwiebeln, Möhren, Salat, Petersilie, weitere Küchenkräuter sowie Rhabarber. Für die kalten Monate wurde das Gemüse stets eingekocht und in Ermangelung eines Kellers in der Diele gelagert. In der Scheune stand eine Kohlschneidemaschine, mit der man den Kohl zerkleinerte und in großen Keramikfässern zu Sauerkraut verarbeitete.

Nach dem Tod der Tante wurden die Gemüseflächen stark reduziert, weil der Arbeitsaufwand nicht mehr zu leisten war. Als Anfang der 1990er Jahre eine Drainage zur Entwässerung um das Wohnhaus verlegt worden war, legte Maria einen neuen kleinen

**Blick von der Seitentür des Haupthauses zur Mühle. Dazwischen liegt der Ziergarten mit unterschiedlichen Funkien.** *(WT)*

**Zwei alte Birnbäume haben sich auf der Südwiese erhalten.** *(KD)*

Gemüsegarten nordöstlich des Wohngiebels an, der den Eigenbedarf der Familie deckt. Dort wachsen grüner Spargel, Zucchini, Möhren, Rhabarber und Erdbeeren. Außerhalb der Umzäunung wachsen Himbeeren, Heidelbeeren, Jostabeeren, rote und schwarze Johannisbeeren und eine Birnenquitte.

Nördlich des Wohnhauses lag ehemals bis an die Hauswand eine große Obstwiese mit einer Vielzahl von Obstbäumen. Auf der weiten Fläche wuchsen alte Apfelsorten wie der 'Rote Münsterländer Borsdorfer', 'Signe Tillisch' und 'Grahams Jubiläumsapfel', aber auch der Herbstapfel 'Graue Renette' und einige Bäume des Winterapfels 'Roter Boskoop', 'Grauer Boskoop' sowie einige Winterbirnen. Am Bach wuchs neben einem alten Walnussbaum ein alter Pflaumenbaum der Sorte 'Bühler Frühzwetschge'. Das ganze Obst wurde gelagert, bzw. für den Eigenbedarf als Wintervorrat eingeweckt. Mitunter pflückte und verarbeitete man bis zu 30 Zentner Obst pro Jahr. Die Bäume sind jedoch nach und nach abgestorben und mussten gefällt werden. Heute gibt es auf dem Hof Schnuck-Schroer noch zwei alte Birnbäume auf der Südwiese, einen älteren Kirschbaum hinter dem Wohngiebel und einige neu gepflanzte Apfelbäume.

Da der Nutzgarten unter der Leitung von Caroline Schnuck auf dem Hof oberste Priorität hatte, gab es zu ihrer Zeit nur wenige Blumen und Stauden. Diese wenigen Zierpflanzen platzierte sie entlang der westlichen Hauswand. In Kübeln stand dort eine Fülle ihrer Lieblingsblumen (Fuchsien), die sie fürsorglich im Stall überwinterte. Wie der Garten vor ihrer Zeit ausgesehen hat, ist nicht überliefert.

Ein Ziergarten wurde erst 1993 vom Ehepaar Schnuck-Schroer östlich des Wohnhauses an der Stelle des ehemaligen Gemüsegartens angelegt. Ein Weg, der vom Haus zum Bach und der Wassermühle führte, wurde in den neuen Kreuzgang integriert, in dem die Wege mit Klinkersteinen und Kattenköppen gepflastert sind. Den vier mit Buchsbaum eingefassten Feldern des Ziergartens hat Maria Pflanzen mit den Farben Gelb, Blau, Rot und Weiß zugeordnet. Neben rot blühenden Rhododendren, einer Rotbuche und einer japanischen Kirsche wachsen viele verschiedene Funkien. Rund um den Gemüsegarten, die Terrasse, den Ziergarten und die westliche Hauswand trifft man u. a. auf unterschiedliche Rosen, Magnolien, Gräser, Taglilien, Phloxe, Herbstanemonen und Hortensien der Sorte 'Annabell' und 'Limelight'.

Nach Osten hin wird der Garten durch den Astruper Bach begrenzt. Beim Bau der östlichen Scheune im Jahr 1950, die in hofraumumschließender Anordnung parallel zur Scheune an der Westseite stehen

Hinter dem Wohngiebel liegt der Gemüsegarten; die Wiese ist mit einigen Obstbäumen und Beerenbüschen bestückt. *(KD)*

An der westlichen Hausfront wuchsen früher Fuchsien; heute wird das Beet von verschiedenen Pfingst-, Strauch- und Hochstammrosen dominiert. *(WT)*

Auf der Südwiese steht eine imposante Eiche, die von den Besitzern als Hausbaum angesehen wird. *(KD)*

sollte, musste der Bachlauf ein Stück nach Osten verlegt werden, um Platz für die Scheune zu schaffen. An den Bachufern und um die Wassermühle herum stehen viele alte Eschen, deren Bestand derzeit stark gefährdet ist, weil sich seit über zwanzig Jahren im gesamten mitteleuropäischen Raum ein Pilz aus Japan – das sogenannte Falsche Weiße Stängelbecherchen 'Hymenoscyphus pseudoalbidus' – ausbreitet, der auch die hiesigen Eschen befällt, so dass sie gefällt werden müssen. Maria und Friedrich setzen aber alles daran, die Bäume zu erhalten. Jedes Frühjahr aufs Neue findet entlang des Bachlaufs und in den weitläufigen Wiesen ein schönes Naturphänomen statt: Dann werden die Flächen von unzähligen doppelten Schneeglöckchen, Buschwindröschen, Scharbockskraut und Narzissen bevölkert, die sich seit Jahrzehnten vermehren und ausbreiten.

Auf dem Hof steht auch eine Vielzahl alter Bäume. An der westlichen Hofseite, entlang einer alten Bruchsteinmauer, die seit jeher die Grundstücksgrenze markiert, stehen alte Eichen und Erlen, die sich hinter bunten Rhododendren erheben. In der südlichen Wiese steht eine imposante Eiche, die von den Besitzern als ihr Hausbaum angesehen wird.

*(KD)*

Kirschbäume stehen vor der Buchsbaumhecke, auf dem Gemüseland wachsen Salat, Dill und viel Grünkohl, 1993. *(privat)*

# Hof Leiber
Neuenkirchen-Vörden

**Luftbildaufnahme von 1953: Hoher Baumbestand um Hof- und Nebengebäude mit fünf Kopflinden an der südlichen Hauswand, zur Ostseite befindet sich eine Neupflanzung von Ziergehölzen sowie ein alter Obstbaumbestand, gegenüber der Straße liegt das Gemüseland.** *(WT)*

**Zierender oberer Abschluss des geschmiedeten Hoftores.** *(WT)*

Der denkmalgeschützte Erbhof Leiber befindet sich in der Vördener Bauerschaft Ahe am Rande der südlichen Ausläufer der Dammer Berge und westlich des nahen Dievenmoores, auch Großes Moor genannt.

Das Hofgebäude wurde 1843 in Ost-West-Ausrichtung erbaut. Rings um das Hofgelände zieht sich ein Gürtel mit einem Altbaumbestand von etwa 180 Jahre alten Eichen und Buchen. Zur Straßenseite begrenzt eine 200 Meter lange Bruchsteinmauer aus Natursteinen aus den ehemaligen Ueffelner und Kalkrieser Steinbrüchen den Hofraum. Gebrannte Formziegel bilden die schützende Deckschicht der Mauerkrone. Eine lange Reihe alter Eichenbäume begleitet auf der hofzugewandten Seite die Natursteinmauer. Alte schmiedeeiserne Tore öffnen die jeweils vier verschiedenen Zufahrten zum Hofraum. Durch eine kleine Pforte gelangt man auf direktem Weg zum Seiteneingang des Bauernhauses. Der Großvater der heutigen Besitzer war Schmiedemeister und fertigte all diese Metallarbeiten vor etwa 100 Jahren an.

Die gesamte Hofpflasterung zum Bauernhaus und zur Doppeldurchfahrtsscheune, bestehend aus Feldsteinen der unmittelbaren Umgebung, ist im Originalzustand von 1843 erhalten.

Schräg gegenüber vom südlichen Seiteneingang des Hauses befindet sich am Rande der Bruchsteinmauer eine Steingrotte, ein halbrunder Sitzplatz aus großen Findlingen, der ebenfalls aus der Mitte des 19. Jahrhunderts stammt. Der damals seitlich angepflanzte Fliederstrauch hat sich über die Jahrzehnte durch seine Ausläufer heckenartig um die Grotte und darüber hinaus in die Blumenbeete ausbreiten können. Gegenüber der südlichen Hauswand des Wohnbereiches wuchsen fünf in einer Reihe angeordnete Kopflinden, die regelmäßig einmal im Jahr geschnitten wurden. An warmen Sommertagen sorgten sie für etwas Schatten, daher stand dort an der Wand auch immer eine Gartenbank für eine kleine Pause. Weitere zwei Lindenbäume standen jeweils links und rechts an der Ostseite des Wohngiebels und blieben ungeschnitten. Die letzten beiden Kopflinden mussten aus Altersgründen um 1990 entfernt werden. Kurz zuvor wurden jeweils in den Baumlücken als Ersatz drei neue Lindenbäume angepflanzt.

Hinter dem Haus befinden sich das aus dem Jahr 1750 stammende Backhaus und ein in den 1930er Jahren errichtetes Hühnerhaus. Die Fläche vor den Hofgebäuden wurde lange als Auslauf für Hühner, Gänse und auch Enten genutzt. Ein vor über 100 Jahren mittig in der Fläche gepflanzter Birnbaum musste vor einigen Jahren gefällt werden, wurde aber durch einen neuen hochstämmigen Birnbaum ersetzt.

Blick vom Heckentor des Obstgartens über die Straße zur Eingangspforte in den Blumengarten. *(WT)*

Gartenschnack mit den Nachbarn, 1972. *(privat)*

*Abb. links oben:*

Blick von der Weide zum Ostgiebel, ein neu errichteter Holzzaun trennt die Weide zum Ziergarten ab, 1958. *(privat)*

Ursprünglich standen fünf Kopflinden vor dem Haus, um 1990 wurden drei junge Bäume nachgepflanzt. *(privat)*

Weitere Obstbäume wuchsen auf der östlich des Bauernhauses gelegenen Schweineweide.

Um zum großen Gemüsegarten zu kommen, überquere man die Straße, die die zum Hof gehörenden Ländereien voneinander trennte. Das ehemalige Gemüseland ist bis heute von einer alten etwa 100 Meter langen Hainbuchenhecke, die parallel zur Straße verläuft, eingehegt. Die jeweils letzte Pflanze am unteren und oberen Ende der Hecke wurde als Formgehölz geschnitten und hatte eine Kugel als oberen Abschluss. Das Gartenland betritt man durch einen Heckenbogen, der sich schräg gegenüber der kleinen Gartenpforte auf der gegenüberliegenden Straßenseite befindet. Eine etwa 70 Meter lange alte Buchsbaumhecke unterteilt in Nord-Süd-Ausrichtung die Fläche. Sie wird schon seit Jahrzehnten nicht mehr geschnitten. Mittlerweile ist der frühere, zwischen den ursprünglichen zwei Heckenverläufen liegende Sandweg verschwunden. Die mehr als zwei Meter hohe Buchsbaumreihung ist daher auf die beachtliche Breite von etwa fünf Metern zusammengewachsen.

Nach ca. 60 Jahren der Verpachtung und dem Tod des Anerben im Zweiten Weltkrieg übernahmen 1945 die Eltern der heutigen Hofbesitzerin, Anneliese Kampsen, die Betriebsführung. Der Ziergarten wurde in Hausnähe etwas nach Osten erweitert.

**Alte Bruchsteinmauer entlang des Straßenverlaufes.** *(WT)*

**Durchgang zum Gartenland: Hainbuchenhecke entlang der Straße, 1995.** *(privat)*

**Abb. rechte Seite:**

**Durchgewachsene ehemals doppelreihige Buchsbaumhecke.** *(ES)*

**Restaurierter Wohngiebel mit davor liegendem, in jüngerer Zeit angelegtem Ziergarten, der auf der Fläche der ehemaligen Obstwiese erweitert wurde.** *(WT)*

Dort wurden etliche Ziersträucher wie Blutpflaume, gelb blühender Goldregen, Rhododendren, Falscher Jasmin, eine im April blühende Tulpen-Magnolie und anlässlich der Geburt der Tochter auch eine Blutbuche gepflanzt. Entlang des Verlaufs der langen Buchsbaumhecken sowie der zur Straße begleitenden Hainbuchenhecke wurden Kirsch- und Apfelbäume in regelmäßigen Abständen gesetzt. Seitlich davon standen in mehreren Reihen Himbeeren, Stachel- und Johannisbeeren und auch Rhabarber. Zum großen Teil sind die Beerensträucher noch bis heute erhalten. Eine Verjüngung des Obstbaumbestandes erfolgte um das Jahr 2005. Als Ersatz für abgestorbene alte Bäume wurden innerhalb der Reihen etliche regionale Obstbaumsorten nachgepflanzt und auch neue Baumreihen angelegt.

Insbesondere im Bereich der ehemaligen Schweineweide hinter dem Wohngiebel entstanden in den letzten 25 Jahren neue Gartenräume mit Rasenwegen, Blütensträuchern, Rosen und Staudenbeeten. Der Gartenweg von der Gartenpforte zur Haustür ist nun mit Buchsbaumhecken eingerahmt. Die vormals gesandeten Gartenwege um das Haus wurden 1982 mit Penter Klinkern gepflastert, womit sich auch deren Pflege durch wöchentliches Harken und Schuffeln erübrigte. Auch die entlang der Straße verlaufende 200 Meter lange Bruchsteinmauer wurde in dieser Phase saniert. Sie war in größeren Teilbereichen durch Rissbildung instabil geworden und drohte einzustürzen.

Das in der Bauerschaft bis vor wenigen Jahrzehnten ortstypische Element einer Bruchsteinmauer als Abgrenzung zur Hofstelle gibt es heutzutage nur noch im Bereich des langen Straßenverlaufes im Originalzustand beim Hof Leiber. Während der vergangenen 50 Jahre wurden um das Hofgelände und die Weideflächen etwa 10.000 Bäume und heimische Gehölze neu angepflanzt.

*(ES)*

**Auch heute noch ein beliebter Ruheplatz: die von Flieder eingerahmte Steingrotte.** *(ES)*

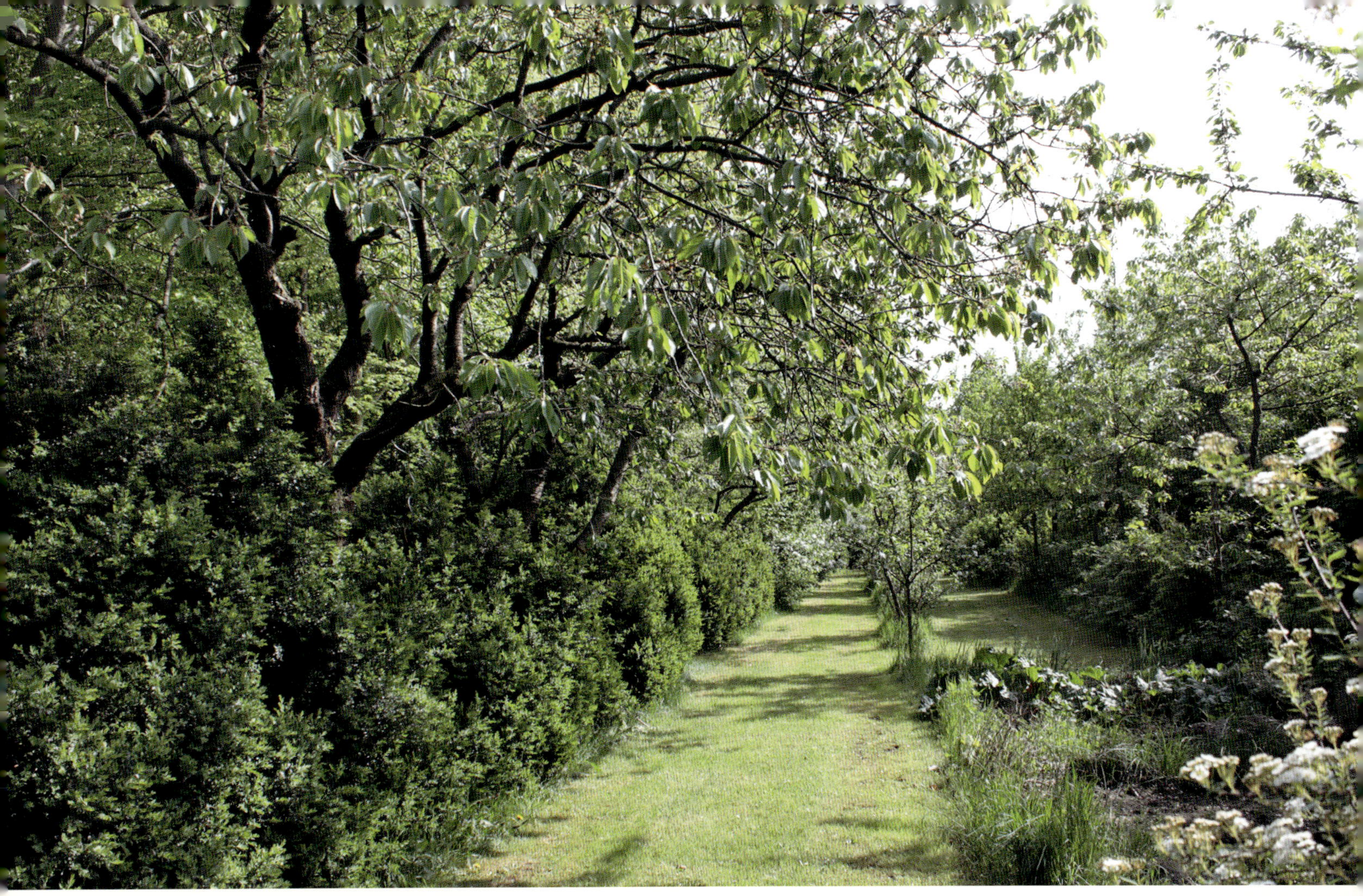

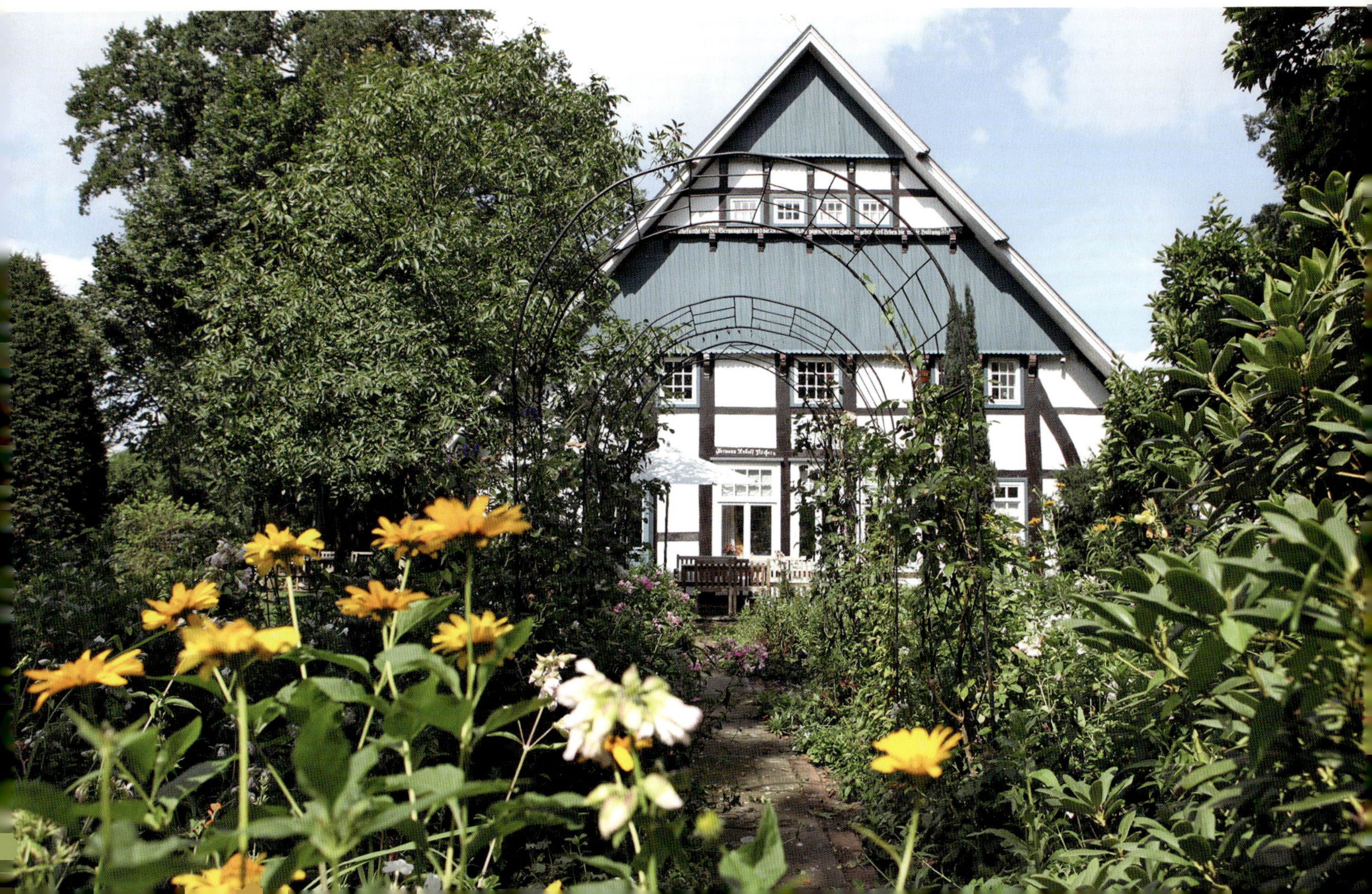

**Luftbildaufnahme von 1950:** Unterhalb des Stallgebäudes befindet sich die junge, großflächige Bepflanzung mit Pflaumenbäumen und rechts daneben die langen Reihen mit Gemüse und großblättrigem Rhabarber. *(privat)*

**Üppiges Rosenbeet vor der Veranda, 1955.** *(privat)*

# Hof Kiesekamp
Bramsche-Epe

Der Hof der Familie Kiesekamp liegt im Ortsteil Epe nordöstlich von Bramsche, die vorbeifließende Hase bildet die westliche Grenze der Gemeinde.

Um 1900 lagen die landwirtschaftlichen Schwerpunkte in der Viehzucht, Schweinehaltung, Ackerbau und auch in der Forstwirtschaft. Vieles war bis in die 1950er Jahre und bis zur Anschaffung erster Traktoren noch Handarbeit. Dementsprechend konnte die Arbeit nur durch viel Personal mit Hilfe von Knechten, Melkern, Mägden und saisonalen Erntehelfern erledigt werden, die zwischenzeitlich auch bei anfallenden Gartenarbeiten wie auch bei der Obsternte halfen.

Da das Hofgebäude innerhalb des Jahres 1845 gleich zwei Mal gebrannt hatte, wurde es nicht mehr in Fachwerkweise, sondern mit Bruchsteinen aus den benachbarten Schleptruper Steinbrüchen aufgebaut. Zur rechten und linken Seite der Hofeinfahrt verlaufen Bruchsteinmauern, ebenso entlang der Straße an der Nordseite des Bauernhauses. Vor den Pfeilern des Einfahrtstores schmückt jeweils eine mächtige, hochgewachsene Eiche die Zufahrt zur Diele. Jenseits der Straße und gegenüber der Hofeinfahrt pflanzte Heinrich Kiesekamp um 1870 eine etwa 150 Meter lange Lindenallee entlang eines Feldweges. Die Bäume werden bis heute alle 20 Jahre in der Krone geschnitten.

**Von der um 1900 errichteten hölzernen Veranda hat man immer noch einen schönen Blick in den Blumengarten.** *(WT)*

**Eintritt in den Blumengarten: alte Gartenpforte an der Nordseite der Bruchsteinmauer.** *(WT)*

**Grußkarte aus Epe mit der Abbildung des Hofgebäudes Kiesekamp und dem hinter der langen Bruchsteinmauer liegenden Blumengarten mit seinen Spazierwegen, 1900.** *(privat)*

**Über 100-jähriger Birnbaum am Rande des Weges.** *(privat)*

Heinrich Kiesekamp hatte sich als junger Mann entschlossen, Gärtner zu werden. Nach erfolgreich abgeschlossener Lehre und mehreren Gehilfenjahren gründete er eine eigene Gärtnerei im benachbarten Hesepe. Es machte ihm große Freude, den elterlichen Hof mit Ziersträuchern und Neuanpflanzungen von Laub- und Nadelgehölzen zu gestalten. Immergrüne Gehölze wie Fichten, Kiefern, Lebensbäume und Scheinzypressen waren damals eher unbekannt und daher sehr beliebt. In Zusammenarbeit mit seinem Neffen, dem Anerben des Hofes, der ebenfalls gärtnerisch interessiert war, entstand ein abwechslungsreicher, mit Sandwegen ausgestatteter Blumengarten. Sie pflanzten sowohl am Ostgiebel des Wohnhauses wie auch am Rande des neuen Obstgartens je eine rotblättrige Blutbuche. Die in Hausnähe stehende Buche erkrankte und wurde durch eine Platane ersetzt. Am nördlichen Seiteneingang zum Haus, am Rande der Bruchsteinmauer, wurde eine Trauerweide gesetzt wie auch auf der gegenüberliegenden südlichen Hausseite, an der man um 1900 eine hölzerne Veranda errichten ließ. Von hier hatte man einen schönen Blick in den Blumengarten, den man gerne bei einer Tasse Kaffee genoss. Noch heute schmücken violett blühende Rhododendren und ein Goldregenstrauch aus der Anfangsgestaltung die seitlichen Beete zur Veranda.

Durch die alte Gartenpforte an der Nordseite der langen Bruchsteinmauer betritt man den Garten. Der seitlich von Blumenbeeten begleitete Weg führt zur Haustür an der Nordseite des Hauses. Von dort geht man über den einst gesandeten und nun gepflasterten Weg weiter um das Haus herum bis zur Veranda oder in östlicher Richtung weiter geradeaus an einem über hundertjährigen Birnbaum vorbei zum heutigen Altenteilerhaus. In der Nähe des Birnbaumes und der im Hintergrund verlaufenden Natursteinmauer befand sich früher auch eine aus großen Feldsteinen aufgeschichtete Grotte als Sitzplatz zum Verweilen. Bis Mitte der 1980er Jahre standen in diesem Bereich einer ehemaligen Schweineweide noch viele alte Obstbäume. Für deren Anpflanzung begann man um 1900 das sogenannte „Schweineholz", ein kleines Waldstück in der Nähe des Hauses, zu roden.

Am südlichen Rand des Blumengartens lag ein großflächiger Gemüsegarten. Nach Ende des Zweiten Weltkrieges heiratete Erna Kiesekamp in den Hof ein und brachte ihre praktischen Erfahrungen aus einem Gutsbetrieb in der Region um Frankfurt an der Oder bezüglich des Obst- und Gemüseanbaues mit ein. So wurden verschiedene Pflaumenbäume in einer neuen Fläche neben dem sogenannten Pottstück angepflanzt. Zwischen den Gemüsebeeten und dem Blumengarten

**Idyllischer Ruheplatz unter dem Laubdach der alten Blutbuche, dahinter verläuft die alte Bruchsteinmauer als Abgrenzung zum Grünland.** *(ES)*

**Eine hoch aufgeschossene, mittlerweile etwa acht Meter hohe Scheinzypresse wächst seitlich vor der Veranda, im Hintergrund ein ebenfalls altes Nadelgehölz: eine Eibe.** *(WT)*

**In Flucht zum großen Dielentor: Gegenüber der Hofeinfahrt und jenseits der Straße pflanzte Heinrich Kiesekamp um 1870 eine etwa 150 Meter lange Allee aus Kopflinden.** *(ES)*

wuchsen lange Reihen mit Beerensträuchern wie Stachelbeeren, schwarze und rote Johannisbeeren sowie Himbeeren. Neu angepflanzt wurden auch Mirabellenbäume und mehrere lange Reihen mit Spargel und Rhabarber. Die Stangen wurden regelmäßig an einen Obsthändler in Bramsche verkauft.

Bis in die Mitte der 1960er Jahre wuchs auch Markstammkohl auf dem Gemüseacker. Dessen große Blätter und kräftiger Stamm wurden klein gehäckselt und ab Herbst an das Vieh verfüttert. Am Rande des Ackers lag die Runkelgrube, in der die Rüben im Winter eingelagert wurden. Das viele Obst konservierte man durch Einkochen in Weckgläsern, gerne auch als „Dreifrucht", ein aus Pflaumen-, Birnen- und Apfelstückchen bestehender und servierfertig vorbereiteter Kompott.

Ab den 1950er Jahren schmückten besonders viele Beetrosen die Blumenrabatten am Ostgiebel und neben der Veranda, während das Beet seitlich der Gartenpforte mit Hortensien bepflanzt war.

Heutzutage befindet sich an der Stelle des Gemüselandes ein moderner Boxenlaufstall für Milchkühe. Aber ein kleiner Gemüse- und Kräutergarten fehlt trotzdem nicht. Er wurde in der Nähe des früheren Wäscheplatzes angelegt, unmittelbar neben einer etwa 150 Jahre alten Eibe. Innerhalb der Rasenfläche befinden sich gemischte Rosen- und Ziersträucherbeete, die mit verschiedenen Stauden unterpflanzt sind. Als Vorbild diente dabei auch die Art der Bepflanzung um 1900: Innerhalb der Rasenfläche positionierte man kleinere oder größere Schmuckbeete, an deren Rändern Sandwege zum Betrachten der Blumen vorbeiführten. Auf die Vielzahl der ehemals beliebten immergrünen Nadelgehölze wurde allerdings in der neueren Bepflanzung verzichtet. *(ES)*

**Eine aus großen Feldsteinen aufgesetzte Grotte, im Hintergrund ein Flieder, 1955.** *(privat)*

**Abb. rechts: Rosenpracht am Ostgiebel.** *(privat)*

**Großzügiges Blumenbeet mit blühendem Rotdorn vor der Südseite des Hauses, links daneben die Veranda.** *(ES)*

**Am Ende des Obstgartens wächst die um 1870 gepflanzte Blutbuche, anstelle der Obstreihen befindet sich hier nun das Altenteilerhaus.** *(WT)*

Von der Pastorswiese hat man einen schönen Blick zum Kirchturm der St. Andreaskirche, die Rasenfläche wird heute auch für Veranstaltungen genutzt. *(WT)*

Die alte Gemarkungskarte von Emsbüren von 1873 gibt Auskunft über die ehemalige Grundstücksgröße. *(privat)*

# Pfarrgarten Emsbüren
Emsbüren

**Die Entwicklung des Pfarrgartens geht auf Pfarrer Albert Deitering (1798–1876) zurück.** *(privat)*

Am östlichen Rand der Emsbürener Geesthöhe – einer saaleeiszeitlichen Altmoräne – liegt einer der ältesten und artenreichsten Gärten der Region. In den Jahren 1838 bis 1856 legte der damalige vielseitig interessierte Pfarrer Albert Deitering hinter dem Pfarrhaus ein Arboretum mit zahlreichen einheimischen und exotischen Gehölzen an und legte damit den Grundstein für den bis heute gut erhaltenen Pfarrgarten. Auf einem Areal von 1,5 Hektar wachsen über 400 verschiedene Baum- und Straucharten.

Seit dem Mittelalter ist das ehemals 2,5 Hektar große Grundstück im Besitz der katholischen Kirche. Vor Ort stand jedem Pastor ein Stück Land zu, das er zur Selbstversorgung nutzen durfte, auf dem er Vieh halten konnte und seinen eigenen Obst- und Gemüsegarten bewirtschaftete. In diesem Fall war es ein sehr großes Landstück, das ursprünglich mit Stieleichen, Eschen, Hainbuchen und Feldulmen locker bewachsen war. Auf der Gemarkungskarte von Emsbüren aus dem Jahr 1873 ist das Flurstück „Im Garten" noch in seiner Originalgröße abgebildet. Eine große Ecke im Nordwesten wurde nach dem Zweiten Weltkrieg als Bauland abgegeben, vor einigen Jahren folgte eine weitere, kleine Ecke im Nordosten des Grundstücks.

Direkt nach seiner Priesterweihe im Jahr 1821 kam der junge Albert Deitering an die Gemeinde Emsbüren, zunächst als Vikar und Kaplan, 1833 wurde er dann zum Pfarrer ernannt. 1838 begann er, die große Fläche mit zahlreichen einheimischen und exotischen Bäumen und Sträuchern zu bepflanzen. Im Pfarrarchiv haben sich dazu Abschriften der originalen Pflanzenbestelllisten erhalten. Im April 1838 bezog er die ersten Gehölze über Franz Anton Cordes, einem Gärtner und Kaufmann aus Osterwick, der ihm bei seinem Vorhaben stets zur Seite stand. Die erste Lieferung bestand aus 99 Bäumen und Sträuchern, mit je einem Exemplar jeder Sorte. In den Jahren 1841, 1842, 1854 und 1855 folgten weitere Bestellungen, bei denen auch mehrere Exemplare von einer Sorte geordert wurden. In späterer Zeit bezog der Pastor die Gehölze auch über den botanischen Garten in Münster und über die Firma J. A. Abels aus Zwolle in den Niederlanden. Diese Listen enthalten 220 Gehölze, darunter 63 hochwüchsige Bäume, 157 Sträucher und Kleinbäume sowie diverse Stauden. Dem damaligen Schriftverkehr zwischen dem Pastor und dem Kaufmann Cordes sind auch Ratschläge zur Umsetzung der Gartengestaltung zu entnehmen.

Aus dieser ersten Pflanzphase des Pfarrgartens haben sich einige Bäume erhalten, die heute zu prächtigen Exemplaren ausgewachsen sind. Dazu zählen je eine Bastard-Platane, Rotbuche, Bergahorn, Blut-

```
Zur Anlage jenseits des Teiches.
Rechnung für S.Hochwürden Herrn Pastor Deitering,Emsbühren.
von F.A.Cordes in Osterwiek.
1838
April 2  Sandte Ihnen franco Wettringen 3 Packen Pflanzen Fig HPD Nr 56-
                                                                 57-58.
             enthalten.
Cornus florida                                              8
Cerasus mahaleb                                             3
Gleditschia triacanthos                                     3
Lonicera alpigena                                           4
    "    iberica                                            4
    "    sibirica                                           2    6
    "    tatarica                                           2
    "    fructu lutea                                       3
  2 "    quadrifida                                         5
    "    caprifolium                                        1    6
    "    italicum(anstatt grata)                            5
    "    Goldii                                             9
    "    virginiana(anstatt flexuosa sonst 5 Sgr.)          4
    "    sempervirens                                       4
Ribes aureum (anstattmespilus frigida)                      3
Rhus cotinus (statt Cratagus fl. pleno,sonst 4)             3
Sambucus canadensis                                         2    6
    "    laciniata                                          6
    "    alba variegata                                     5
    "    aurea varieg.                                      3
    "    racemosa                                           2    6
Amigdalus pumila flore pleno                                9
Amorpha fruticosa                                           2    6
Cydonia japonica flore rubro                                9
Daphne mezereum                                             2
Eleagnus argentea                    sonst 4                4
Hibiscus siriacus flore albo                                4
Hydrangea radiata (statt: arborescens)                      3
    "    nivea                                              3
Spiraea bella                                               7    6
    "    betulifolia                                        2    6
Genista florida                                             3
Philadelphus coronarius (XXXEX  1 Sgr. 6 Pfg)               4    6
    "    gracilis                                           1o
    "    grandiflorus                                       4
Robinia Caragana                                            3
Syringa grandiflora                                         5
    "    vulgaris flore pleno                               5
Bignonia radicans                   sonst 4                 3
Catalpa syringaefolia                                       5
Clematis viticella rubra                                    4
Colutea arborescens                                         1
    "    medea                                              2    6
    "    Pocockii                   sonst 6                 5
Cytisus falcatus                                            4
    "    biflorus                                           4
    "    nigricans                                          2
    "    paniculatus                                        5    6
    "    purpureus                  sonst 4                23
 1  "    sessilifolius                                      2
 1  "    alpinus                                            3
 1  "       "     flore albo  (noch selten)                2o
```

**Im April 1838 erfolgte die erste Pflanzenbestellung durch Pfarrer Deitering bei Franz Anton Cordes. Die originalen Listen tippte der Gartenarchitekt Josef Hempelmann 1935 mit der Schreibmaschine ab und markierte die noch vorhandenen Gehölze.** *(privat)*

*Abb. unten:*
**Der Gold-Trompetenbaum wurde 1838 gepflanzt und musste 2015 stark zurückgeschnitten werden.** *(WT)*

**Der Teich hinter der Pastorswiese im Quartier I.** *(ES)*

buche, Stieleiche und Sommerlinde, die sich im westlichsten Bereich des Gartens (Quartier IV) befinden und ehemals in einer Reihe aus Linden standen. 2013 musste eine alte Esche gefällt werden, bei der 170 Jahresringe gezählt werden konnten. Die Baumscheibe steht heute im Eingangsbereich des Gartens.

Ein knappes Jahrhundert später, im Jahr 1935, erkannte der Gärtner Josef Hempelmann die Besonderheit des Pfarrgartens und tippte die erhaltenen Bestelllisten mit der Schreibmaschine ab. Dabei markierte er die bis dahin noch erhaltenen Pflanzungen des Pastors Deitering. Im Jahr 1958 wurde Hubert Meyer zu Schlochtern Pfarrer der Gemeinde Emsbüren. Unterstützt durch Hempelmann begann er eine Neugestaltung des Pfarrgartens. Der Gärtner erstellte unter Berücksichtigung der Bodenverhältnisse eine neue Pflanzliste mit infrage kommenden Gehölzen aus dem Katalog der Baumschule Hesse in Weener und stellte den Kontakt zwischen dem Pfarrer und der Baumschule her. Die Bestellung umfasste zahlreiche Koniferen, von denen sich bis heute unter anderem folgende erhalten haben: ein Bergmammutbaum, ein Urweltmammutbaum, eine Säulenfichte und ein Ginkgobaum. Weitere Lieferungen erfolgten in den Jahren 1958 bis 1962. Darunter befanden sich eine Kieferntanne, Sicheltannen, Fichten, Lebensbäume,

Zwischen zahlreichen Stechpalmen und Eiben steht die mächtige 1850 gepflanzte Hängebuche. *(WT)*

In Quartier III stehen mächtige Mammutbäume, hier zwei Exemplare des Bergmammutbaums. *(ES)*

An der Baumscheibe einer alten Esche, die 2013 gefällt werden musste, sind 170 Jahresringe abzulesen. *(ES)*

Hemlocktannen und diverse Rhododendren. In die Amtszeit Pfarrer Meyers zu Schlochtern fielen weitere 111 bisher nicht vorhandene Anpflanzungen von Gehölzsippen, darunter 81 Bäume sowie 30 Sträucher und Kleinbäume. Ebenso wurden Gehölze und Sträucher nachgepflanzt, die es bereits unter Pfarrer Deitering gegeben hatte.

Ab 1972 wurde der bislang nur dem Pfarrer vorbehaltene Garten als „halb-öffentliche ständige Grünfläche" ausgewiesen und nun auch gelegentlich der Öffentlichkeit zugänglich gemacht. Im Sommer 1990 erfolgte eine Aufnahme des Baumbestandes durch die Firma Strothmann, die den Garten in Quartiere einteilte, alle relevanten Gehölze durchnummerierte und in einem Plan verzeichnete. Die Bestandsliste umfasste 18 Seiten und führte 380 Exemplare auf. Anschließend wurde von selbiger Firma ein Parkpflegewerk erstellt, das 1991 dem Pastor überreicht und in einer einmaligen Instandsetzungsmaßnahme des Pfarrgartens im März 1993 zum Teil umgesetzt wurde. Im Jahre 2015 wurden über 550 Schilder gefertigt – mit den lateinischen, deutschen und niederländischen Namen der einzelnen Gehölze – und an den Bäumen und Sträuchern befestigt. Seit Sommer 2012 ist eine ehrenamtlich arbeitende Pfarrgarten-Arbeitsgruppe, bestehend aus Vertretern des Pfarramtes und

# Pfarrgarten Emsbüren
*...ein kleines Stück vom Paradies.*

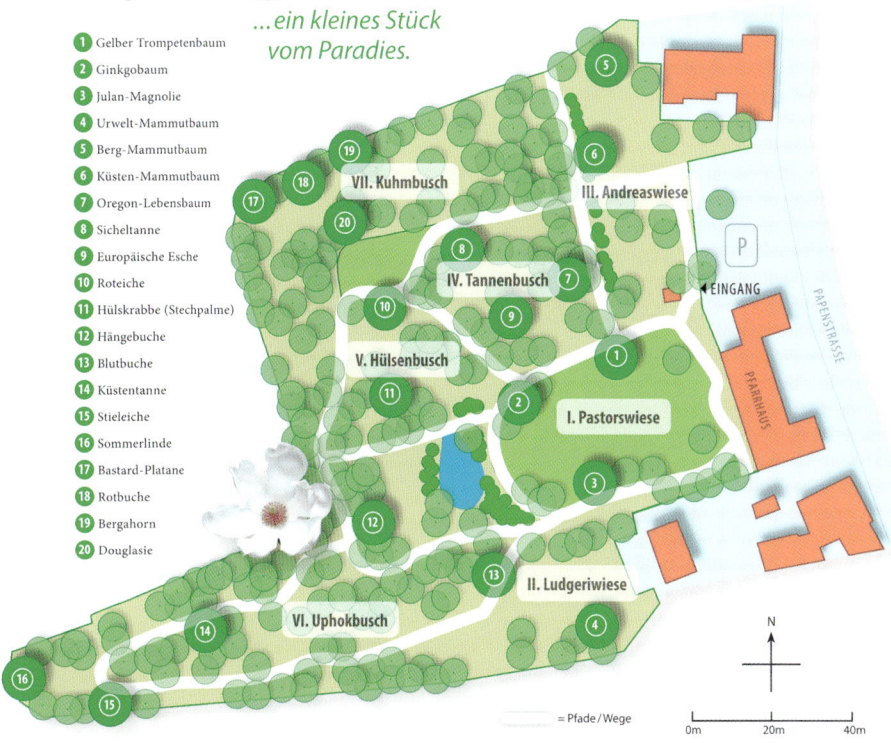

1. Gelber Trompetenbaum
2. Ginkgobaum
3. Julan-Magnolie
4. Urwelt-Mammutbaum
5. Berg-Mammutbaum
6. Küsten-Mammutbaum
7. Oregon-Lebensbaum
8. Sicheltanne
9. Europäische Esche
10. Roteiche
11. Hülskrabbe (Stechpalme)
12. Hängebuche
13. Blutbuche
14. Küstentanne
15. Stieleiche
16. Sommerlinde
17. Bastard-Platane
18. Rotbuche
19. Bergahorn
20. Douglasie

der DDG (Deutsche Dendrologische Gesellschaft), für die Erhaltung und Pflege des Pfarrgartens zuständig.

Der Garten ist in sieben Quartiere unterteilt, von denen die Quartiere I-III eine parkartige und offene Gestaltung mit Rasenflächen aufweisen. Im Gegensatz dazu sind die Quartiere IV-VII eher waldartig und geschlossen gestaltet. Direkt hinter dem Pfarrhaus befindet sich das Quartier I mit einer großen Rasenfläche, in deren Randbereichen sich eine Schlangenfichte (1858 gepflanzt), ein Gold-Trompetenbaum (1840), ein Ginkgobaum (1958) und eine Julan-Magnolie (aus der Gründungszeit) erhalten haben. Hinter der Wiese liegt ein Teich, den es bereits zu Pastor Deiterings Zeit gegeben hat, der mit alten Grabsteinplatten umgeben ist. In seiner Nähe steht eine rosa-blühende Tulpenmagnolie, die zu den ältesten Exemplaren Deutschlands zählt. Zu den ältesten Gehölzen der Ludgeriwiese (Quartier II) zählen ein Lederhülsenbaum (1850), eine Säuleneibe (1850) und ein Urweltmammutbaum (1958) im Bereich des Spielplatzes. Auf der Andreaswiese (Quartier III) befinden sich weitere Mammutbäume: ein Riesen- und ein Urweltmammutbaum wurden dort 1958 gepflanzt, 2015 folgte ein junger Küstenmammutbaum. Hier befindet sich auch die alte Obstwiese des Pfarrgartens, die mit nur noch wenigen, schlecht wachsenden Exemplaren bestückt ist. Nach Westen ist der Bereich durch Rhododendronbüsche abgegrenzt. Im dahinter liegenden Tannenbusch (Quartier IV) wachsen diverse Koniferenarten, die in den 1960er Jahren gepflanzt wurden. Im sogenannten Hülsenbusch (Quartier V) ist eine Vielzahl Europäischer Stechpalmen und Eiben vorzufinden sowie diverse Laubgehölze. Unter ihnen bietet eine Hängebuche (1850) einen prächtigen Blickfang. Besonders hohe Gehölze stehen im waldartigen Kuhmbusch (Quartier VII), genannt sei die Rotbuche mit einem Stammumfang von 3,75 und einer Höhe von 28 Metern. Unter den 285 Exemplaren des Arboretums befinden sich 49 Laub- und 62 Nadelgehölze, die eine Höhe von 20 bis 30 Metern aufweisen. *(KD)*

**Der heutige Gartenplan gibt Auskunft über die einzelnen Quartiere und die besonderen Gehölze des Arboretums.** *(Wöhrmann Design, Osnabrück)*

*Abb. linke Spalte:*
**Die Sommerlinde am westlichsten Grundstücksende stand ehemals in einer Reihe mit weiteren Exemplaren.** *(WT)*

**Im Jahre 2015 wurden über 550 Gehölzschilder gefertigt und an den Pflanzen angebracht.** *(WT)*

Pfarrgarten Emsbüren **209**

**Blick vom Kamm des Wiehengebirges auf den Hof der Familie Mithoff.** *(ES)*

**Familienfoto von 1925 zur Obstblüte, im Hintergrund der mit Obstbäumen bepflanzte Hang.** *(privat)*

## Hof Mithoff
### Bohmte-Stirpe

**Medaille an Hermann Meyer für seine Verdienste im Obstbau anlässlich einer Teilnahme an einer Obstbau-Ausstellung in Osnabrück im Jahr 1896.** *(WT)*

**Verwendet für den Transport von Äpfeln: alter Weidenkorb.** *(ES)*

Der Hof der Familie Mithoff befindet sich in der Bohmter Ortschaft Stirpe. Ein Großteil der Ländereien liegt auf fruchtbarem Lößboden. Östlich vom Hofgebäude führt ein schmaler Hohlweg hinauf auf den dicht bewaldeten Kamm des Wiehengebirges. Bruchsteinmauern von einem bis über drei Meter Höhe fangen das Erdreich zur Gartenseite seitlich des Weges ab. Von dem hauptsächlich mit Buchen und Eichen bewachsenen Nordosthang hat man einen weitreichenden Blick auf die Landschaft.

Bis in die späten 1970er Jahre wuchsen auf diesem Hang bis zu 50 Obst-Hochstämme in verschiedensten Sorten. Die ältesten der Apfel-, Birn-, Kirsch-, Zwetschen- und Pflaumenbäume stammten aus der Erstanpflanzung des Urgroßvaters Hermann Meyer. Für seine Verdienste im Obstbau und insbesondere anlässlich einer Teilnahme an einer Obstbau-Ausstellung in Osnabrück erhielt er im September 1896 eine Medaille, ausgehändigt vom Hannoverschen Obstbauverein. Auch etliche Beerenobststräucher wie Johannisbeeren und Stachelbeeren wuchsen oberhalb und seitlich der Hochstammreihen. Auch die nächste Generation des Hofes profitierte vom Obstanbau: Vor allem Äpfel wurden in Kisten und Körbe verpackt und in der Erntezeit ein- oder zweimal die Woche vom Obsthändler abgeholt oder mit dem Pferdefuhrwerk nach Osnabrück gefahren. In den Wintermonaten diente das alte Backhaus als frostfreies Lager für das Obst.

Etwa in der Zeit um 1890 entstand in nördlicher und insbesondere in östlicher Ausrichtung zum Haus ein Blumengarten. Am Ostgiebel wuchsen Echter Wein und Spalierobst. Von hier führte ein Weg zu der aus Tuff- und Bruchsteinen errichteten und mit Efeu begrünten Grotte. Mit einem Durchmesser von knapp fünf Metern bot sie ausreichend Platz, um dort eine gemütliche Kaffeestunde mit der Familie oder dem Besuch abzuhalten. Entsprechend der Gartenmode um 1900 wuchsen in der Nähe zum Haus viele immergrüne Gehölze wie Lebensbaum und Schwarzkiefern. Die Rasenfläche wurde durch inselartig angelegte Gehölzgruppen aufgelockert, wie zum Beispiel ein großzügiges Rhododendronbeet, das auf Dauer den Durchblick vom Wohnhaus zur Grotte verwehren sollte. Heutzutage beansprucht dieser Bepflanzungsbereich mit den im Mai üppig violett blühenden Gewächsen eine Fläche von ca. 15 mal 15 Metern. Seitlich zum Sitzplatz finden sich immer noch etliche Schneebeerenbüsche, die als Ziersträucher ebenfalls sehr beliebt waren. Über Generationen gab es immer ein hohes Interesse an der Forstwirtschaft wie auch an außergewöhnlichen Gehölzen.

Halbrunder Wegeverlauf vor dem mit Echtem Wein und Spalierobst bepflanzten Ostgiebel, 1922. *(privat)*

Unterhalb des Hofgebäudes liegender Gemüsegarten vor dem Bau der Bundesstraße Anfang 1950. *(privat)*

Prächtige Rosenblüte am Ostgiebel, im Hintergrund der Urweltmammutbaum. *(WT)*

Bruchsteinmauern mit Treppe zum Terrassieren des Hanges. *(ES)*

**Mit Efeu bewachsene alte Steingrotte.** *(WT)*

**Sitzplatz in der Grotte mit sonntäglichem Besuch, 1910.** *(privat)*

*Abb. rechts:* **Schleifenblume und Steinkraut überwallen die Mauer.** *(ES)*

**Alte, ehemals weiß gestrichene Gartenbank neben der Haustür des Seiteneingangs.** *(ES)*

**Heutzutage wachsen immer noch viele Obstbäume im unteren Garten, die frühere große Obstwiese oberhalb der Scheinquittenhecke wird heute als Wiese genutzt.** *(ES)*

So wurden in den 1950er Jahren Gehölzraritäten wie ein Urweltmammutbaum bei der Baumschule Hesse in Weener gekauft.

Alle Spazierwege, die es noch bis in die 1970er Jahre gab, wurden jährlich gesandet oder bestanden aus dem anstehenden Boden. Sie wurden vom Dienstpersonal des Hofes oder auch von den Kindern samstags geschuffelt und geharkt. An der im Zentrum des Ziergartens stehenden Blutbuche führte ein vom Haus kommender Weg vorbei bis zu den Gemüsebeeten oder weiter zur hinter den Rhododendren liegenden Grotte. Von hier ging es anschließend wieder zurück zur Nordseite des Hauses, an deren Seite ebenfalls auch heute noch eine alte Blutbuche steht. Neben der Seitentür des Hauses befand sich für einige Jahre eine Veranda, die aber schon um 1900 wieder entfernt wurde. Heutzutage steht dort eine alte braune Gartenbank, die früher weiß gestrichen war, wie auf alten Familienfotos zu sehen ist.

Eine zweite Steingrotte nahe des nördlichen Seiteneinganges gibt es heute nicht mehr. Ein nebenan aufgemauertes Wasserbecken mit Springbrunnen sorgte für eine zusätzliche Zierde. Zur Belustigung der Besucher öffnete man einen auf dem Dachboden des Hofgebäudes stehenden Behälter, so dass eine kleine Fontäne aus dem Wasserbecken emporstieg.

Der nördlich von der Seitentür verlaufende, inzwischen mit roten Klinkersteinen gepflasterte Weg führt zur Straße. Nach deren Überquerung schritt man früher einige Stufen der Treppe hinunter zum großflächigen Gemüseland. In diesem Bereich durchtrennt heutzutage der Verlauf der in den 1970er Jahren gebauten Bundesstraße das Hofgelände. Nach dem Bau der Eisenbahntrasse um 1870 und dem Bau des Mittellandkanals zwischen 1910 bis 1914 ging somit zum dritten Mal Weide- und Ackerlandfläche nördlich des Hofgebäudes verloren.

Auch die jetzige Generation, die den landwirtschaftlichen Betrieb weiterführt, hat Freude am Gärtnern und der Erhaltung der historischen Anlage. Das Interesse an Gehölzraritäten setzt sich ebenfalls fort, besondere Laubbäume wie Goldahorn, Tulpenbaum, Baumaralie oder auch Blauglockenbaum wurden neu angepflanzt.

*(ES)*

Der vor dem Ostgiebel gepflanzte Urweltmammutbaum wurde 1955 von der Baumschule Hesse in Weener bezogen. *(WT)*

Grußkarte „Meyerhof zu Stirpe" von 1955: nördlich des Hauses wachsen etliche Nadelgehölze, unten im Bild sieht man den Hang mit blühenden Obstbäumen. *(privat)*

# Glossar

**Altenteilerhaus:** separates Wohnhaus (Altenteil), das von der Elterngeneration bei der Hofübergabe an die jüngere Generation bezogen wird.

**Anerbe:** das älteste oder jüngste Kind eines Erblassers, das den Bauernhof ungeteilt allein erbt.

**Arboretum:** eine Sammlung frei wachsender, verschiedenartiger Gehölze; werden nur Nadelgehölze angepflanzt, spricht man von einem Pinetum.

**Balustrade:** eine mit Säulen verzierte Brüstung oder ein Geländer.

**Barockgarten:** formal streng gestaltete Anlage mit Bezug auf die Architektur eines Gebäudes (Schloss, Herrenhaus, Bauernhof). Großflächige Schlossgartenanlagen spiegelten auch das Selbstverständnis des absolutistisch regierenden Herrschers wider. In Deutschland entstanden Barockgartenanlagen, auch französische Gärten genannt, zwischen 1620 und 1780.

**Bodenpunkte:** Index für die Qualität einer Ackerfläche, mögliche Werte reichen von 1 (sehr schlecht) bis 120 (sehr gut).

**Bremer Floren:** Platten aus Wesersandstein, die über die Weser nach Bremen verschifft, dort bearbeitet und gehandelt wurden. Das Material fand häufig eine Verwendung als Fußbodenbelag.

**Bund Deutscher Mädel (BDM):** war in der Zeit des Nationalsozialismus der weibliche Zweig der Hitlerjugend (HJ).

**Dendrologie:** Lehre von den Bäumen und Gehölzen (Gehölzkunde).

**Fenne:** die landschaftstypische Weide einer Marschenlandschaft.

**Formgehölze:** Pflanzen, die durch regelmäßigen Schnitt in derselben Form und Größe gehalten werden.

**Gartenpergola:** berankter raumbildender Säulengang.

**Geest:** durch eiszeitliche Ablagerungen entstandene geomorphologische Landform Norddeutschlands mit sandigen und nährstoffarmen Böden.

**Grüppe:** schmaler, entwässernder Graben zwischen einzelnen Feldern oder Wiesen.

**Gulfhaus:** besteht aus einem Vorderhaus, dem Wohnbereich, und einem etwas breiteren Scheunen- und Stallbereich.

**Halb- und Niederstamm:** Als Halbstämme bezeichnet man Bäume, deren Kronenansatz etwa zwischen 100 cm und 160 cm liegt. Bei Niederstämmen beginnt die Krone schon ab 80 bis 100 cm Höhe.

**Hochstamm:** Als Hochstamm wird ein Obstbaum bezeichnet, dessen Kronenansatz in mindestens einer Höhe von 1,80 bis 2,20 Metern liegt.

**Kamp:** ein durch einen Erdwall oder eine Hecke eingegrenztes Stück Land, das als Weide- oder Ackerfläche genutzt wird.

**Kopflinden:** Lindenbäume, deren Baumkrone bis auf den Stamm zurückgeschnitten „geköpft" wird. Ehemals standen sie häufig vor dem Wohntrakt als Schattenspender und natürliche Drainage für das Gebäude.

**Landfrauenjahr:** zur Vorbereitung der Mädchen für den „Dienst an Volk und Familie" organisierte der BDM ein sogenanntes Landfrauenjahr – ein Dienstjahr in einem landwirtschaftlichen Betrieb als hauswirtschaftliche oder landwirtschaftliche Hilfe.

**Landschaftsgarten:** auch Englischer Landschaftsgarten genannt. Die Gartenanlage steht im bewussten Kontrast zu den formal gestalteten Gärten des Barockzeitalters. Charakteristisch ist die Darstellung der idealisierten Natur mit geschwungenen Linien, Wechsel von Einzelbäumen zu geschlossenen Pflanzungen und überraschenden Durchblicken und eingesprenkelten Staffagegebäuden wie Tempel, Ruinen oder Grotten.

**Mausoleum:** Grabmal in Gebäudeform mit Andachtsraum und Gruft.

**Marsch:** ein flacher küstennaher Landstrich an der südlichen Nordseeküste des Wattenmeeres. Die Böden sind nährstoffreich und bestehen aus angeschwemmten Sedimenten.

**Okulieren:** eine Pflanze wird durch Okulation veredelt. Dazu nimmt man das Auge der Edelsorte (eine ruhende Knospe) und setzt es in einem kleinen Stück der umgebenden Rinde in die Unterlage (oder Mutterpflanze) ein.

**Polder:** dem Meer abgerungenes Gebiet, das durch Deiche vor Hochwasser geschützt wird.

**Pomologie:** auch Obstbaukunde, die Lehre von den Obstarten und -sorten sowie deren Bestimmung und systematische Einteilung. Johann Hermann Knoop ist der Autor der „Pomologia", dem ersten Werk zur systematischen Obstsortenkunde und gilt damit als Begründer der wissenschaftlichen Pomologie.

**Postament:** Sockel von Gebäuden, Statuen und Säulen.

**Rabatte:** ein schmales langes, mitunter auch ovales oder rundes Beet mit verschiedenen Zierpflanzen.

**Scherwand:** leichte Trennwand, die nachträglich im Hallenhaus zwischen Diele und Flettraum eingezogen wurde. Eine andere Bedeutung ist die Einfriedung um die Hofstelle.

**Schneiteln:** Rückschnitt von Bäumen.

**Schneitelpunkt:** Stelle am Baum, an der regelmäßig Äste entfernt werden.

**Schuffeln:** mechanisches Beseitigen von unerwünschtem Wildkrautbewuchs. Man verwendet dazu eine „Schuffel", die durch ziehende und schiebende Bewegungen gehandhabt wird.

**Spalierobst:** die Äste der Bäume werden durch gezielte Schnittmaßnahmen in eine bestimmte Wuchsform geleitet. Häufig wird dazu ein Spalier verwendet. Schon im 17. Jahrhundert in Frankreich sehr verbreitet.

**Tempel, Monopteros:** ein Rundbau mit Säulen.

**Transloziert:** umgesetzt, versetzt.

**Updrögt Bohnen:** geerntete Bohnen werden entfädelt und zum Trocknen auf Fäden für mehrere Wochen aufgehängt, später werden die getrockneten Bohnen zu einem Eintopfgericht verarbeitet. In Ostfriesland sehr verbreitet.

**Upsteken:** langgestreckte Ackerflächen in der ostfriesischen Landschaft.

**Vorwerk:** ursprünglich ein großer landwirtschaftlicher Betrieb im Besitz des Landesherrn, später auch eine allgemeine Bezeichnung für einen Gutshof.

**Warft/Wurt:** ein aus Erde aufgeschütteter Siedlungshügel, der dem Schutz vor Sturmfluten dient und auf dem sich eine Dorfsiedlung oder Einzelgehöfte befinden.

## Literatur

ARTLAND ATELIER Quakenbrück (Hg.): Reiseführer. Das Artland – Kulturschatz im Nordwesten entdecken & erleben. Quakenbrück 2006.

Arends, Fridrich: Erdbeschreibung des Fürstenthums Ostfriesland und des Harlingerlandes. Emden 1824.

Behre, Karl-Ernst: Landschaftsgeschichte Norddeutschlands. Umwelt und Siedlung von der Steinzeit bis zur Gegenwart. Neumünster 2008.

Böttner, Johannes: Gartenbuch für Anfänger. Unterweisung im Anlegen, Bepflanzen und Pflegen des Hausgartens, im Obstbau, Gemüsebau und in der Blumenzucht. Frankfurt a.d. Oder 1895.

Canzler, Gerhard: Doornkaat. Eine Firmenchronik. Emden 2002.

Cornelius, Peter: Zur Familiengeschichte und der Geschichte des Hofes zu Seeverns nach dem Hausbuch, dem Tagebuch eines Einjährig-Freiwilligen und anderen Aufzeichnungen. Zusammenstellung und Klammern von Eduard Cornelius. Seeverns 1953.

Francksen, Hans Hermann: Geographische Entwicklung und Siedlungsgeschichte der Kirchengemeinden Langwarden-Tossens. Band IV: Bauerschaft Seeverns – Süllwarden – Mengershausen. Ruhwarden 1991.

Handwörterbuch über die bürgerliche Baukunst und schöne Gartenkunst. Johann Gottfried Grohmann, Leipzig 1804, 1. Teil, A bis M.

Henninger, Wolfgang: Ein Mann von „feinem, goldenen Humor". August von Frese-Loppersum (1850-1920) und seine Verdienste um die Landwirtschaft in Ostfriesland, in: Ostfriesland, Kalender für Jedermann 2002, S.183 – 190.

Hertwig, Niklas und Eiynck, Andreas: Bauernhöfe in Nordwestdeutschland. Münster 2011.

Hoogstraat, Jürgen: Von reichen Polderbauern und armen Moorhahntjes. Ostfriesland unter preußischer Herrschaft. Band XIV der „Bibliothek Ostfriesland". Norden 1996.

Jäger, Hermann: Der Hausgarten. Ideen und Anleitung zur Einrichtung, Ausstattung und Erhaltung geschmackvoller Haus- und Vorstadtgärten, sowohl für den Luxus, als zur Nutzung. Weimar 1880.

Jäger, Hermann: Die Ziergehölze der Gärten und Parkanlagen. Alphabetisch geordnete Beschreibung, Kultur und Verwendung aller bis jetzt näher bekannten Holzpflanzen und ihrer Abarten. Weimar 1865.

Janson, Arthur: Die Gartenpflege. Anleitung zur Pflege und Erziehung des Ziergartens unter Berücksichtigung ländlicher Verhältnisse. Berlin 1903.

Kaiser, Hermann (Hg.): Bauerngärten zwischen Weser und Ems. Cloppenburg 1998.

Kempe, Enno-Friedrich: Die Osterburg zu Groothusen. Ostfriesischer Kunstführer, Heft 12. Aurich 1988.

Krausch, Heinz-Dieter: „Kaiserkron und Päonien rot...". Entdeckung und Einführung unserer Gartenblumen. München 2003.

Munderloh, Heinrich: Die Bauerschaft Etzhorn. Geschichte der Dörfer Nadorst, Etzhorn, Wahnbek, Ipwege und Ipwegermoor. Oldenburg 1990.

Nickig, Marion und Wagner, Friedolin: Gartenkultur – Eine Auswahl schöner Gärten mit praktischen Hinweisen und Erklärungen. Hamburg 1997.

Nietner, Theodor und Rümpler, Karl Theodor: Schmidlin's Gartenbuch, Berlin 1905.

Noah, Robert: Das Fresenhaus in Loppersum. Ein Herrenhaus des 19. Jahrhunderts. Der Bau und seine Geschichte, in: Emder Jahrbuch für historische Landeskunde Ostfrieslands, Bd. 79, 1999, S.187-199.

Weßels, Paul: Gut Stikelkamp. Vom Klostervorwerk der Johanniter zur „guten Stube" des Landkreises Leer. Aurich 2002.

Wilken, Martin: Das Kirchspiel Engerhafe, seine Bebauung und seine Haus- und Hofbewohner in der Zeit von 1547 bis 1939. In: Ostfriesische Familienkunde. Beiträge zur Genealogie und Heraldik, Heft 4. Wiesmoor 1984.

Wolf, Angelika: Artländer Bauerngärten – Ihre historische Entwicklung am Beispiel des Bauerngartens der Familie Berner in Wulften. In: Das Gartenamt, 5/1993, S. 324-329.

## Förderer des Projekts

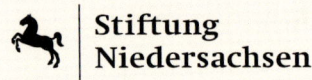   

   Familie Reinhard Köser

## Impressum

*Abb. Einbandvorderseite:*
*Oben:* **Hof Onnen-Lübben, Wangerland-Förrien** *(privat)*
*Unten:* **Hof Schulte, Strücklingen-Bokelesch** *(privat)*

*Abb. Einbandrückseite:*
*Links:* **Hof Hilbers, Oldenburg-Etzhorn** *(privat)*
*Rechts:* **Hof Quatmann, Cappeln-Elsten** *(Rolfes)*

*Abb. Seite 2:*
**Hof Mithoff, Bohmte** *(privat)*

*Abb. Seite 16-17:*
**Gut Hullmann, Oldenburg-Etzhorn** *(ES)*

Der vorliegende Bildband „Zum Nützlichen das Schöne – Gärten in Nordwestdeutschland" ist das Resultat des Forschungsprojekts „Ländliche Gärten in der Region zwischen Weser und Ems".

Ein Gemeinschaftsprojekt der Stiftung Kulturschatz Bauernhof, des Museumsdorfs Cloppenburg und des Monumentendienstes

Texte: Elke Schwender (ES), Katharina Duraj (KD)

Grafik-Design: Holger Kerkhoff

Redaktion:
Katharina Duraj und Elke Schwender unter Mitarbeit von Uwe Meiners, Karl-Heinz Ziessow, Eike Lossin, Michael Schimek und Lukas Aufgebauer

Bildnachweis:
Alle Aufnahmen wurden von Wolfgang Trumpf (WT), Elke Schwender (ES) und Katharina Duraj (KD) angefertigt.

Die Provenienz aller historischen Fotografien und aller sonstigen Abbildungen ist im Text nachgewiesen.

Alle historischen Fotografien befinden sich im Besitz der Gartenbesitzer und werden unter den Abbildungen als (privat) aufgeführt.

ISBN: 978-3-402-13397-2

Stiftung Kulturschatz Bauernhof
c/o Museumsdorf Cloppenburg
Bether Straße 6, 49661 Cloppenburg

© 2019 ASCHENDORFF VERLAG GMBH & CO. KG, MÜNSTER
www.aschendorff-buchverlag.de

Das Werk ist urheberrechtlich geschützt. Die dadurch begründeten Rechte, insbesondere die der Übersetzung, des Nachdrucks, der Entnahme von Abbildungen, der Funksendung, der Wiedergabe auf fotomechanischem oder ähnlichem Wege und der Speicherung in Datenverarbeitungsanlagen bleiben, auch bei nur auszugsweiser Verwertung, vorbehalten. Die Vergütungsansprüche des § 54, Abs. 2, UrhG, werden durch die Verwertungsgesellschaft Wort wahrgenommen.

Printed in Germany
Gedruckt auf säurefreiem, alterungsbeständigem Papier ∞

Dank:
Allen Gartenbesitzern, Informanten, Gewährspersonen, Katasterämtern, Landesarchiven, Heimatvereinen, Freunden und Partnern sei herzlich für ihre Unterstützung gedankt.